MANUAL DE INVESTIGAÇÕES CORPORATIVAS

COORDENAÇÃO
Daniel Costa Rebello
Rafaela Pozzi de Cálcena
Camila Sobrinho

MANUAL DE INVESTIGAÇÕES CORPORATIVAS

1ª EDIÇÃO
SÃO PAULO • 2024

AMANUENSE

Edição: Rodrigo Haidar
Revisão: Rafael Baliardo
Projeto gráfico e diagramação: Luciana Huber
Imagem de capa: 123RF

Dados Internacionais de Catalogação na Publicação (CIP)
(Câmara Brasileira do Livro, SP, Brasil)

Manual de investigações corporativas / organização Daniel Costa Rebello, Rafaela Pozzi de Cálcena, Camila Sobrinho. – 1. ed. – São Paulo : Amanuense, 2024.

Vários autores. Bibliografia.
ISBN 978-65-80788-31-6

1. *Compliance* 2. Corrupção administrativa
3. Cultura organizacional 4. Direito penal - Brasil 5. Investigações corporativas I. Rebello, Daniel Costa. II. Cálcena, Rafaela Pozzi de. III. Sobrinho, Camila.

24-217792 CDU-343

Índices para catálogo sistemático:
1. Fraudes corporativas : Programas de *compliance* : Criminologia : Direito penal 343
Aline Graziele Benitez - Bibliotecária - CRB-1/3129

AMANUENSE

Amanuense Livros Ltda.
Rua Nilo 241, Sala 02 – CEP 01533-010 São Paulo SP
contato@amanuense.com.br
www.amanuense.com.br

SUMÁRIO

PREFÁCIO

É com grande satisfação que aceitei o convite do Instituto Brasileiro de Estudos de Concorrência, Consumo e Comércio Internacional – IBRAC para prefaciar a presente obra sobre investigações corporativas que o leitor tem em mãos. Obra que já pode ser considerada um instrumento precioso por aqueles que lidam ou trabalham com o tema, seja em razão do amplo espectro de assuntos tratados, seja pela experiência profissional e pela expertise técnica dos articulistas que contribuíram com o livro.

No Brasil, o tema das investigações corporativas passou a ganhar maior projeção entre os profissionais que atuam com riscos de irregularidades envolvendo entidades empresariais – e, de igual modo, a chamar a atenção do meio acadêmico – quando o assunto passou a ser tratado como um importante componente dos programas de integridade privada, sobretudo a partir da edição da Lei 12.846, de 1º de agosto de 2013, e da sua regulamentação, primeiro, pelo Decreto 5.480, de 2015, e, atualmente, pelo Decreto 11.129, de 2022.

Segundo o art. 56 deste último ato normativo, entende-se por programa de integridade o "conjunto de mecanismos e procedimentos internos de integridade, auditoria e incentivo à denúncia de irregularidades e na aplicação efetiva de códigos de ética e de conduta, políticas e diretrizes, com objetivo de (I) prevenir, detectar e sanar desvios, fraudes, irregularidades e atos ilícitos praticados contra a administração pública, nacional ou estrangeira; e (II) fomentar e manter uma cultura de integridade no ambiente organizacional".

Dentre os diversos parâmetros previstos no art. 57 segundo os quais tais programas são avaliados, três deles possuem uma relação maior e mais próxima com aquilo que pode decorrer de uma investigação corporativa bem conduzida: (a) gestão adequada de riscos, incluindo sua análise e reavaliação periódica, para a realização de adaptações necessárias ao programa de integridade e a alocação eficiente de recursos (inc. V), (b) procedimentos que assegurem a pronta interrupção de irregularidades ou infrações detectadas e a tempestiva remediação dos danos gerados (inc. XII) e (c) monitoramento contínuo do programa de integridade visando ao seu aperfeiçoamento na prevenção, na detecção e no combate à ocorrência dos atos lesivos previstos no art. 5º da Lei 12.846, de 2013 (inc. XV).

Se, por um lado, um dos eixos normativos da Lei 12.846, de 2013, foi a previsão de institutos jurídicos que colocassem o Estado e o setor privado como parceiros no enfrentamento da corrupção, o que se deu por meio da previsão de acordos de leniência nesta seara e dos referidos programas de integridade privada, por outro lado, a consagração da ideia de que o setor privado é um ator indispensável para prevenir práticas corruptas se concretizou dez anos antes da referida lei, com a aprovação da Convenção das Nações Unidas Contra a Corrupção (UNCAC), assinada pelo Brasil em 9 de dezembro de 2003 e incorporada ao ordenamento jurídico nacional por meio do Decreto 5.687, de 2006.

Os arts. 12 e 39 da UNCAC estabelecem que o Brasil adote medidas para fomentar a cooperação do setor privado na seara da prevenção da corrupção e para salvaguardar a integridade das entidades privadas quanto a tais práticas, o que se coaduna com a concepção alargada de atos de corrupção que a Convenção consignou em seus arts. 15 a 25, incluindo o suborno no setor privado (art. 21) e a malversação ou peculato de bens no setor privado (art. 22).

O desafio de fomentar e manter uma cultura de integridade no ambiente organizacional – um dos objetivos que devem ser buscados por um programa de *compliance*, como mencionado acima – e de prevenir, detectar, conter e reparar os riscos à integridade faz com que o emprego adequado e eficiente de técnicas e ferramentas de investigação corporativa se coloque como uma exigência a ser implementada e desenvolvida pelas empresas. E a importância deste instrumental não se destina a promover um ambiente organizacional íntegro apenas no tocante a questões envolvendo corrupção ou a lidar com riscos nesta área, mas de igual modo é relevante para potenciais irregularidades em todos os setores que tangenciam o ambiente corporativo, como o concorrencial, o de meio ambiente, o tributário, o de organizações societárias, o financeiro, o de contratações com o setor público e por aí vai.

Esta é a percepção que transpassa toda a presente obra, que se propõe a sistematizar e analisar diversos aspectos das investigações corporativas em seus quatorze capítulos, os quais entendo que podem ser idealmente assim distribuídos de acordo com o tema maior que abordam.

O primeiro grupo de artigos trata de aspectos relacionados ao momento prévio ao início de uma investigação corporativa, a exemplo dos eventos que podem ensejar uma investigação e a decisão de investigar (Capítulo 1) e os cuidados e diligências preliminares que devem ser observados na elaboração do plano de investigação (Capítulo 3).

O segundo grupo de artigos aborda as principais técnicas de investigação (Capítulos 4 a 7) e a forma, a conclusão e o reporte dos resultados da investigação (Capítulo 8), sendo que no primeiro subgrupo acima são examinadas as técnicas de coleta de dados, cadeia de custódia e cuidados no processamento forense (Capítulo 4), de revisão e análise de evidências (Capítulo 5), de entrevistas (Capítulo 6) e de medidas investigativas adicionais (Capítulo 7), como *background checks*, perícia e monitoramento de dispositivos e pesquisas na *deep web* e na *dark web*.

O terceiro grupo de artigos se volta a questões transversais a todas as investigações corporativas, tais como a confidencialidade e o privilégio legal no contexto das apurações (Capítulo 2), os aspectos trabalhistas de uma investigação corporativa (Capítulo 9) e o eventual acompanhamento destes trabalhos por uma investigação independente conduzida por terceiros, a chamada *shadow investigation* (Capítulo 10).

Por fim, o último grupo de artigos se dedica a analisar de forma mais detida as peculiaridades que caracterizam as investigações realizadas em determinados contextos ou a respeito de assuntos específicos, como as investigações que abrangem múltiplas jurisdições (Capítulo 11), as que se destinam a apurar ilícitos concorrenciais (Capítulo 12), as que têm por escopo práticas de corrupção (Capítulo 13) e aquelas para apuração de condutas de assédio moral ou sexual (Capítulo 14), tema que está muito em voga hoje no Brasil, tanto no setor privado, quanto no público.

Como se observa, a obra é bastante diversificada – senão exaustiva – quanto aos mais importantes aspectos de uma investigação corporativa, mas faz isso sem descurar de uma meticulosa análise de cada um dos temas escolhidos, alguns deles ainda pouco examinados na literatura nacional, como a questão do sigilo profissional do advogado no contexto destas investigações, as diretrizes que norteiam as *shadow investigations* e os cuidados necessários no tocante a investigações envolvendo práticas de assédio moral ou sexual.

Como ocupante do cargo de Ministro da Controladoria-Geral da União atualmente, o meu desejo é de que a presente obra possa ser utilizada como uma valiosa ferramenta de apoio por todos aqueles que se empenham diariamente a criar, estimular e manter uma cultura de integridade total no ambiente corporativo brasileiro.

Vinícius Marques de Carvalho
MINISTRO DA CONTROLADORIA-GERAL DA UNIÃO

APRESENTAÇÃO DOS COORDENADORES

Nos últimos anos, houve um aumento notável no número de investigações corporativas complexas. A estruturação de programas de integridade e canais de denúncia permitiram que empresas fossem mais eficazes na detecção de potenciais infrações, com a natural consequência da necessidade de investigação da materialidade dessas infrações.

Assim, vários advogados e consultores brasileiros desenvolveram metodologias e conhecimentos de alta sofisticação para lidar com as demandas do mercado para a condução de uma investigação com resultados efetivos.

Contudo, não tivemos notícia de nenhuma tentativa de ordenar, sistematizar e dividir esse conhecimento. Este Manual é uma tentativa de iniciar um projeto de suprir essa lacuna, permitindo que experiências sejam compartilhadas para aumentar o nível das investigações corporativas, bem como permitir formação inicial de uma nova geração de investigadores corporativos.

De fato, embora investigações corporativas sejam projetos práticos, já existem técnicas específicas que permitem tornar o processo mais eficaz e rápido, mitigando riscos e permitindo a responsabilização efetiva de infratores.

Este Manual foi organizado de forma a perpassar as principais etapas de investigações corporativas; tratar de temas comuns a diferentes tipos de investigações; e aprofundar em alguns temas que são objetos frequentes de apuração e que possuem peculiaridades e complexidades específicas.

Os primeiros três capítulos deste Manual tratam do início da investigação: os eventos que podem ensejar uma investigação (Capítulo 1), as preocupações com confidencialidade e privilégio legal (Capítulo 2) e os primeiros passos da investigação, chegando até a elaboração de um plano de investigação (Capítulo 3).

Na sequência, o Manual trata da execução das investigações corporativas. Assim, o Capítulo 4 é voltado especificamente para a coleta de dados, cadeia de custódia e cuidados no processamento forense. No Capítulo 5, são apresentadas as metodologias adequadas no complexo processo de revisão e análise de evidências. O Capítulo 6 aborda diversos aspectos do planejamento e condução de entrevistas, etapa fundamental do processo investigativo e que muitas vezes permite elucidar os fatos, ao passo que o Capítulo 7 trata de diversas medidas investigativas adicionais que, às vezes saindo do usual, permitem aprofundar o processo de apuração dos fatos.

Tão importante quanto a execução da investigação é reportar os resultados adequadamente. O Capítulo 8 é voltado especificamente a esse ponto, tratando das diversas peculiaridades que devem ser levadas em consideração no processo de reporte dos resultados.

Os próximos quatro capítulos aprofundam aspectos específicos, ou tópicos especiais, da investigação. Os aspectos trabalhistas (Capítulo 9) que devem ser levados em consideração, a necessidade de *shadow investigation* (Capítulo 10) e o envolvimento de múltiplas jurisdições podem afetar todo o processo (Capítulo 11), não podendo deixar de ser considerados pelos investigadores.

Além disso, existem alguns temas de investigação que são bastante específicos e que merecem cuidados especiais.

Assim, os capítulos finais deste Manual tratam de peculiaridades de investigações (i) concorrenciais (Capítulo 12); (ii) de corrupção (Capítulo 13); e (iii) de assédio moral e sexual (Capítulo 14).

Os coordenadores esperam que esse projeto seja sobretudo útil, como um instrumento de consulta, referência e verificação de processos, tornando as investigações mais eficazes e colaborando para a integridade do ambiente corporativo brasileiro. Se não for muita ambição, os coordenadores também esperam que o projeto seja o ponta pé para a criação de conteúdo sobre o tema.

Por fim, os coordenadores não poderiam deixar de agradecer o tempo, a generosidade e o desprendimento dos autores dos diversos capítulos deste Manual. O material desenvolvido só foi possível pelo nível dos autores que aceitaram o convite e o desafio de escrever sobre o tema, de forma quase inédita no Brasil, compartilhando suas experiências para subir o sarrafo das investigações corporativas. A eles, o nosso mais sincero agradecimento.

Daniel Costa Rebello
Rafaela Pozzi de Cálcena
Camila Sobrinho

CAPÍTULO 1

Principais eventos que podem ensejar uma investigação e a decisão de investigar

Giovanni Paolo Falcetta

Sócio na área de *Compliance* e Investigação de TozziniFreire Advogados. Graduado pela Pontifícia Universidade Católica de São Paulo. Mestre em Direito Privado Europeu pela Sapienza – Università di Roma

Karla Lini Maeji

Sócia na área de *Compliance* e Investigação de TozziniFreire Advogados. Graduada pela Universidade Presbiteriana Mackenzie. Master of Laws (LL.M.) pela Columbia University

Franco Mikuletic Neto

Advogado Sênior na área de *Compliance* e Investigação de TozziniFreire Advogados. Graduado pela Universidade Presbiteriana Mackenzie. Especializado em direito e gestão pela Fundação Getulio Vargas (FGV).

1. INTRODUÇÃO

A edição da Lei 12.846 de 1º de agosto de 2013, conhecida como Lei Anticorrupção e a Operação Lava Jato em 2014 foram o início de uma intensa mudança cultural no ambiente corporativo. Os diversos escândalos envolvendo grandes empresas do mercado deram espaço para uma transição quase que instantânea de percepção de impunidade para um ambiente sob forte escrutínio das autoridades, da mídia e dos *stakeholders*.

Esse novo cenário obrigou as empresas, e os executivos, a buscarem formas de prevenção, detecção e remediação de riscos. Nesse contexto, o programa de integridade[1] se tornou uma das principais ferramentas corporativas nesse processo.

Além disso, conforme explorado adiante, a adoção do programa de integridade impulsionou uma onda de desenvolvimento e aprimoramento do conceito de *compliance* no Brasil. Consequentemente, denúncias e investigações corporativas ("investigação") passaram a ser instrumentos essenciais na detecção e contenção de atos ilegais, irregulares ou em desacordo com políticas internas.

Como um dos pilares do programa de integridade, a investigação tem por objetivo: (i) apurar fatos relacionados a alegação de irregularidade; (ii) identificar potenciais envolvidos; (iii) prevenir ou remediar supostas irregularidades; (iv) obter evidências e informações relevantes sobre os fatos; e (v) identificar potenciais fragilidades nos processos e controles internos da empresa.

---

1 Programa de Integridade é composto por um conjunto de mecanismos e procedimentos internos de integridade, auditoria e incentivo à denúncia de irregularidades e na aplicação efetiva de códigos de ética e de conduta, políticas e diretrizes, com objetivo de: (i) prevenir, detectar e sanar desvios, fraudes, irregularidades e atos ilícitos praticados contra a administração pública, nacional ou estrangeira; e (ii) fomentar e manter uma cultura de integridade no ambiente organizacional. Decreto 11.129/2022. Acesso em: https://www.planalto.gov.br/ccivil_03/_ato2019-2022/2022/decreto/d11129.htm.

No entanto, cada investigação demanda um plano especificamente desenhado para endereçar a alegação que deu origem à investigação e são diversos os fatores que têm o potencial de influenciar a esquematização do plano e a investigação.

O contexto de uma alegação e a cultura corporativa, passando pela governança interna e eventual obrigação legal de agir, são fatores relevantes para a análise de credibilidade da alegação, do grau de exposição da empresa, bem como de outros elementos críticos para embasar a decisão corporativa sobre a necessidade e/ou viabilidade de uma investigação.

Nesse artigo, exploraremos esses fatores, abordando os principais eventos e elementos relacionados ao processo decisório sobre o início (ou não) de uma investigação.

2. EVENTOS DE UMA INVESTIGAÇÃO

Como melhor prática, a investigação é desenhada a partir da alegação, sendo todos os passos subsequentes determinados a partir de seu conteúdo.

A alegação pode (i) ter diferentes graus de relevância; (ii) ser apresentada de diversas maneiras, meios e formas; e (iii) ter o poder de influenciar os desdobramentos e passos a serem adotados, antes, durante e após a investigação.

Por esse motivo, a recomendação é de que as empresas invistam tempo e recursos para avaliar o contexto e detalhes da denúncia, mesmo que essas sejam feitas de forma anônima, com poucos detalhes e/ou tenham potencial de terem sido realizada de má-fé. Essa avaliação faz parte do processo decisório sobre iniciar uma investigação e trará elementos para substanciar o processo investigatório.

Nesse sentido, os principais eventos que podem iniciar uma investigação são: denúncias, monitoramento (inclusive por meio de auditoria interna), mídia e autoridades públicas.

2.1. Denúncias

As denúncias são fonte clássica de recebimento de alegações de irregularidades. Podem vir de qualquer pessoa que tenha conhecimento ou suspeite de uma irregularidade, de forma anônima ou não, e podem vir de pessoas de dentro da organização, ou de terceiros de fora da organização.

As denúncias internas são as mais orgânicas para uma empresa por reforçarem a efetividade do canal de denúncias ("canal")[2] e possibilitarem que eventuais irregularidades sejam apuradas no âmbito interno da empresa antes do envolvimento de terceiros. Por outro lado, denúncias provenientes de terceiros trazem um potencial maior de exposição, considerando que a alegação já está fora do âmbito interno corporativo.

Durante o processo de tomada de decisão sobre iniciar eventual investigação, é importante que as empresas ponderem o risco de a alegação se tornar ou ter se tornado pública para terceiros externos à organização, incluindo, mas não se limitando, às autoridades.

Na prática, a análise da denúncia deve considerar a possibilidade de que o denunciante pode: (i) não ter se

---

2 De acordo com as diretrizes da CGU, a existência de um canal de denúncias é parte essencial de um programa de integridade: "Uma empresa com um Programa de Integridade bem estruturado deve contar com canais que permitam o recebimento de denúncias, aumentando, assim, as possibilidades de ter ciência sobre irregularidades. A empresa deve avaliar a necessidade de adotar diferentes meios para que possa receber denúncias, como urnas, telefone ou internet. Em empresas com funcionários que não tenham acesso a computador com internet, deve-se estar atento à necessidade de oferecimento de alternativas à denúncia online. É importante também que os canais de denúncias sejam acessíveis a terceiros e ao público externo". Sendo assim imprescindível que stakeholders, funcionários e terceiros tenham acesso fácil a um canal dedicado ao tratamento de denúncias.

expressado adequadamente, especialmente caso a denúncia envolva temas técnicos; (ii) estar envolvido emocionalmente durante a redação da denúncia; e (iii) não ter incluído fatos e dados essenciais, como nomes, datas e/ou descrição mínima dos fatos.

Essas questões podem afetar a decisão sobre o início e a metodologia a ser aplicada na investigação. Por esse motivo, considerando que a qualidade da denúncia é um fator providencial para o desenvolvimento dos trabalhos, é recomendado que a empresa entre em contato com o denunciante para obter mais informações sempre que possível.

Um ponto de atenção durante esse contato com o denunciante é garantir o direito ao anonimato e a não retaliação aos denunciantes de boa-fé, como previsto no Decreto 11.129/2022[3] e nas diretrizes da CGU[4] [5].

Nesse sentido, com a sofisticação dos programas de integridade no Brasil, é mais comum ver empresas dedicando recursos e/ou funcionários para administração e condução do canal. E ter canais estruturados e que cumpram com os

---

3 Art 57 (...) X - canais de denúncia de irregularidades, abertos e amplamente divulgados a funcionários e terceiros, e mecanismos destinados ao tratamento das denúncias e à proteção de denunciantes de boa-fé. Acesso em: https://www.planalto.gov.br/ccivil_03/_ato2019-2022/2022/decreto/d11129.htm#:~:text=DECRETO%20N%C2%BA%2011.129%2C%20DE%2011%20DE%20JULHO%20DE%202022&text=Regulamenta%20a%20Lei%20n%C2%BA%2012.846,administra%C3%A7%C3%A3o%20p%C3%BAblica%2C%20nacional%20ou%20estrangeira.

4 Publicação da CGU: Programa de Integridade - Diretrizes para Empresas Privadas: "Para garantir a efetividade de seus canais, é necessário que a empresa tenha políticas que garantam a proteção ao denunciante de boa-fé como, por exemplo, o recebimento de denúncias anônimas e a proibição de retaliação de denunciantes. A empresa pode também prever regras de confidencialidade, para proteger aqueles que, apesar de se identificarem à empresa, não queiram ser conhecidos publicamente. O bom cumprimento pela empresa das regras de anonimato, confidencialidade e proibição de retaliação é um fator essencial para conquistar a confiança daqueles que tenham algo a reportar. Além disso, é desejável que a empresa tenha meios para que o denunciante acompanhe o andamento da denúncia, pois a transparência no processo confere maior credibilidade aos procedimentos." Acesso em: https://www.gov.br/cgu/pt-br/centrais-de-conteudo/publicacoes/integridade/arquivos/programa-de-integridade-diretrizes-para-empresas-privadas.pdf

5 A depender da situação, especialmente em casos envolvendo canal de denúncias, é uma boa prática a viabilização de ferramentas para que o denunciante consiga ter o mínimo de visibilidade do status da investigação.

requisitos exigidos pelo Decreto 11.129/2022[6], contribuem para que os colaboradores e terceiros sintam segurança no canal e, consequentemente, avaliem positivamente o programa de integridade.

Se necessário, a empresa pode se utilizar de prestadores de serviços especializados na implementação e condução do canal, que costumam ter bom custo-benefício e viabilizar canal compatível com as melhores práticas, incluindo: (i) telefone gratuito; (ii) aplicativos; (iii) sites dedicados ao recebimento, anônimo ou não, de denúncias; (iv) o acompanhamento das denúncias pelo denunciante e (v) emissão de relatórios de estatísticas do uso do canal e tipos de denúncias recebidas. Além disso, é comum que o canal seja disponibilizado em várias línguas e que permita a primeira comunicação do denunciante com profissionais treinados para obtenção do máximo de informações possíveis.

2.2. Monitoramento

Seguindo as diretrizes da CGU, outro pilar de um programa de integridade é o monitoramento contínuo[7] [8] com

6 Art. 57. Para fins do disposto no inc. VIII do caput do art. 7º da Lei 12.846, de 2013, o programa de integridade será avaliado, quanto a sua existência e aplicação, de acordo com os seguintes parâmetros: (...) X - canais de denúncia de irregularidades, abertos e amplamente divulgados a funcionários e terceiros, e mecanismos destinados ao tratamento das denúncias e à proteção de denunciantes de boa-fé. (grifos nossos). Acesso em: https://www.planalto.gov.br/ccivil_03/_ato2019-2022/2022/decreto/d11129.htm#:~:text=DECRETO%20N%C2%BA%2011.129%2C%20DE%2011%20DE%20JULHO%20DE%202022&text=Regulamenta%20a%20Lei%20n%C2%BA%2012.846,administra%C3%A7%C3%A3o%20p%C3%BAblica%2C%20nacional%20ou%20estrangeira

7 Publicação da CGU: "Programa de Integridade – Diretrizes para Empresas Privadas. 5º: Estratégias de monitoramento contínuo. É necessário definir procedimentos de verificação da aplicabilidade do Programa de Integridade ao modo de operação da empresa e criar mecanismos para que as deficiências encontradas em qualquer área possam realimentar continuamente seu aperfeiçoamento e atualização. É preciso garantir também que o Programa de Integridade seja parte da rotina da empresa e que atue de maneira integrada com outras áreas correlacionadas, tais como recursos humanos, departamento jurídico, auditoria interna e departamento contábil-financeiro." Acesso em: https://www.gov.br/cgu/pt-br/centrais-de-conteudo/publicacoes/integridade/arquivos/programa-de-integridade-diretrizes-para-empresas-privadas.pdf

8 Art. 57. Para fins do disposto no inc. VIII do caput do art. 7º da Lei 12.846, de 2013, o programa de integridade será avaliado, quanto a sua existência e aplicação, de acordo com os seguintes parâmetros:

a implementação de estratégias para verificação da aplicação efetiva do programa de integridade.

O monitoramento contínuo possibilita a identificação de: (i) pontos falhos, que necessitam de correções e aprimoramentos; e (ii) pontos de atenção, que podem indicar potenciais irregularidades, seja por conta de processos internos ineficientes ou por mapeamento de pontos que saiam do padrão.

Um plano bem desenhado de monitoramento contínuo contém informações de fontes diversas, incluindo informações sobre: (i) contratações de terceiros e histórico de *due diligences* realizadas; (ii) aprovações de alçadas e relatórios de pagamentos; (iii) tendências de denúncias, seja via canal ou não; (iv) auditoria interna ou externa; (v) entrevistas com funcionários-chaves; e (vi) treinamentos conduzidos.

Conforme dados do relatório "*Occupational Fraud 2022: A Report to the nations*"[9], elaborado pela *Association of Certified Fraud Examiners*, a auditoria interna é a segunda maior fonte de detecção de fraudes internas, responsável por 16% (dezesseis porcento) do total e atrás somente das denúncias, que tratamos acima, que corresponde a 42% (quarenta e dois porcento) do total. Ademais, também conforme dados do relatório, a auditoria interna é um dos métodos ativos de monitoramento que podem resultar em uma redução de: (i) tempo para identificação da fraude – em quase 1

(...) XV - monitoramento contínuo do programa de integridade visando ao seu aperfeiçoamento na prevenção, na detecção e no combate à ocorrência dos atos lesivos previstos no art. 5º da Lei 12.846, de 2013. Acesso em: https://www.planalto.gov.br/ccivil_03/_ato2019-2022/2022/decreto/d11129.htm#:~:text=DECRETO%20N%C2%BA%2011.129%2C%20DE%2011%20DE%20JULHO%20DE%202022&text=Regulamenta%20a%20Lei%20n%C2%BA%2012.846,administra%C3%A7%C3%A3o%20p%C3%BAblica%2C%20nacional%20ou%20estrangeira

9 Occupational Fraud 2022: A Report to the nations, Association of Certified Fraud Examiners. Disponível em: https://acfepublic.s3.us-west-2.amazonaws.com/2022+Report+to+the+Nations.pdf

(um) ano quando comparado com métodos passivos de identificação; e (ii) aproximadamente 80% (oitenta por-cento) dos prejuízos financeiros quando comparados com a identificação da fraude via autoridades públicas.

O resultado da análise dessas informações pode auxiliar na identificação de sinais de alerta, comumente referidos como *red flags*. Referidos *red flags* podem ser essenciais na composição do contexto para a tomada de decisão sobre a necessidade de condução de uma investigação.

2.3. Mídia

O Brasil conta com jornalismo investigativo sólido, que costuma trazer fatos e investigar situações que muitas vezes (ainda) não são foco das autoridades públicas. Isso significa, que atividades potencialmente irregulares envolvendo casos de corrupção, fraudes e outras violações podem ganhar destaque na mídia mesmo antes que a empresa tome ciência.

O papel da mídia em investigações vem ganhando destaque nos últimos anos, e expondo um volume significativo de informações sobre auditorias, investigações, colaborações premiadas, compras públicas, auditorias e forças-tarefa envolvendo diversos setores.

Quando existe uma alegação pública de prática irregular (ou essa alegação aparece como resultado de uma apuração jornalística), é normal que a mídia traga a análise da situação e matérias jornalísticas como modo de conscientizar a sociedade e provocar a ação de autoridades sobre a existência de fatos que afetam diretamente as pessoas, empresas e instituições governamentais.

A exposição de alegações de irregularidades na mídia traz uma série de implicações que devem ser imediatamente consideradas pelas empresas. Sendo pública e acessível aos funcionários, prestadores de serviço, parceiros, *stakeholders*, acionistas e autoridades, a empresa deve tomar decisões de maneira estratégica e com a velocidade necessária.

A depender do impacto da alegação, a empresa deve considerar a instalação de um comitê multidisciplinar de gestão de crise, para endereçar todas as frentes de exposição de maneira coordenada. Por exemplo, analisar as questões regulatórias, decidir sobre posicionamento ao mercado e relacionamento com investidores, avaliar necessidade e conveniência de interação com autoridades, e decidir sobre a condução de uma investigação.

2.4. Autoridades públicas

Outro evento que pode motivar a condução de uma investigação é a ação de autoridades. Possivelmente o pior dos eventos, nesse caso as informações chegam de forma inesperada e normalmente com alto impacto, principalmente durante operações policiais e com mandados de busca e apreensão.

As ações de autoridades incluem, por exemplo: (i) procedimentos administrativos, como auditorias dos tribunais de contas ou da própria CGU; (ii) procedimentos criminais, como inquéritos e ações penais; e (iii) medidas investigativas para obtenção de provas, como buscas e apreensão, acordos de colaboração premiada e acordos de leniência.

Além do grau de maturidade e severidade da alegação ser potencialmente alto, a ponto de ter motivado a ação de autoridades, é possível que as autoridades já tenham analisado, investigado e identificado evidências que conectem a empresa, seus representantes e/ou seus colaboradores aos fatos da alegação.

É comum que situações envolvendo a ação de autoridades, especialmente em casos de operações policiais, sejam acompanhadas por uma cobertura significativa da mídia. Ou seja, o conhecimento da empresa é potencialmente concomitante ao da sociedade em geral.

Nesse sentido, na mesma linha do item anterior e adicionado o agravante de que a ciência da alegação pelas autoridades é garantida, é recomendável que a empresa componha um comitê multidisciplinar de gestão de crise, incluindo assessoria criminal, de *compliance* ou administrativa dependendo do caso.

3. DECISÃO DE INICIAR UMA INVESTIGAÇÃO INTERNA

Uma vez recebida a alegação, independentemente de sua fonte, a empresa deve avaliar os próximos passos a serem tomados, especialmente a decisão de iniciar ou não com uma investigação.

Parece simples, mas não é. Tomar decisões diariamente e com potencial de ditar o rumo dos negócios faz parte da vida de um executivo e é um processo desafiador por natureza.

No caso específico da decisão sobre uma investigação, o processo envolve a análise de um conjunto de fatores, que se apresentam no presente, com características e complexidades especificas, que afetam o futuro.

Nesse sentido, quanto maior a qualidade e quantidade de informações contidas na alegação, maior o conforto na tomada de decisão. Essas informações servirão de norte para os possíveis próximos passos, e, eventualmente, sobre a adoção de medidas preliminares para melhor embasar a decisão.

Medidas preliminares à decisão de investigar uma alegação incluem: dados colhidos na denúncia realizada no canal, dados do monitoramento conduzido internamente pela empresa, o contexto e informações trazidas pela mídia, ou, ainda mapeamento das informações contidas em procedimento formal instaurado pelas autoridades.

Outro aspecto a ser considerado é a potencial influência do viés cognitivo nas tomadas de decisão, ou seja, uma distorção da interpretação das informações que pode levar a decisões incorretas[10].

Na prática, o viés cognitivo[11] tem o potencial de influenciar negativamente no processo de decisão. Por esse motivo, de forma a mitigar essa potencial influência, a empresa pode optar por um colegiado, livre de conflito de interesses com relação aos fatos e envolvidos, para a tomada de decisões estratégicas sobre a investigação.

Nesse sentido, trataremos a seguir das principais considerações a ser feitas, tanto com base nos elementos da alegação em si, quanto na análise do contexto corporativo em que a empresa está inserida. Avaliaremos os elementos das

10 Vieses cognitivos: o que são, exemplos e como identificar. Acesso em: https://ead.ucs.br/blog/vieses-cognitivos

11 Alguns vieses mais comuns e que devemos ficar atentos para não influenciar o processo de decisão são: (i) de confirmação: tendência de buscar e interpretar informações que confirmem aquilo que acreditamos; (ii) de atribuição: consiste em atribuir as causas de determinados eventos às características e ações dos indivíduos; (iii) de seleção de informação: tendência de buscar e processar aquelas informações que são mais favoráveis ao nosso ponto de vista; e (iv) de julgamento: tendência de formar opiniões e julgamentos sobre determinado assunto com base em informações parciais ou incompletas. Vieses cognitivos: o que são, exemplos e como identificar. Acesso em: https://ead.ucs.br/blog/vieses-cognitivos.

alegações, como sua gravidade, impacto, a possibilidade de ciência de terceiros e a existência de investigação ou procedimento administrativo em curso, bem como o contexto corporativo em que a empresa está inserida, como, a governança, o dever de diligência do executivo e os recursos necessários para a condução de uma investigação.

3.1. Avaliação de elementos da alegação

Na prática, uma série de fatores podem influenciar diretamente a decisão de investigar, que decorrem diretamente dos elementos contidos nas alegações.

Gravidade da alegação

Um dos principais fatores que influencia a decisão de investigar é a gravidade da alegação. A decisão de iniciar uma investigação é muito mais provável, e mais simples de ser tomada, quando as alegações envolvem a alta administração ou assuntos como corrupção, cartel e fraude à licitação ou fraude contábil.

Importante também entender se a potencial violação aconteceu de forma pontual ou se vem ocorrendo de maneira sistemática e de forma metastática nos departamentos da companhia.

Impacto potencial

Naturalmente, o potencial impacto está diretamente relacionado à gravidade da alegação. Quanto maior a gravidade da alegação, em especial nos exemplos citados acima, maior é o impacto potencial.

Para endereçar esse fator, a empresa deve considerar todos os potenciais impactos envolvidos na alegação, seja financeiro, a ser calculado com base: (i) nas penalidades que podem vir a ser aplicadas e/ou; (ii) no efetivo dano causado ou potencialmente causado pela alegação ou até; (iii) no efeito da interrupção de vendas da empresa, ou reputacional, que pode ser incalculável, em especial para companhias abertas.

O impacto financeiro é mais tangível e quantificável, ainda que alguns elementos sejam incertos. Ou seja, é possível – e recomendável – que a empresa faça exercícios para estimar potenciais valores de penalidades e potenciais perdas comerciais decorrentes da alegação.

Por exemplo, em um caso envolvendo alegações de corrupção, a empresa tem como ponto de partida as diretrizes da Lei Anticorrupção e de seus decretos reguladores[12]. Nesse caso, a penalidades financeira administrativa prevista na Lei Anticorrupção corresponde a multa de 0,1 a 20% do faturamento bruto da empresa no ano anterior ao da instauração do processo administrativo, excluído os tributos.

Referida multa é calculada com base em agravantes e atenuantes, previstos no Decreto 11.129/2022, bem como suas limitações, sendo a multa mínima o maior valor entre a vantagem auferida ou 0,1% do faturamento bruto da empresa e a multa máxima o menor valor entre 20% do faturamento bruto da empresa e três vezes a vantagem pretendida ou auferida (o que for maior) pela empresa.

---

12 Decreto 11.129/2022. Acesso em: https://www.planalto.gov.br/ccivil_03/_ato2019-2022/2022/decreto/d11129.htm. Manual Prático de Cálculo de Multa. Acesso em: https://repositorio.cgu.gov.br/bitstream/1/44486/5/Manual%20Pr%C3%A1tico%20de%20C%C3%A1lculo%20da%20Multa.pdf. Portaria Normativa Interministerial 36/2022. Acesso em: https://www.in.gov.br/web/dou/-/portaria-normativa-interministerial-n-36-de-7-de-dezembro-de-2022-449321104. Calculadora da Multa de PAR, disponibilizada pela CGU. Acesso em: https://epad.cgu.gov.br/Publico/calculadora/calcPAR.html. Instrução Normativa CGU 002/2018. Acesso em: https://www.legis*compliance*.com.br/legislacao/norma/180.

Como podemos ver, a sistemática para o cálculo da penalidade tem uma parcela de critérios objetivos e passível de cálculo pela empresa. Obviamente, existem ainda pontos subjetivos, como a própria definição de vantagem auferida, além de outros potenciais custos como contratações de advogados e outros. Mas há um norte com relação ao possível impacto financeiro.

O cenário é diferente quando tratamos do impacto reputacional de uma alegação. Para uma empresa, em especial aquelas de capital aberto, o impacto reputacional é de difícil estimativa. Pode afetar diretamente a imagem da marca e/ou de seus executivos por um período incerto, afetar sua interação com auditores externos, bancos, clientes e fornecedores, impactar suas demonstrações financeiras e, consequentemente, refletir negativamente em seu valor de mercado.

Possibilidade de ciência de terceiros

Como tratado nos itens iniciais, o nível de preocupação deve ser maior quando as alegações vêm de fora da organização, ou têm o potencial de serem conhecidas por terceiros alheios a empresa – o que, por si só, pode determinar o início de uma investigação.

Isso porque a alegação, e eventuais informações e provas de irregularidades, estão fora do controle da empresa e o poder sobre a divulgação desses fatos está com terceiros. Por exemplo, terceiros podem fazer uma denúncia às autoridades e negociar acordos de leniência, de colaboração premiada e de não persecução penal[13]. A depender da natureza

13 Lei 12.846/2013. Art. 16. A autoridade máxima de cada órgão ou entidade pública poderá celebrar acordo de leniência com as pessoas jurídicas responsáveis pela prática dos atos previstos nesta Lei que colaborem efetivamente com as investigações e o processo administrativo [...]. Lei 12.529/2011. Art. 86. O CADE, por intermédio da Superintendência-Geral, poderá celebrar acordo de leniência, com

da alegação, ser o primeiro a colaborar com as autoridades é fator determinante na obtenção de imunidade, como no caso de violações ao direito da concorrência.

Por esse motivo, quando existir a possibilidade de terceiros terem ciência das alegações, diretamente envolvidos ou não nas irregularidades, é importante que a empresa leve esse fator em consideração na decisão de iniciar a investigação.

Existência de investigação ou procedimento administrativo

Assim como no tópico anterior, a existência de uma investigação governamental oficial ou procedimento administrativo de responsabilidade ("PAR") é um fator na decisão de seguir ou não com a investigação corporativa.

Nesse caso é certo que as autoridades já possuem ciência das irregularidades e estão as investigando ativamente, seja de forma policial, administrativa ou judicial. Atos formais das autoridades aumentam muito a probabilidade de as alegações tornarem-se de conhecimento do público em geral, o que pode afetar diretamente a reputação da empresa.

Aqui, entendemos que não existe muita margem para decisão. Vemos como estratégica a destinação de recursos para a condução de uma investigação para definição da melhor defesa disponível. Seja trazendo elementos para

a extinção da ação punitiva da administração pública ou a redução de 1 (um) a 2/3 (dois terços) da penalidade aplicável, nos termos deste artigo, com pessoas físicas e jurídicas que forem autoras de infração à ordem econômica, desde que colaborem efetivamente com as investigações e o processo administrativo [...]. Lei 12.850/2013. Art. 3º-A. O acordo de colaboração premiada é negócio jurídico processual e meio de obtenção de prova, que pressupõe utilidade e interesse públicos [...]. Lei 13.964/2019. Art. 28-A. Não sendo caso de arquivamento e tendo o investigado confessado formal e circunstancialmente a prática de infração penal sem violência ou grave ameaça e com pena mínima inferior a 4 (quatro) anos, o Ministério Público poderá propor acordo de não persecução penal, desde que necessário e suficiente para reprovação e prevenção do crime [...].

substanciar uma defesa judicial ou administrativa, seja para obter alavancagem e viabilizar um acordo com as autoridades competentes, minimizando assim potenciais sanções.

3.2. Avaliação do contexto corporativo

Saindo do contexto da alegação, passaremos a focar nos fatores internos corporativos que fazem parte do processo decisório, como a governança da empresa, o dever de diligência do executivo, eventual posição de garante e omissão relevante, bem como os recursos necessários para investigar.

3.2.1. Governança

De acordo com o Instituto Brasileiro de Governança Corporativa ("IBGC"), governança é o "sistema formado por princípios, regras, estruturas e processos pelo qual as organizações são dirigidas e monitoradas, com vistas à geração de valor sustentável para a organização, para seus sócios e para a sociedade em geral. Esse sistema baliza a atuação dos agentes de governança e demais indivíduos de uma organização na busca pelo equilíbrio entre os interesses de todas as partes, contribuindo positivamente para a sociedade e para o meio ambiente"[14].

Empresas com uma governança corporativa estruturada são aquelas que estipulam expressa e claramente as responsabilidades e deveres de cada departamento e colaborador, visando a transparência e agilidade nas tomadas de decisão. A clareza sobre suas atribuições e deveres é fundamental para que os executivos possam exercer adequadamente seus papéis.

14 Código das Melhores Práticas de Governança Corporativa. Acesso em: https://conhecimento.ibgc.org.br/Lists/Publicacoes/Attachments/24640/Codigo-Melhores-Praticas-6a-edicao-digital%20(4)%20(1).pdf

A governança cumpre um papel essencial no fortalecimento e na disseminação da missão, visão, valores e da conduta corporativa ética. Sendo os agentes de governança[15] os guardiões dos princípios de governança corporativa e protagonistas no exercício das melhores práticas.

Os agentes de governança devem guiar suas decisões pelos princípios de governança e pelo propósito da organização, bem como assegurar que a organização possua políticas e processos claros, eficazes, implementados e devidamente disseminados, tanto para identificar e tratar esses conflitos – fundamentados pelos princípios de integridade, transparência, equidade, responsabilização (*accountability*) e sustentabilidade[16].

No tocante às investigações corporativas, o Código de Melhoras Práticas de Governança Corporativa do IBGC[17] dispõe que:

> "b. A organização deve implementar processos e definir responsáveis para avaliação e apuração das denúncias recebidas, bem como das providências necessárias. Esse processo pode ficar a cargo de um terceiro com capacidade reconhecida.
> c. Ele deve ter suas diretrizes de funcionamento definidas pela diretoria e aprovadas pelo conselho de administração.
> d. Devem ser estabelecidos um fluxo e alçadas para recebimento, apuração e tratamento das denúncias e de potenciais conflitos de interesses dos envolvidos na apuração.
> e. A diretoria deve prestar contas ao conselho de administração de maneira consolidada e na periodicidade definida em relação às denúncias recebidas e apuradas."

---

15 "agentes de governança são os indivíduos que compõem o sistema de governança, como sócios, conselheiros de administração, conselheiros fiscais, auditores, diretores, *governance officers*, membros de comitês de assessoramento ao conselho" – Código das Melhores Práticas de Governança Corporativa. Acesso em: https://conhecimento.ibgc.org.br/Lists/Publicacoes/Attachments/24640/Codigo-Melhores-Praticas-6a-edicao-digital%20(4)%20(1).pdf

16 Código das Melhores Práticas de Governança Corporativa. Acesso em: https://conhecimento.ibgc.org.br/Lists/Publicacoes/Attachments/24640/Codigo-Melhores-Praticas-6a-edicao-digital%20(4)%20(1).pdf

17 Código das Melhores Práticas de Governança Corporativa. Acesso em: https://conhecimento.ibgc.org.br/Lists/Publicacoes/Attachments/24640/Codigo-Melhores-Praticas-6a-edicao-digital%20(4)%20(1).pdf

Nesse sentido, uma empresa com uma governança bem estabelecida, com comitês, código de conduta, políticas e procedimentos implementados, bem como atribuições e deveres claros para seus executivos, possui mais facilidade na decisão de seguir ou não com uma investigação. Isso porque os padrões de conduta e obrigações, assim como o procedimento a ser adotado, estão mais bem delineados no contexto corporativo.

3.2.2. Dever de diligência

O dever de diligência[18], previsto na Lei de Sociedades Anônimas, exige que o administrador adote "o cuidado e diligência que todo homem ativo e probo costuma empregar na administração dos seus próprios negócios"[19].

É dever do administrador tomar decisões informadas, apropriadas e compatíveis com o nível de diligência e conhecimento exigido para os cargos ocupados pelos executivos responsáveis. Em decisões que impactem diretamente os objetivos e estratégias da empresa, o executivo deve sempre buscar o que é melhor para a empresa, atuando com zelo, cautela, lealdade e honestidade nas tomadas de decisão.

Administradores devem analisar criteriosa e continuamente a empresa, implementando processos e controles rigorosos que permitam o conhecimento profundo dos processos internos, falhas e riscos de sua empresa. Dessa análise, devem surgir procedimentos de governança e processos específicos que distribuam atribuições e competências, bem como tratem especificamente de apuração de denúncias.

---

18 A lei das Sociedades Anônimas, expressamente aponta três deveres do administrador, quais sejam: (i) o dever de diligência; (ii) o dever de lealdade; e (iii) o dever de informar. Lei 6.404/1976. Acesso em: https://www.planalto.gov.br/ccivil_03/leis/l6404consol.htm

19 Lei 6.404/1976. Art. 153. Acesso em: https://www.planalto.gov.br/ccivil_03/leis/l6404compilada.htm

A ciência de potencial irregularidade traz responsabilidade à empresa e seus *stakeholders*. O administrador, com o auxílio de assessores e *experts* específicos, deve ponderar os fatos existentes na alegação, verificar se há potencial violação de lei, regulamento e/ou políticas internas, mapear potenciais envolvidos e conflitos de interesses, e por fim, decidir de boa-fé sobre iniciar ou não uma investigação.

Caso não existam elementos suficientes para dar início a uma investigação, é importante que a empresa registre todos os passos do processo decisório. Independentemente, é recomendável que a empresa análise de forma crítica eventuais falhas e *gaps* nos procedimentos relacionados a alegação e, caso identificados, implemente com rapidez medidas remediativas e/ou preventivas, reduzindo a probabilidade de ocorrência de irregularidade futura.

Independente da decisão tomada, uma vez verificado que o processo decisório foi realizado de boa-fé, com todas as informações disponíveis e com interesse da empresa em vista, os administradores não podem ser responsabilizados por erros de julgamento cometidos nessas decisões.

Uma vez mencionado o conceito da boa-fé, faz-se relevante endereçar também o conceito da posição de garante – conceito relacionado a potencial responsabilidade criminal.

A posição de garante é um dever previsto na legislação penal, em que o indivíduo tem o dever especial de agir para evitar um resultado. Caso não o faça, responde pelo crime como se tivesse ele mesmo praticado a conduta. Nesse sentido, o diretor de uma companhia aberta e o sócio administrador de uma limitada são garantes por excelência e possuem o dever de adotar medidas para minimizar o risco oferecido pela estrutura empresarial.

Assim, a responsabilidade do garante se dará pela: (i) falta de diligência ou conformidade da empresa com os requisitos legais aplicáveis à sua atividade; e (ii) se os dirigentes, cientes dessa situação irregular e propensa à prática de ilícitos, não adotaram nenhuma ação para regularizá-la.

Nesses cenários, a governança da empresa é fator determinante para imputação da responsabilidade. Como vimos em tópicos anteriores, a governança é essencial na clareza de atribuições e deveres dos dirigentes, sendo fator fundamental para que os executivos possam exercer adequadamente seus papéis.

Dito isso, importante que a decisão sobre a investigação esteja acompanhada de documentos que a corroborem, com o intuito de demonstrar que o administrador agiu em linha com o dever de diligência na tomada de decisão.

3.2.3 Recursos necessários

Conforme regras e diretrizes da CGU, um dos pilares que norteia o programa de integridade é a existência de uma instância responsável pelo programa, que deve ser *"dotada de autonomia, independência, imparcialidade, recursos materiais, humanos e financeiros para o pleno funcionamento, com possibilidade de acesso direto, quando necessário, ao mais alto corpo decisório da empresa"*[20].

Nesse contexto, é importante pontuar que uma investigação corporativa depende necessariamente de recursos, sejam humanos ou financeiros. É possível também que esses recursos não estejam previamente orçados ou mapeados.

20 Publicação da CGU: Programa de Integridade - Diretrizes para Empresas Privadas. Acesso em: https://www.gov.br/cgu/pt-br/centrais-de-conteudo/publicacoes/integridade/arquivos/programa-de-integridade-diretrizes-para-empresas-privadas.pdf

É importante que a empresa considere os benefícios da condução de uma investigação corporativa, pensando em fatores reputacionais e financeiros de longo prazo, como a não interrupção de uma determinada venda, isenção ou diminuição de multas, formalização de acordos e o potencial de minimizar o impacto reputacional de um escândalo envolvendo ação de autoridades.

4. CONCLUSÃO

Ao longo desse artigo, apresentamos os principais fatores que podem influenciar a decisão de conduzir uma investigação corporativa: a denúncia e seu conteúdo e alcance, o monitoramento do programa de integridade, a repercussão na mídia, o envolvimento e conhecimento de autoridades públicas e o contexto corporativo, que inclui a governança e recursos da empresa e o dever de diligência de seus administradores.

Como vimos, o cenário que antecede a decisão de conduzir uma investigação e a própria decisão de investigar passam por um processo complexo e que dificilmente se traduz na análise isolada de um fator.

O conhecimento prévio dos fatores envolvidos no processo guia e facilita a tomada de decisão, uma vez que possibilita às empresas a implementação de melhores práticas previamente ao recebimento da alegação. E com a análise desses fatores, internos e externos à realidade da empresa, a decisão pode ser tomada de forma eficiente, de boa-fé e consistente com a alegação.

Assim, fica clara a importância e necessidade da implementação de uma governança robusta, com definições de atribuições claras e pré-determinadas, bem como a criação de políticas e procedimentos e implementação de treinamentos periódicos e ações de comunicações desenhadas para esclarecer os papéis, responsabilidades e deveres de todos os colaboradores e terceiros da empresa.

Essas medidas são indispensáveis para tornar o programa de integridade efetivo e guiar a empresa em situações turbulentas, como no momento de recebimento de alegações de irregularidades.

O planejamento e implementação de ações de forma preventiva se demonstra essencial no processo de avaliação, decisão e condução de uma investigação. Isso porque os critérios e procedimentos necessários para guiar o processo decisório sobre o início de investigações já foram deliberados e validados pelas instâncias mais altas da empresa, minimizando assim potenciais influências pessoais no processo decisório e o risco de responsabilidade pela decisão de não investigar.

Concluímos que, mesmo com a existência de múltiplos eventos e fatores relacionados ao processo decisório sobre o início (ou não) de uma investigação, o grau de governança, a sofisticação do programa de integridade e a cultura e o contexto corporativo da empresa contribuem para um ambiente decisório mais simples, embasado e com menor potencial de influência indevida.

CAPÍTULO 2

Confidencialidade e privilégio legal

Gustavo Oliva Galizzi

Senior Director em Alvarez & Marsal. Doutor pela Universidade de São Paulo (USP). Mestre em Direito pela Universidade Federal de Minas Gerais (UFMG). Master of Laws (LL.M.) pela University of Texas at Austin - School of Law

1. HIPÓTESE FÁTICA

Vamos imaginar o seguinte cenário: uma companhia aberta brasileira, com papeis negociados no Brasil e nos Estados Unidos, recebe através do seu canal de denúncias uma notícia sobre um possível caso de chantagem envolvendo uma das diretoras. De acordo com a denúncia, a diretora teria sofrido pressão de outros diretores e de alguns membros do conselho de administração para encobrir eventuais inconsistências contábeis no balanço patrimonial, que poderiam levar a uma redução considerável dos resultados da companhia. Diante disso, o conselho de administração resolve criar um comitê independente de apuração, que contrata um escritório de advocacia para conduzir a investigação.

A investigação envolveu coleta de e-mails e de dados financeiros, processamento dos dados, revisão de centenas de documentos, entrevistas de atuais e antigos funcionários, várias apresentações – ao comitê de apuração, ao conselho de administração, aos órgãos reguladores do mercado – e uma série de medidas corretivas para abordar os fatos identificados, incluindo a demissão de funcionários e o ajuste contábil de exercícios anteriores.

Depois de concluída a investigação – que culminou inclusive na celebração de um acordo com os órgãos reguladores – a companhia recebeu uma notificação extrajudicial de um grupo de acionistas minoritários alegando que o conselho de administração teria violado seu dever legal de diligência ao não supervisionar adequadamente as operações da companhia. Como admitido pela lei societária brasileira, a notificação foi acompanhada de um pedido de inspeção dos livros e registros da empresa, incluindo os documentos relacionados à investigação conduzida.[1]

O comitê de apuração é confrontado com uma série de questões: a companhia pode reivindicar o sigilo dos documentos solicitados pelos acionistas? Como companhia aberta, em que medida as comunicações com os auditores externos estariam protegidas? As informações não substancialmente relacionadas à investigação podem ser objeto de reserva também? Algum material potencialmente confidencial teria sido produzido por descuido, e foram tomadas providências para garantir a preservação desse material?

Outros problemas podem surgir nesse contexto, como a identificação de qual tipo de profissional estaria abrangido pela tutela legal. São temas pouco estudados no Brasil, carecendo de sistematização doutrinária. Esse capítulo vai endereçar essas e outras questões envolvendo a proteção de informações sigilosas no contexto de uma investigação corporativa.

2. CONFIDENCIALIDADE, SIGILO E SEGREDO

O primeiro passo é entender o significado e a base normativa da confidencialidade. *Confidencialidade* e *sigilo* são expressões sinônimas. O primeiro termo ficou mais conhecido na prática brasileira em razão da tradução para o português dos chamados *confidentiality agreements* do direito norte-americano, geralmente (mas não exclusivamente) celebrados nas etapas preliminares das operações

1 FÁBIO ULHOA COELHO alude à correta distinção entre os direitos à fiscalização e à investigação pelo acionista. O primeiro é essencial e assegurado pela lei societária. "Direito à Informação do Acionista e a Suspeita de Corrupção". Em: *Revista de Direito das Sociedades e dos Valores Mobiliários – Edição Comemorativa pelos 40 Anos da Lei n. 6.404/1976*. São Paulo: Almedina, 2016, pp. 53-66, p. 66.

de fusões e aquisições de empresas, quando o comprador deseja ter acesso às informações do vendedor para identificar eventuais riscos – jurídicos, financeiros e patrimoniais – que possam afetar negativamente o preço e as demais condições comerciais do negócio.

Ao contrário, *sigilo* e *segredo* não são expressões sinônimas. Segredo é tudo aquilo que se situa na esfera da intimidade do indivíduo; tudo quanto o indivíduo tem interesse de manter distante do conhecimento de terceiros. Segredo, portanto, é a informação, o dado da realidade que se pretende ver protegido. O sigilo é a forma através da qual é efetivada essa proteção; é o instrumento hábil a preservar a confidencialidade de uma informação, de um dado, do segredo que não pode ser revelado. Assim, um mesmo segredo pode estar sujeito a diferentes modalidades de sigilo, como o familiar, o ético, o profissional etc. Os termos segredo e sigilo devem ser compreendidos, portanto, segundo uma relação de conteúdo e continente, respectivamente.[2]

3. PROTEÇÃO LEGAL

O *sigilo,* como bem jurídico, tem raiz na privacidade, direito inviolável do cidadão por força constitucional. Como direito fundamental, constitui limitação ao poder público de invadir a esfera íntima e a vida privada da pessoa. É um direito da personalidade, exercitável pelo titular contra o estado e a sociedade, sendo assegurada indenização pelo dano material ou moral decorrente da sua violação.

2 SOBRINHO, Mário Sérgio. Segredo de Estado e Prova Ilícita. Em: Justitia. São Paulo, v. 62, n. 189-192, jan./dez. 2000, p. 152.

A privacidade, por sua vez, é um gênero que compreende o direito à intimidade, à honra e à imagem. Os modos pelos quais sua tutela se manifesta no mundo real são variados. O voto secreto nas eleições, a possibilidade de votações sigilosas no congresso nacional, a proteção do segredo de estado e a garantia do segredo de justiça são exemplos de que o ordenamento jurídico não apenas admite como também exige a privacidade em ocasiões especiais.

Costuma-se ilustrar o âmbito de privacidade do indivíduo com base na construção gráfica de círculos concêntricos: a chamada *teoria das três esferas* (*Sphärentheorie*, no direito alemão). A teoria sugere uma separação entre a vida particular e a vida pública do cidadão, dividindo a primeira em três esferas: privada, íntima e secreta. A esfera privada compreende os aspectos da vida que são excluídos do conhecimento de terceiros. A esfera íntima corresponde aos valores da intimidade ou confiança, com acesso restrito a determinados indivíduos com os quais a pessoa se relaciona de forma mais intensa. Por fim, a esfera menor, à qual ninguém ou pouquíssimas pessoas têm acesso, corresponde ao *segredo*.

Figura 1. Teoria das três esferas

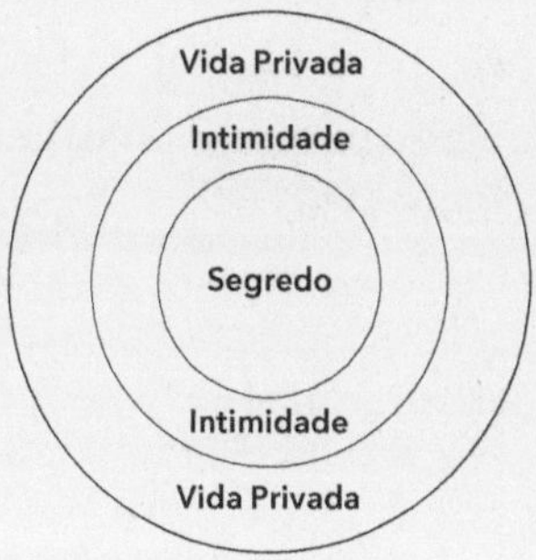

Fonte: elaborado pelo autor

A proteção da privacidade envolve não apenas o núcleo indevassável da vida pessoal (o *segredo*), abrangendo também as esferas do íntimo e do privado, que somente podem ser alcançadas com o consentimento do interessado ou nas hipóteses previstas em lei. Mas quanto mais interno o círculo, mais intensa é a proteção jurídica. Nesse sentido, no âmbito infraconstitucional, a proteção à privacidade é regulada, entre outros, no direito penal (como delito de violação sem justa causa do segredo profissional), no direito civil (ninguém pode ser obrigado a depor sobre fato a cujo respeito, por estado ou profissão, deva guardar segredo), no direito do trabalho (que prevê como justa causa para demissão do empregado a violação do segredo de empresa) e nos códigos de conduta profissional aplicáveis às diversas classes de atividades que exigem a preservação do segredo.

Nem todas as atividades impõem a obrigação ou garantia do sigilo. É a necessidade do cidadão de se socorrer de determinados serviços (de saúde, jurídicos) que faz da confiança um elemento indispensável na relação cliente/profissional. Distingue-se por isso o confidente necessário do voluntário. O *confidente voluntário* tem apenas um dever moral na conservação do segredo, mas quando a preservação se torna *necessária* para o titular do bem, o sistema jurídico intervém para assegurar a supremacia desse interesse. Daí nasce o sigilo profissional.

4. SIGILO PROFISSIONAL DO ADVOGADO

Ao contrário do que se possa imaginar, o sigilo do advogado não decorre do contrato de serviços firmado com o cliente.[3] No direito brasileiro esse encargo decorre do interesse coletivo: é do interesse geral que cada pessoa tenha plena convicção de que as informações de foro íntimo recebidas pelo advogado não extravasem para o espaço público. Essa garantia é essencial para o que o advogado produza uma defesa adequada, ou conduza de forma adequada o caso sob seus cuidados. Sem essa garantia é a coletividade que sai perdendo: todo cidadão ficaria reticente em transmitir informações, verbais ou documentais, a seu assessor jurídico, temendo que, a qualquer momento, pudessem ser reveladas.

O sigilo profissional tutela, portanto, dois bens jurídicos: a intimidade do cliente/confitente (de forma imediata) e a confiança da coletividade na perenidade dos segredos de profissão (de forma mediata), sendo ambos igualmente afetados caso venha a ser revelada uma informação confidencial. Além disso, é do interesse da administração da justiça que a confidencialidade não seja comprometida. Por isso, o sigilo profissional é, ao mesmo tempo, um direito e dever do advogado: direito ao silêncio e dever de se calar, para assegurar a melhor representação possível dos interesses do cliente, sendo pressuposto indispensável à representação jurídica.

No sistema brasileiro cabe ao advogado guardar sigilo mesmo que autorizado ou solicitado pelo cliente a revelar a informação que lhe foi transmitida. Essa vedação é uma decorrência lógica do fato, elucidado acima, de que

---

3 O Brasil não recepcionou a teoria da contratualidade. Pela teoria, o dever de sigilo exsurge de um contrato, ainda que implícito, entre o advogado e o cliente. O contrato de confidencialidade abrange tudo aquilo que seja confiado ao advogado por força de suas cláusulas, mas de qualquer forma sempre em virtude do efetivo exercício da atividade profissional.

o sigilo profissional no Brasil não decorre do contrato de serviços com o cliente, mas do interesse coletivo. Posiciona-se, portanto, acima do interesse dos confidentes e do advogado, subsistindo à própria morte do constituinte.

5. SUJEITOS E RELEVÂNCIA PRÁTICA

O *dever* de manter sigilo recai sobre todos os inscritos na OAB, advogados e estagiários, inclusive advogados públicos, consultores, gerentes e diretores jurídicos de empresas.[4] São eles o sujeito passivo da relação jurídica. Já o *direito* à preservação do sigilo é de todos aqueles que se valem dos serviços de advocacia, judicial ou extrajudicialmente. Por isso se diz que o sigilo corresponde a um *privilégio legal* que protege as comunicações entre advogado e cliente não só para os fins de prestação de serviços jurídicos, mas também – e sobretudo – para o seu recebimento. Nota-se aí um evidente nexo causal, que se desdobra entre o dever/direito (do advogado) de manter o sigilo e se calar quando instado judicialmente e o direito/privilégio (do cliente) de que esse sigilo seja oponível à coletividade.

---

4 O Provimento n. 207/2021 do Conselho Federal da OAB regulamenta o disposto no art. 7º da Lei n. 8.906/94 (Estatuto da Advocacia e da OAB), definindo as prerrogativas dos advogados que atuam em empresas públicas, privadas ou paraestatais, notadamente aqueles que ocupam cargos de gerência e diretoria jurídica. Nos termos do art. 2º: "No exercício de cargos de consultoria, assessoria, gerência e direção jurídica em empresas, os advogados gozam de todos os direitos descritos no art. 7º da Lei n. 8.906/1994 – Estatuto da Advocacia e da OAB, destacadamente a inviolabilidade de seu local de trabalho, seja ele aberto ou reservado, no seu escritório, ambiente empresarial ou residência, bem como de seus instrumentos de trabalho, de sua correspondência escrita, eletrônica, telefônica e telemática, além da devida confidencialidade sobre todos os temas e comunicações objeto do exercício de sua profissão."

Figura 2. Nexo causal do dever/direito de sigilo

Fonte: elaborado pelo autor

6. SIGILO PROFISSIONAL EM INVESTIGAÇÕES CORPORATIVAS

Não há dúvida de que manter o privilégio advogado-cliente e a proteção do produto do trabalho do advogado é fundamental desde o início de qualquer investigação corporativa. Entretanto, a teoria do sigilo profissional foi historicamente concebida tendo em mente a prática do contencioso. No Brasil, expressões e referências nas disposições que tratam sobre o tema nos códigos profissional e de ética da OAB confirmam isso: "o advogado não é obrigado a depor, em processo ou procedimento judicial, administrativo ou arbitral, sobre fatos a cujo respeito deva guardar sigilo profissional" (art. 35, CED); ou "o advogado, ao postular em nome de terceiros, contra ex-cliente ou ex-empregador, judicial e extrajudicialmente, deve resguardar o sigilo profissional" (art. 21, CED); ou "é direito do advogado recusar-se a depor como testemunha em processo no qual funcionou ou deva funcionar, ou sobre fato relacionado com pessoa de quem seja ou foi advogado, mesmo quando autorizado ou solicitado pelo constituinte, bem como sobre fato que constitua sigilo profissional (art. 7º, XIX, EAOAB)".

Quando transposta para o cenário de uma investigação corporativa a questão ganha complexidade. Durante uma investigação são processados, revistos e, conforme o caso, produzidos milhares de dados estruturados e não estruturados, e-mails, correspondências, contratos, relatórios e outros documentos que podem ou não ser considerados confidenciais a depender de fatores como a relevância do conteúdo, a fonte, o conhecimento prévio da informação e o meio onde foi armazenada. Além disso, se nenhuma providência acauteladora é tomada, o material coletado pode simplesmente ir passando de mão em mão entre os diversos atores – peritos em tecnologia, cientistas de dados, contadores forenses, peritos financeiros, funcionários da empresa investigada – que atuam no esforço investigativo, dificultando cada vez mais sua caracterização como *privado e confidencial*. Nesse cenário, em que o volume de informação pode ser tão complexo quanto o controle das pessoas envolvidas, como garantir o privilégio legal de um documento potencialmente relevante? Ou, antes disso: será possível replicar para o cenário da investigação a proteção legal, tal como concebida para o contencioso?

A resposta é afirmativa. No Brasil, o sigilo profissional vigora seja o serviço solicitado ou contratado, remunerado ou não, haja ou não representação judicial: persiste inclusive quando o advogado exerce as funções de mediador, parecerista, consultor, conciliador ou de árbitro. Essa inteligência, sem dúvida, se aplica também ao papel desempenhado pelo advogado no âmbito das investigações corporativas. Mas para ser válida e oponível a terceiros, a tutela requer que o advogado esteja de fato no exercício da profissão,[5] e que as comunicações com as partes interessadas tenham se operado nesse contexto.

Quanto ao primeiro requisito, é de boa prática que logo no início dos trabalhos o objetivo da atuação do advogado seja identificado e disseminado entre os agentes envolvidos, qual seja: atividades de natureza investigatória, acerca de um alegado delito ou pretensa irregularidade no âmbito de uma organização, seja em antecipação de um litígio, na instrução processual, ou durante a execução penal. Assim posicionada, *como procedimento instrumental ao litígio*, a investigação poderá se beneficiar da proteção legal.[6]

Para tanto, sempre que uma companhia decida instaurar uma investigação é aconselhável que os serviços sejam prestados por advogados, ou conduzidos sob a orientação expressa de advogados. Respeitada essa exigência, poderá o advogado dirigir ou promover todas as diligências

5 O conhecimento que o advogado tem de um fato havido fora do exercício profissional, embora de natureza sigilosa, não o obriga a guardá-lo como segredo. A sua revelação, por consequência, não configura tipo penal. O advogado, como o médico, não comete ilícito em ação judicial quando se vê obrigado a revelar segredo para cobrança dos seus honorários profissionais. FARAH, Elias. O Advogado e Reflexões sobre o Sigilo Profissional. Em: *Revista do Instituto dos Advogados de São Paulo*, vol. 15/2005, p. 82 - 12.

6 Daí o Provimento n. 188/2018 do Conselho Federal da OAB - único dessa espécie a regulamentar a prerrogativa profissional do advogado de realização de diligências investigatórias para instrução em procedimentos administrativos e judiciais - se referir à investigação como defensiva, definindo-a nos seguintes termos (art. 1º): "Compreende-se por investigação defensiva o complexo de atividades de natureza investigatória desenvolvido pelo advogado, com ou sem assistência de consultor técnico ou outros profissionais legalmente habilitados, em qualquer fase da persecução penal, procedimento ou grau de jurisdição, visando à obtenção de elementos de prova destinados à constituição de acervo probatório lícito, para a tutela de direitos de seu constituinte."

necessárias ao esclarecimento do fato, como a colheita de depoimentos, pesquisa e obtenção de dados e informações disponíveis em órgãos públicos ou privados, determinar a elaboração de laudos e exames periciais, além de outras providências necessárias.[7]

Mas não é só isso. Nas investigações corporativas, tão importante quanto à configuração jurídica da atividade é a identificação do cliente, pois somente o cliente (além do próprio advogado) pode invocar o privilégio legal da confidencialidade perante terceiros. Como clientes devem ser considerados aqueles que têm a prerrogativa de contratar e/ou receber assessoria jurídica em nome da companhia. O advogado, portanto, deve identificar os indivíduos-chave responsáveis por dar instruções e receber aconselhamento jurídico, e as partes contratantes devem notificar os demais funcionários para que estejam cientes. Em muitos casos a questão é relativamente simples porque a investigação será supervisionada por um gerente ou diretor jurídico. A presença de um comitê de apuração adiciona alguma complexidade. Mas se as comunicações entre o comitê e o advogado ainda configuram o tipo clássico de interação entre advogado e cliente, as trocas entre o advogado e outros participantes são menos claras. Situações de conflitos de interesse também podem surgir quando uma investigação envolve alegações de irregularidades por diretores e/ou membros do conselho de administração, ou quando o próprio gerente ou diretor jurídico da companhia investigada é

7 Como diz o art. 6º do Provimento n. 188/2018 do Conselho Federal da OAB, o advogado e outros profissionais que prestarem assistência na investigação não têm o dever de informar à autoridade competente os fatos investigados, sendo que eventual comunicação e publicidade do resultado da investigação exigirão expressa autorização do cliente.

também um dos custodiantes.[8] Particularmente, no que diz respeito às entrevistas, a falta de clareza sobre se o advogado representa tanto a companhia quanto os entrevistados individualmente considerados pode conduzir a sérios problemas éticos e rigorosas sanções disciplinares (volto a isso no tópico 9, adiante). Assim, para mitigar esses riscos, é recomendável que o advogado identifique bem no contrato de serviços não apenas quem ele representa, mas também quem ele *não* representa no âmbito da investigação.[9]

Quanto ao segundo requisito acima mencionado, o de que as comunicações com o cliente se operem no contexto da assessoria jurídica, vale a regra de que qualquer conselho do advogado só será privilegiado na medida em que o seu *propósito dominante* possa ser classificado como aconselhamento legal. De fato, não podem gozar do privilégio legal as recomendações comerciais/empresariais sugeridas pelo profissional jurídico, ou relativas a assuntos administrativos ou de gestão da companhia investigada. Na hipótese fática do início do capítulo, eventuais aconselhamentos ao comitê de apuração sobre estratégias de demissão de funcionários ou a forma mais eficiente de se proceder aos ajustes contábeis de exercícios anteriores não estariam, portanto, abrangidos pela proteção legal. E nos casos em que haja dúvida com relação à atividade realizada pelo profissional – se de gestão empresarial ou de assessoria

---

8 No direito americano, já se decidiu pela inexistência de privilégio quando o advogado relata as conclusões da investigação a membros da administração que poderiam se tornar partes adversas da companhia. Em: *United States v. ISS Marine Servs., Inc.*, 905 F. Supp. 2d 121 (D.D.C. 2012).

9 Ver: *Practical Guidance for Maintaining Privilege Over an Internal Investigation*. Disponível em: chrome-extension://efaidnbmnnnibpcajpcglclefindmkaj/https://www.cov.com/media/files/corporate/publications/2014/06/pli_chb-practical_guidance_for_maintaining_privilege.pdf. Elaborado pelos advogados: FAGELL, Steven E.; HALEY, Benjamin S.; VITARELLI, Anthony. Acesso em 20.07.2023.

jurídica – poderá ser chamado um representante da OAB para que acompanhe eventual diligência e assegure o sigilo do material relacionado à atividade.[10]

Essa questão, por sua vez, remete ao conteúdo propriamente dito do privilégio legal.

7. OBJETO DO SIGILO PROFISSIONAL E O RÓTULO "CONFIDENCIAL E PRIVILEGIADO"

A legislação brasileira é lacônica no que se refere ao conteúdo material albergado pelo sigilo profissional. A norma aplicável dispõe genericamente que o advogado tem o dever de guardar sigilo *dos fatos de que tome conhecimento no exercício da profissão*, presumindo-se confidenciais as comunicações de qualquer natureza entre advogado e cliente (CED, arts. 35 e 36). No Brasil, portanto, é abrangido pelo sigilo profissional não apenas o que for confiado pelo cliente ao advogado,[11] mas tudo que lhe chegue ao conhecimento em consequência do exercício profissional. O sigilo pode se estender assim às confidências da parte contrária, às de outros advogados, comuns ou não (nos casos com diversos assessores é natural que, no interesse da representação, os segredos do cliente sejam compartilhados), às de terceiras pessoas, às entrevistas para investigar. Também não importa a forma como a informação chega –diretamente pelo cliente, de viva voz, através de

10 Nos termos do art. 2º, parágrafo único, do Provimento n. 207/2021 do Conselho Federal da OAB, que define as prerrogativas dos advogados que atuam em empresas públicas, privadas ou paraestatais, notadamente aqueles que ocupam cargos de gerência e diretoria jurídica.

11 No caso específico das confidências feitas ao advogado pelo cliente para instrução da causa, poderão elas ser utilizadas nos limites da defesa. A medida do limite da defesa fica a critério do advogado, que não está, em princípio, obrigado à autorização da OAB, mas responde pelo excesso praticado.

documentos, e-mail, ou por terceiros. Desde que interesse ao caso, a informação estará protegida.

A título de comparação, o sistema norte-americano é mais restrito. Em termos gerais, naquele ordenamento jurídico são passíveis de privilégio (*i*) todas as comunicações (*ii*) que sejam confidenciais (*iii*) trocadas no contexto da prestação de serviços (*iv*) entre (a) um cliente ou seu representante e o advogado do cliente ou seu representante; (b) o cliente ou o advogado do cliente e um advogado que represente outro cliente em assunto de interesse comum; e (c) os representantes do mesmo cliente. Por sua vez, o produto de trabalho do advogado estará protegido se elaborado (*i*) em antecipação de um litígio ou para um processo em curso (*ii*) por uma das partes ou seu representante. Via de regra, sem a presença desses requisitos o privilégio legal não é reconhecido.[12]

O modo genérico e lacônico pelo qual o conteúdo do sigilo profissional é referenciado na norma e doutrina brasileiras ("constituem-se, portanto, em [seu] objeto (...) as informações privilegiadas, as reservadas, "o segredo do segredo" do Padre Vieira, as reminiscências de Dostoievski, o segredo que ninguém pode "adivinhá'" de Cora Coralina e tantos outros"[13]) pode se mostrar suficiente quando a contratação é firmada para mera representação processual. De fato, no contexto de dimensões mais

---

12 SAULINO, Jennifer L.; MILLER, Matthew V. Em: *Practical Guidance for Maintaining Privilege and Work Product Protection in Cross-Border Internal Investigations*. Disponível em: chrome-extension://efaidnbmnnnibpcajpcglclefindmkaj/https://www.cov.com//media/files/corporate/publications/2019/02/practical_guidance_for_maintaining_privilege_and_work_product_protection_in_cross_border_internal_investigations.pdf. Acesso em: 20.07.2023.

13 TRAMA, Benedito Édison. O Sigilo Profissional do Advogado. *Revista do Instituto dos Advogados de São Paulo*, vol. 7/2001, p. 22 - 38.

claras correspondente à relação bilateral entre advogado e cliente, a prova da transmissão (pelo segundo) e do recebimento da informação (pelo primeiro) é de mais fácil elaboração. Mas no universo plurilateral de uma investigação corporativa, em que a informação parte de várias fontes do mesmo cliente, circulando entre diferentes atores, como demonstrar com segurança que o fato X chegou ao conhecimento do advogado, ao passo que o fato Y não?

Novamente, no direito norte-americano esse problema foi enfrentando com mais profundidade, sobretudo em razão do *discovery*,[14] a etapa probatória que compreende os chamados *requests for production of documents*, suscitando a preocupação sobre a entrega de documentos que possam fazer prova contra quem os disponibilizou. Diante de tal preocupação, é comum que os documentos a que se queira conferir sigilo durante a investigação sejam expressamente destacados como material "Confidencial e Privilegiado". Embora o rótulo não seja determinante para eficácia da proteção, o destinatário será ao menos advertido de que a informação se destina a ser confidencial e também contribuirá para evitar sua divulgação acidental. A mera providência de copiar um advogado na correspondência ou e-mail entre dois não-advogados não cria o privilégio. O interlocutor do cliente deve se dirigir ao advogado por comunicação direta, declarando claramente a natureza de aconselhamento jurídico.[15]

---

14 O *discovery* foi concebido para conferir igual oportunidade às partes de apresentarem o seu caso, ainda que seja preciso o acesso a documentos de posse da parte contrária. É uma concepção sensivelmente distinta da visão tradicional do "dá-me os fatos que dar-te-ei o direito" do direito brasileiro.

15 No caso *United States v. ISS Marine Servs.* (D.C., 2012), a corte distrital de Washington rejeitou o privilégio legal em investigação conduzida pelo auditor interno, com envolvimento mínimo de advogados. No mesmo sentido, no direito norte-americano: Largan Precision Co v. Genius Elec. Optical Co (N.D. Cal. Jan. 8, 2015).

Considerando o alargamento excessivo da tutela legal no sistema brasileiro e o risco de que no mundo real a letra da lei seja desvirtuada do seu espírito, essa advertência também é válida para a prática local. Quando nada, tendo em vista a grande incidência de investigações transnacionais, a providência deve ser adotada sempre que o caso envolva elementos que atraiam normas de outras jurisdições, como na hipótese ilustrada no começo do capítulo, virtualmente sujeita às disposições do FCPA.[16]

Cumpridos os requisitos legais a informação estará protegida contra divulgação forçada. Os fatos que devam ser guardados em razão da profissão estão dispensados de revelação mesmo diante de ação para exibição de documentos (na esfera cível) ou ordem de busca e apreensão (na esfera criminal). O juiz não pode considerar como verdadeiros os fatos alegados com base em documento ou coisa que se encontre nessas condições, sendo legítima a recusa em revelá-lo(a). Consequentemente, as provas obtidas com a quebra de sigilo profissional são ilícitas e, portanto, inadmissíveis ao processo ou à investigação. Se tais provas forem utilizadas, ou outras delas decorrentes, a sentença é inválida.

De toda sorte, vale o registro de que nem tudo que o advogado sabe quando no exercício de suas funções pode

---

16 A corrupção como um fenômeno de extensão global foi bem sintetizada por MODESTO CARVALHOSA: "uma mesma multinacional conduz-se dentro das regras éticas em um determinado país e, ao mesmo tempo, age de maneira delituosa em outro, corrompendo suas autoridades e funcionários, fraudando licitações, cartelizando-se e contribuindo, dessa forma, para a criação e a manutenção de um regime administrativo, legislativo e judiciário moldado pela corrupção (...). Essas multinacionais operam licitamente, *v.g.*, no seio da União Europeia e da Europa Ocidental, que ostentam os menores índices de corrupção do mundo (23%), ao passo que corrompem as autoridades dos demais países da América Latina (66%), da Ásia (64%), da Europa Oriental, da Ásia Central (95%), do Oriente Médio, do Norte da África (84%) e da África Subsaariana (90%)." Em: *Considerações sobre a Lei Anticorrupção das Pessoas Jurídicas*. São Paulo: RT, 2015, p.100.

ou deve ser protegido. Só devem ser consideradas sigilosas as informações direta ou indiretamente atinentes à investigação ou ao processo pendente, e não quaisquer informações. O acesso ao segredo será o que não seja eventual ou fortuito, mas resultante de visível nexo de causalidade entre o conhecimento, a atividade profissional e o conteúdo relacionado da informação. A OAB já se pronunciou sobre a inexistência do dever de sigilo quando o conhecimento dos fatos não advém da atuação na causa, podendo o advogado depor em juízo sobre eles. Estará, assim, cumprindo seu dever, como todo cidadão (e não como advogado), de contribuir para a boa aplicação da justiça.[17]

8. INSTRUMENTOS DO SIGILO PROFISSIONAL

As normas que tratam do sigilo profissional do advogado regulam proteções instrumentais ao segredo, sendo necessário distinguir o conteúdo do sigilo de seus instrumentos de garantia. São instrumentos do advogado, insuscetíveis de apreensão, seus computadores, telefones, arquivos impressos e virtuais, banco de dados, livros e anotações de qualquer espécie, bem como documentos e objetos de mídia de som e imagem, recebidos de clientes e de terceiros. A proteção dos meios, especificamente, compreende a correspondência física e eletrônica, comunicações telegráficas, dados e comunicações telefônicas. Constitui crime contra as prerrogativas da advocacia a violação ao sigilo telefônico, telemático e de dados do advogado, mesmo

17 Tribunal de Ética e Disciplina da OAB/SP. Proc. E-1.965/99 – v.u. 19.08.1999 do parecer e voto do rel. Dr. João Teixeira Grande – Rev. Dra. Maria Cristina Zucchi – Presidente Dr. Robison Baroni. Como alguém já se disse, o ambiente em que opera o advogado não é um confessionário religioso...

que seu cliente seja alvo de investigação.[18] Nesse sentido, o STF já decidiu, em caso de interceptação telefônica que não inclua o acesso às linhas telefônicas dos advogados, que "não cabe aos policiais executores da medida proceder a uma espécie de filtragem das escutas interceptadas. A impossibilidade desse filtro atua, inclusive, como verdadeira garantia ao cidadão, porquanto retira da esfera de arbítrio da polícia escolher o que é ou não conveniente ser interceptado e gravado. Valoração, e eventual exclusão, que cabe ao magistrado a quem a prova é dirigida."[19]

A quebra da inviolabilidade só é admitida em uma hipótese: quando houver indícios de autoria e materialidade da prática de crime pelo próprio advogado. Nesse caso, não é mais o advogado, mas o cidadão que resvalou para o crime, não podendo se valer da inviolabilidade, prerrogativa exclusivamente profissional.[20] Verificados indícios da prática de crime, o juiz poderá determinar busca e apreensão específica, com a presença do representante de OAB, que deve se ater exclusivamente às coisas achadas ou obtidas por meios criminosos, ou para fins criminosos, preservando-se objetos, informações e arquivos dos clientes, que permanecem cobertos pela redoma legal. A inviolabilidade só alcança os documentos do cliente quando esse for cúmplice na prática do mesmo crime atribuível ao advogado e seja investigado conjuntamente com ele.

---

18 Nos termos da Súmula 12/2020/COP do Conselho Federal da OAB.

19 HC 91867. Citado por: LÔBO, Paulo. *Comentários ao Estatuto da Advocacia e da OAB*. 15. ed. São Paulo: SaraivaJur, 2023, p. 35-37.

20 A alegação de afronta ao sigilo profissional, tendo em vista que o paciente é advogado e teriam sido interceptadas ligações travadas com seus clientes (...) não merece acolhida, já que os delitos que lhe foram imputados teriam sido cometidos justamente no exercício da advocacia. O simples fato de o paciente ser advogado não pode lhe conferir imunidade na eventual prática de delitos no exercício de sua profissão." (STF, HC 96.909).

9. ENTREVISTAS

No contexto de uma investigação corporativa as entrevistas ganham especial relevância. No direito norte-americano, para preservar o privilégio da informação colhida, o advogado deve alertar o entrevistado adequadamente sobre a natureza confidencial do procedimento. O conteúdo do aviso, inferido do caso *Upjohn*, abrange os seguintes elementos: (*i*) a advertência de que o advogado não representa o entrevistado pessoalmente; (*ii*) o objetivo da entrevista, qual seja, o de obter informações sobre caso no contexto da assessoria jurídica à companhia; (*iii*) o fato de que a proteção é um benefício da companhia contratante, e não do entrevistado, que, por isso, deve manter a conversa em sigilo.[21]

O caso *United States v. Ruehle* ilustra bem o primeiro conceito mencionado acima. *Ruehle* envolveu uma investigação do DOJ e da SEC sobre opções de compras de ações. Como parte da investigação o advogado externo conduziu uma entrevista do diretor-presidente da companhia investigada. Durante a entrevista, o diretor-presidente prestou inúmeras declarações que mais tarde procurou suprimir em seu processo criminal, sob o argumento de serem privilegiadas. Sustentou que, como o advogado externo havia representado os administradores individualmente considerados em processos movidos por acionistas e não os avisou que as declarações concedidas poderiam ser divulgadas a terceiros, o conteúdo do depoimento estaria protegido pelo sigilo legal. A corte distrital que julgou o caso acolheu as alegações do diretor-presidente, suprimiu do processo as declarações da entrevista, concluiu que o advogado teria

21 Ver: *Upjohn Co. v. United States*, 449 U.S. 383 (1981).

violado seu dever de sigilo e encaminhou o profissional às sanções disciplinares cabíveis.

Esse conceito se aplica perfeitamente à prática brasileira. *Mutatis mutandis*, a OAB já entendeu por exemplo que o advogado funcionário de sindicatos ou entidades de trabalhadores, na vigência de seu contrato, não deve patrocinar causas de empresas de empregadores da mesma categoria, a fim de evitar virtual violação de segredo profissional, porque seria impossível à mente humana ignorar a soma de conhecimentos e de experiências que acumulou ao longo do tempo, "e que esse acervo, que é potência, se transforma em ato, até inconscientemente, quando lhe enseja valer-se dele".[22]

10. COMUNICAÇÕES COM AUDITORES EXTERNOS

A divulgação aos auditores externos de informações apuradas na investigação corporativa geralmente é exigida por esses profissionais como condição prévia à revisão e auditoria das demonstrações financeiras da companhia investigada. Na prática não é raro que os auditores se recusem a assinar as demonstrações financeiras sem conhecer os resultados gerais ou *red flags* identificados. Nesse cenário, incumbe ao advogado ser diligente para, a um tempo, preservar o privilégio da relação profissional com o cliente e propiciar as condições mínimas à devida auditoria das demonstrações financeiras, interesses nem sempre confluentes, sobretudo porque os achados mais relevantes provavelmente serão objeto de notas explicativas. Nesse

22 Proc. E-794, TEP, OAB/SP, relator Dr. Edmundo Dantés Nascimento.

contexto, é recomendável que o advogado forneça ao auditor externo apenas as informações essenciais sobre o processo investigativo, preferencialmente por meio de resumos fatuais orais, preservando a divulgação propriamente dita de informações privilegiadas.

11. EXTENSÃO DO PRIVILÉGIO LEGAL A CONSULTORIAS

Por outro lado, quando a investigação corporativa requer conhecimentos técnicos não-jurídicos – de natureza contábil, financeira ou tecnológica, por exemplo – é natural que o advogado se valha de peritos e assistentes técnicos. Particularmente, quando os esforços envolvem a revisão e análise das demonstrações financeiras da companhia investigada, o contador forense assume papel de extrema relevância na equipe responsável pelos trabalhos.[23] Embora o advogado seja formalmente quem lidera a investigação, o contador forense é uma peça-chave quando há suspeitas de manipulação e alteração de dados nos registros contábeis e relatórios financeiros, apropriações indébitas e desvio de recursos, executando tarefas como (i) entrevistas para entendimento dos processos que permeiam o caso; (ii) revisão de documentos relevantes; (iii) teste de transações potencialmente relevantes que possam indicar conflitos de interesses, pagamentos de vantagens indevidas, chantagens, pagamentos a PEPs, registros contraditórios à natureza da conta, valores relevantes ou fora de padrão, notas fiscais sequenciais, aprovações corporativas irregulares, entre outros.

---

23 Nesse sentido: SKALAK, Steven L.; GOLDEN, Thomas; CLAYTON, Mona; PILL, Jessica. *A Guide to Forensic Accounting Investigation*. New Jersey: Willey, 2011, 2 ed., p. 404-405.

Embora não se submetam às regras da OAB e não possam ser penalizados por elas, os consultores se submetem às regras de proteção do sigilo profissional *lato sensu* previstas na legislação infraconstitucional civil e criminal, que tipifica como delito a conduta de revelar segredo de que tenha ciência em razão de função, ofício ou profissão. Assim, o dever de sigilo se estende aos colaboradores do advogado mesmo sendo este o principal depositário dos segredos profissionais do cliente. Todos passam a se submeter ao dever de confidência, desde que tenham acesso, por necessidade funcional, a elementos sigilosos do caso. Se a tutela legal não se estendesse a essas pessoas, o exercício da advocacia e o direito à ampla defesa restariam seriamente prejudicados, pois o advogado tornar-se-ia um cavaleiro solitário em busca da justiça. Seria, por exemplo, como obrigar um médico a manter sigilo sobre os prontuários, mas dispensar os residentes de fazê-lo: toda a construção doutrinária e legislativa da proteção do segredo cairia por terra.[24]

É claro que, por considerações de custo e eficiência, nem todas as interações entre o consultor e os interlocutores do cliente ocorrem na presença do advogado. Nesse sentido, não é necessário que um advogado "observ[e] e aprova[e] cada detalhe minucioso do trabalho [do consultor]". A fim de que o privilégio seja mantido, tais comunicações devem, no entanto, ser feitas "sob a direção do advogado, no intuito de reunir informações que auxiliem o advogado na prestação de serviços jurídicos."[25] Daí se dizer que numa investiga-

---

24 MESQUITA, Rodrigo Octávio de Godoy Bueno Caldas. Do Sigilo Profissional do Advogado: Natureza Jurídica, Extensão, Limites e Restrições. *Revista dos Tribunais*, vol. 869/2008, Mar/2008, p. 66 - 98.
25 Ver, no direito norte-americano: *Gucci Am., Inc. v. Guess?, Inc.*, 271 F.R.D. 58, 72 (S.D.N.Y. 2010).

ção corporativa a figura do consultor consiste numa extensão da figura do assessor jurídico.[26]

12. LIMITES E RESTRIÇÕES

Mas em alguns casos, em face de circunstâncias excepcionais que configurem justa causa, o advogado pode quebrar o sigilo. São hipóteses de inexistência (limitações) do sigilo profissional os casos de grave ameaça à vida (o advogado que recebe a informação de um cliente sobre um iminente atentado terrorista), à honra, [27]de defesa própria (quando se vê atacado pelo cliente[28]) e o estado de necessidade (quando alguém pratica um ato para se salvar de perigo atual que não provocou e nem podia de outro modo evitar). Nessas situações o dever de sigilo cede diante de valores contrapostos igualmente relevantes. A hipótese mais complexa ocorre quando a prova da inocência do réu depende do testemunho do advogado, desobrigado pelo cliente. Apresentam-se três cenários distintos: o segredo a ser revelado vai produzir prova (*i*) contra o réu; (*ii*) a favor do réu, mas em prejuízo da vítima ou de terceiros; ou (*iii*) a favor do réu e sem prejuízo à vítima ou a terceiros. Nos dois primeiros casos o depoimento não deve ser permitido. Mas

---

26 SKALAK, Steven L.; GOLDEN, Thomas; CLAYTON, Mona; PILL, Jessica. *A Guide to Forensic Accounting*, p. 403, dando ênfase especificamente ao papel exercido pelo contador forense.

27 Vide a seguinte ementa do Tribunal de Ética e Disciplina da OAB/SP: "Sigilo profissional – Ataque a honra profissional – Possibilidade de acusação de induzimento ou instigação ao suicídio de ex-cliente – Situação autorizadora de quebra da regra nos limites da defesa. O sigilo profissional pode ser violado em caso de se tornar imperiosa a revelação para impedir que o advogado responda por eventual ilícito praticado por seu cliente. O sigilo profissional, embora sagrado, não constitui imperativo categórico a ponto de exigir que o advogado se imole em sacrifício de sua incolumidade. Inteligência do art. 25 do CED" (sessão de 20.08.1998, Proc. E-1.717/98 – v.u. 20.08.1998 do parecer e ementa do Rel. Dr. Biasi Antônio Ruggiero – Rev. Dra. Roseli Príncipe Thomé – Presidente Dr. Robison Baroni).

28 O psiquiatra que tem como paciente um psicopata que lhe confessa o assassinato de diversas pessoas e a intenção de continuar matando estaria proibido de levar essa informação às autoridades? Certamente, não.

na terceira hipótese a revelação do segredo pelo profissional configura um autêntico dever de depor. Nesse caso, a tutela do sigilo profissional cede espaço diante do interesse na administração da justiça, que não pode prescindir da prova de inocência do acusado quando a sua produção não causa danos a quem quer que seja.[29]

As restrições, por sua vez, são isenções autorizadas por lei. O sigilo existe, mas sua proteção é descartada por autorização normativa em relação a (*i*) confidências feitas ao advogado pelo cliente e utilizadas nos limites da defesa ou do caso; (*ii*) fatos notórios; (*iii*) fatos de conhecimento público; (*iv*) fatos provados ou tornados incontroversos em juízo; e (*v*) fatos dotados de presunção legal de existência ou de veracidade. Poucos comentários sobre isso: os fatos de conhecimento público, embora sabidos por grande número de pessoas, podem ser trazidos a juízo sem constituir segredo, mas devem ser comprovados para ter validade jurídica. Sua utilização não acarreta prejuízos para o advogado no sentido de ensejar sanção por descumprimento, mas pode trazer prejuízos à parte se sua veracidade não se embasar em provas trazidas aos autos. Os fatos notórios não têm como ser protegidos: se todos sabem a respeito, não há sigilo. Por fim, a medida dos limites da defesa fica a critério do advogado, que não depende de autorização da OAB. Mas a extensão da revelação deve se pautar por seus fins econômicos e sociais, pela boa-fé e pelos bons costumes, respondendo o advogado pelos excessos empregados.[30]

---

29 LEÃO DE SOUZA. Diego Fajardo Maranha. Sigilo Profissional e Prova Penal. Em: *Revista Brasileira de Ciências Criminais*, vol. 73/2008, Jul - Ago / 2008, p. 107 - 155.

30 MESQUITA, Rodrigo Octávio de Godoy Bueno Caldas. Do Sigilo Profissional do Advogado: Natureza Jurídica, Extensão, Limites e Restrições. *Revista dos Tribunais*, vol. 869/2008, Mar/2008, p. 66 - 98.

REFERÊNCIAS

CARVALHOSA, Modesto. Considerações sobre a Lei Anticorrupção das Pessoas Jurídicas. São Paulo: RT, 2015.

COELHO, Fábio Ulhoa. "Direito à Informação do Acionista e a Suspeita de Corrupção". Em: *Revista de Direito das Sociedades e dos Valores Mobiliários – Edição Comemorativa pelos 40 Anos da Lei n. 6.404/1976*. São Paulo: Almedina, 2016, pp. 53-66.

FAGELL, Steven E.; HALEY, Benjamin S.; VITARELLI, Anthony. *Practical Guidance for Maintaining Privilege Over an Internal Investigation*. Disponível em: chrome-extension://efaidnbmnnnibpcajpcglclefindmkaj/https://www.cov.com/media/files/corporate/publications/2014/06/pli_chb-practical_guidance_for_maintaining_privilege.pdf. Acesso em 20.07.2023.

FARAH, Elias. O Advogado e Reflexões sobre o Sigilo Profissional. Em: *Revista do Instituto dos Advogados de São Paulo*, vol. 15/2005, p. 82 – 12.

LEÃO DE SOUZA. Diego Fajardo Maranha. Sigilo Profissional e Prova Penal. Em: *Revista Brasileira de Ciências Criminais*, vol. 73/2008, Jul – Ago / 2008, p. 107 – 155.

LÔBO, Paulo. *Comentários ao Estatuto da Advocacia e da OAB*. 15. ed. São Paulo: SaraivaJur, 2023.

MESQUITA, Rodrigo Octávio de Godoy Bueno Caldas. Do Sigilo Profissional do Advogado: Natureza Jurídica, Extensão, Limites e Restrições. *Revista dos Tribunais*, vol. 869/2008, Mar/2008, p. 66 – 98.

SAULINO, Jennifer L.; MILLER, Matthew V. *Practical Guidance for Maintaining Privilege and Work Product Protection in Cross-Border Internal Investigations*. Em: chromeextension://efaidnbmnnnibpcajpcglclefindmkaj/https://www.cov.com//media/files/corporate/publications/2019/02/practical_guidance_for_maintaining_privilege_and_work_product_protection_in_cross_border_internal_investigations.pdf. Acesso em: 20.07.2023.

SKALAK, Steven L.; GOLDEN, Thomas; CLAYTON, Mona; PILL, Jessica. *A Guide to Forensic Accounting Investigation*. New Jersey: Willey, 2011, 2 ed., p. 404-405.

SOBRINHO, Mário Sérgio. Segredo de Estado e Prova Ilícita. Em: *Justitia*. São Paulo, v. 62, n. 189-192, jan./dez. 2000, p. 152.

TRAMA, Benedito Édison. O Sigilo Profissional do Advogado. *Revista do Instituto dos Advogados de São Paulo*, vol. 7/2001, p. 22 – 38.

CAPÍTULO 3

Primeiros passos da investigação

Daniel Costa Rebello

Sócio da Prática de *Compliance* e Crimes Corporativos de Pinheiro Neto Advogados. Master of Laws (LL.M.) pela Columbia University. MBA em Direito da Economia e da Empresa pela Fundação Getulio Vargas (FGV)

Camila Sobrinho

Advogada associada da Prática de *Compliance* e Crimes Corporativos de Pinheiro Neto Advogados. Mestranda em Anticorrupção e Ação Coletiva pela International Anti-Corruption Academy (IACA). Executive Diploma em Anticorrupção e Diplomacia pela IACA. Pós-graduada em *Compliance* pelo Instituto Brasileiro de Mercado de Capitais (IBMEC)

1. INTRODUÇÃO

Jake McQuitty define investigação corporativa como "um exercício de coleta de fatos para estabelecer o que ocorreu e colocar a organização em uma posição em que possa realizar uma decisão informada sobre como responder aos achados do investigador, incluindo a qualquer recomendação feita".[1]

Para atingir seus objetivos, investigações corporativas muitas vezes representam projetos significativos, que exigem um esforço considerável dos envolvidos. A depender do objeto, as investigações corporativas mobilizam esforços, desviam a atenção da atividade-fim da empresa e criam situações de tensão na administração.

Como todo projeto complexo, um planejamento adequado permite um ganho de eficiência significativo, maximizando as chances de resultados positivos. Daí porque o início da investigação é fundamental para o sucesso do projeto.

Sem a pretensão de ser exaustivo, este capítulo apresentará alguns cuidados e diligências preliminares que devem ser adotados no início de uma investigação, bem como os principais pontos que devem ser abordados na elaboração do plano de investigação.

2. O INÍCIO DA INVESTIGAÇÃO

2.1. Origem da investigação

Em geral, a investigação tem início quando a empresa possui motivos para suspeitar da existência de uma conduta irregular. Existem várias formas de detectar uma conduta

---

1 MCQUITTY, Jake. A Guide to Conducting Internal Investigations. Londres: Bloomsbury Publishing, 2021.

irregular. Pesquisa realizada pela *Association of Certified Fraud Examiners* ("ACFE") (*A Report to the Nations, 2024*)[2] demonstrou que a forma mais comum de detecção é a denúncia, que responde por 43% dos casos, sendo que metade das denúncias foi realizada por funcionários[3]. O quadro abaixo, elaborado a partir das informações da ACFE, mostra as demais formas comuns de detecção de fraude:

Quadro 1

Como a fraude ocupational é inicialmente detectada?	
Denúncia	43%
Auditoria interna	14%
Revisão da administração	13%
Exame de documentos	6%
Acidente	5%
Reconciliação contábil	5%
Operação automática/monitoramento de dados	3%
Auditoria externa	3%
Fiscalização/monitoramento	2%
Notificação de autoridade	2%
Confissão	1%
Outros	1%

Fonte: Association of Certified Fraud Examiners ("ACFE") (A Report to the Nations, 2024)

Os dados são bastante esclarecedores e deixam evidente a importância das denúncias em comparação com todos os outros métodos de detecção. Chama a atenção, inclusive,

2 Disponível em https://www.acfe.com/-/media/files/acfe/pdfs/rttn/2024/2024-report-to-the-nations.pdf. Acesso em 14.7.2024.

3 É interessante notar que funcionários que recebem treinamento sobre conscientização de fraudes são duas vezes mais propensos a realizar uma denúncia que funcionários que não receberam treinamento. De acordo com os dados, organizações que não forneceram treinamentos observaram perdas financeiras significativamente maiores que organizações que forneceram treinamentos a seus funcionários.

que, de acordo com a pesquisa, é mais provável detectar uma fraude por acidente do que por auditoria externa ou fiscalização/monitoramento.

A forma como tem início a investigação pode fazer bastante diferença no seu desenrolar. Por exemplo:

- Investigações que têm início em decorrência de notificação de autoridades podem necessitar de ações mais imediatas, focando nos pontos a serem esclarecidos para depois ampliar o escopo e aprofundar a investigação;
- Investigações oriundas de denúncias podem permitir uma interação com o denunciante para obter detalhes adicionais e direcionar a investigação;
- Investigações disparadas pela auditoria externa podem ter impacto direto nas demonstrações financeiras da empresa.

O time interno da empresa (seja no *compliance*, jurídico, RH ou outro departamento) deve estar preparado para receber, analisar e adotar as medidas iniciais da investigação, assim que houver suspeita de um ilícito. Na maior parte dos casos, esse time interno deve ter quatro preocupações imediatas: (i) interromper qualquer conduta irregular que esteja ocorrendo ou em risco de ocorrer; (ii) preservar a integridade da investigação; (iii) garantir a confidencialidade; e (iv) minimizar riscos e consequências para a empresa.

Algumas das medidas iniciais que devem ser adotadas antes mesmo do início da investigação são indicadas abaixo.

2.2. Primeira reação

Empresas são feitas de pessoas. Assim, ao se deparar com uma conduta irregular, não é possível descartar a possibilidade de uma reação emocional. Mesmo líderes experientes de empresas podem tomar decisões impulsivas, seja por indignação com o objeto da conduta e com o comportamento do funcionário; seja para oferecer uma resposta rápida aos *stakeholders*; seja por receio de uma responsabilização própria; ou, ainda, apenas para mostrar que algo está sendo feito.

Demissões ou afastamentos sumários; confrontar o denunciado (ou o denunciante); reuniões com equipes; e recolhimento imediato de equipamentos eletrônicos são reações que podem parecer naturais, mas que prejudicam consideravelmente o processo de investigação se não realizadas de forma racional.

Nessas situações, ainda é válido o conselho geral para qualquer situação de estresse: não entre em pânico.

As decisões tomadas "no calor do momento" podem ter consequências desastrosas do ponto de vista jurídico e prático. Por exemplo, (i) demissões sumárias podem impedir que o denunciado seja entrevistado e confrontado, reduzindo a quantidade de informação ou a possibilidade de serem indicadas outras pessoas envolvidas nas irregularidades (podendo resultar, ainda, em ações trabalhistas); (ii) reuniões com equipes para discussão do tema podem prejudicar a confidencialidade da investigação; e (iii) recolher documentos ou equipamentos eletrônicos, sem as medidas de salvaguarda adequadas, pode impedir que os dados sejam legalmente utilizados como provas.

Por mais que seja difícil, as decisões de primeira reação devem ser contraintuitivas, com passos planejados cuidadosamente para levar ao sucesso da investigação.

Além disso, é sempre importante lembrar que, por mais que o problema pareça complexo, é muito provável que outras empresas tenham passado por situações similares. A "síndrome do problema mais difícil" não pode prevalecer, sendo necessária uma abordagem racional que coloque os fatos na perspectiva adequada, analisando potenciais consequências e a melhor forma de reagir.

Isso não significa, de forma alguma, que as medidas não devem ser adotadas de forma rápida. É apenas importante que a rapidez não seja a única força motriz da tomada de decisão, mas parte integrante da elaboração da estratégia global, com planejamento adequado.

2.3. Interrupção de condutas irregulares

Ao suspeitar de uma conduta irregular, uma preocupação imediata deve ser a possibilidade de interrupção de eventuais atos que possam estar em curso ou mitigação do risco de que ocorram. No momento em que a empresa toma ciência da possibilidade de condutas irregulares, ainda pode ser possível evitá-las ou ao menos mitigar consideravelmente os seus efeitos, adotando medidas cirúrgicas, mas determinantes.

A conclusão pela adoção de uma medida preventiva pode ser difícil. Os fatos podem não estar claros e a empresa pode ter o justo receio de causar uma injustiça. Assim, a empresa deve:

- analisar se as suspeitas são graves e críveis o suficiente para justificar a adoção de medidas preventivas, ainda que de forma conservadora. Mesmo que essa postura resulte em perdas no curto prazo, o ganho de médio/longo prazo pode ser considerável, se os efeitos da conduta irregular puderem ser total ou parcialmente evitados. A análise é caso a caso, considerando os fatos suspeitos e o grau de responsabilidade da potencial irregularidade (por exemplo, o tratamento pode ser diferente para potencial caso de corrupção ou irregularidade que resulte em descumprimento de contrato privado);
- adotar apenas medidas que sejam razoáveis e proporcionais às suspeitas, evitando medidas irreversíveis ou de difícil reversão, como demissões ou rescisões contratuais, e sempre fazendo uma análise criteriosa dos efeitos jurídicos da medida adotada. O remédio não pode ser pior do que a doença e em várias situações pode não existir uma solução isenta de riscos.

Se a empresa optar por adotar uma medida preventiva, evidentemente deve também analisar o impacto dessa medida sobre a confidencialidade e preservação da investigação.

Existem várias atitudes que podem ser adotadas nessas circunstâncias, como interrupção de operações suspeitas; suspensão de funcionários específicos (ou exclusão de determinadas funções); postergação de pagamentos a parceiros; abandono de participação em licitações; proibição de entrada de terceiros na empresa; ou interrupção da prestação de serviços.

Especificamente em relação a funcionários, antes de adotar qualquer atitude a empresa deve (i) assegurar que não existe o risco de perda de informação; e (ii) verificar a conveniência de entrevistar o funcionário para obter esclarecimentos.

2.4. Confidencialidade

A preservação da confidencialidade dos fatos é fundamental para as investigações. Somente as pessoas que precisam ter conhecimento dos fatos devem ter acesso a eles (*need to know basis*).

A confidencialidade possui dois objetivos principais. Em primeiro lugar, a confidencialidade mitigará os riscos de perda de dados e informações. Não é incomum, por exemplo, que empresas apressadas em "esclarecer" os fatos enviem a denúncia exatamente para a pessoa denunciada, pedindo explicações. Uma atitude dessa pode prejudicar o desenrolar da investigação, com a pessoa denunciada tendo a possibilidade de destruir dados, coagir testemunhas e criar histórias alternativas.

Em segundo lugar, a confidencialidade resguardará (i) a identidade do denunciante, se for o caso, bem como a credibilidade do sistema de denúncias da empresa; (ii) a imagem da pessoa denunciada, especialmente no caso de denúncia não corroborada ou falsa; (iii) a reputação da empresa, evitando vazamentos que possam explorar fatos ainda não apurados; e (iv) a possibilidade de adoção de medidas legais, seja para reportar a conduta para autoridades ou responder a questionamentos. Em casos de violação à Lei de Defesa da Concorrência, por exemplo, a confidencialidade pode ser a diferença entre obter imunidade total em relação à conduta ou se tornar representado em um longo processo investigativo.

Especificamente no caso de denúncias, deve-se ressaltar que o estudo da ACFE mencionado acima mostrou que, (i) em 52% dos casos, é o próprio funcionário que reporta a fraude (os clientes reportam a fraude em 21% dos casos; fornecedores, em 11% dos casos; e, em 15%, as denúncias são anônimas); e (ii) em 29% dos casos, a denúncia é feita para o supervisor direto (em 16% dos casos, a denúncia é feita a executivos e, em 14% dos casos, a denúncia é feita para a auditoria interna).

Esses dados mostram a relevância de os funcionários estarem treinados para se comunicarem no local apropriado e não tentarem cuidar das alegações sozinhos. O vazamento dos fatos pode ser inclusive impeditivo da continuidade das investigações.

2.5. Análise de materialidade

Os responsáveis pela primeira análise dos fatos devem ser capazes de verificar a materialidade da denúncia. É um caso isolado envolvendo um funcionário ou a ponta do iceberg de um esquema dentro da organização? Envolve uma fraude significativa ou é um furto de ativo de pequeno valor, sem maiores impactos para a organização? Tem relação com um fornecedor ou é uma prática reiterada? Existem funcionários da alta administração envolvidos? Os fatos tratam de ilegalidade ou mau comportamento?

Nem sempre é fácil identificar a materialidade quando do início da investigação e convém que o investigador mantenha uma perspectiva cética e objetiva até que os fatos sejam adequadamente esclarecidos. A conclusão antecipada ou perda e objetividade pode criar vieses importantes que prejudicarão o processo investigativo.

Porém, uma análise inicial pode ser relevante para alocação de recursos e identificação dos cuidados que devem ser adotados para assegurar uma investigação eficaz.

2.6. Resposta ao denunciante

A decisão por realizar uma denúncia não é fácil. Em geral, o denunciante passa por alguns dilemas éticos e receios antes de reportar uma prática, inclusive o de a denúncia afetar sua carreira. Daí porque é crucial que o denunciante receba as devidas garantias de não retaliação pela denúncia de boa-fé, bem como de que os fatos serão devidamente apurados.

Na medida do possível e da credibilidade da denúncia, convém responder ao denunciante agradecendo a informação, garantindo que os fatos serão analisados e, se for o caso, pedindo esclarecimentos ou documentos adicionais ou pedindo para o denunciante manter o canal aberto para comunicação durante a investigação.

2.7. Preservação de informações

Para assegurar uma investigação detalhada e eficaz, é imprescindível que as informações relevantes sejam preservadas. Não há investigação completa sem informações adequadas. A preservação de informações também resguardará a credibilidade das investigações, evitando alegações de manipulação.

Assim, no primeiro contato com uma suspeita de irregularidade, os responsáveis pela investigação devem identificar as fontes de informação que podem ser necessárias e tomar as medidas para assegurar sua integridade. Nesse momento da investigação, é aconselhável ser conservador, preservando todas as potenciais fontes de informação, ainda que se provem desnecessárias no futuro.

Em geral, o departamento de Tecnologia da Informação ("TI") possui papel preponderante para preservar os documentos eletrônicos, interrompendo deleção periódica de documentos eletrônicos e realizando back-up de informações. No melhor cenário, o TI conseguirá resguardar os documentos sem a quebra de confidencialidade.

Quando, contudo, for necessário coletar aparelhos da empresa que estão na posse de funcionários, os responsáveis pela investigação devem identificar todos os aparelhos e funcionários e realizar a coleta preferencialmente de forma simultânea, minimizando a possibilidade de destruição de documentos.

Em alguns casos, pode ser necessário envolver consultores externos para realizar a imagem forense de dispositivos, garantindo a cadeia de custódia e a integridade das informações.

Embora seja mais incomum a existência de documentos físicos, os responsáveis pela investigação também devem ficar atentos para essa possibilidade, avaliando se algo deve ser preservado.

Algumas jurisdições utilizam a prática de enviar "*document preservation notices*" aos funcionários, com advertência específica para que os funcionários não deletem dados. Empresas multinacionais podem requerer que esse documento seja enviado em investigações brasileiras. Na prática, contudo, o envio de um "*document preservation notices*" pode resultar no efeito contrário ao tornar a investigação conhecida, sendo importante sopesar a confidencialidade da investigação e a possibilidade de assegurar a integridade dos dados sem o envio do "*document preservation notices*".

2.8. Preparação de mídia

Em algumas circunstâncias a investigação pode ter início por fatos públicos (como operações de busca e apreensão, reportagens ou denúncias de concorrentes) ou pode existir um risco razoável de vazamento dos fatos.

Nesse caso, em geral é recomendável a contratação ou preparação de assessoria de mídia para responder a eventuais notícias e preparar declarações reativas, evitando pânico em situações de emergência e reduzindo a exposição da empresa.

A relevância da mídia também pode ser uma armadilha, ao desviar o foco do trabalho investigativo. Por isso, nesses casos pode ser necessário manter times separados, mas com diálogo constante, para trabalhar em reações à mídia e no foco da investigação.

2.9. Parceiros de negócios

Eventos ilegais em empresas podem resultar em uma série de obrigações impostas por cláusulas de *compliance*, como vencimento antecipado de dívidas, obrigação de reportar a conduta a parceiros de negócios, rescisões contratuais ou pagamentos de multas.

Ao ser analisada uma potencial infração, o time responsável deve levar em consideração essas consequências para decidir a melhor forma de agir, mitigando riscos e exposições para a empresa. Deixar de analisar cuidadosamente os principais contratos da empresa pode resultar em consequências ainda mais drásticas que a infração verificada.

2.10. Governança da investigação

As pessoas envolvidas na investigação devem ser independentes e imparciais. Isso significa que pessoas que possuem conflitos de interesses não devem participar da apuração dos fatos. Note que o afastamento de tais pessoas da investigação é uma medida de segurança para a investigação e para as próprias pessoas, evitando dilemas éticos e situações embaraçosas.

Existem vários motivos para existir conflitos de interesses, que podem ser reais, potenciais ou aparentes. Mesmo em situações em que a pessoa não se sinta conflitada, a empresa deve considerar a ótica de terceiros para determinar se é possível que alguém questione a independência e imparcialidade da investigação, removendo as pessoas que possam comprometer a credibilidade dos resultados da investigação.

No início da investigação, a empresa deverá atentar para alguns pontos relevantes sobre governança que podem impactar a forma como a investigação será conduzida:

Apuração interna ou investigação com terceiros

Em casos rotineiros, é possível que a empresa possua profissionais com capacidade e experiência para conduzir a investigação internamente, sem risco para os resultados ou ameaça à credibilidade da investigação. Os profissionais podem ser advogados internos, integrantes do departamento de *compliance*, auditoria interna ou mesmo integrantes do departamento de recursos humanos.

Conduzir a investigação internamente pode reduzir os custos e aumentar a eficiência, na medida em que os profissionais internos já conhecem a organização e têm a confiança de funcionários, facilitando o fluxo de informação e causando menos disrupção nas atividades das empresas.

Porém, em algumas circunstâncias pode ser importante envolver investigadores externos. As principais razões para envolvimento de investigadores externos são as seguintes:

- necessidade de assegurar independência e isenção: os times internos da empresa podem estar muito próximos das pessoas envolvidas e dos fatos, o que pode ocasionar perda de objetividade e imparcialidade da investigação. Em vários casos, os potenciais investigadores internos podem até mesmo ter receio de retaliação dependendo do resultado da investigação, comprometendo a apuração, como na hipótese de potencial envolvimento de executivos da alta administração. Além disso, ainda que o time interno seja capaz de manter a objetividade e imparcialidade, a investigação poderá ser questionada, perdendo credibilidade;
- fatos que podem necessitar de reporte para autoridades: se é possível que os fatos tenham que ser reportados para autoridades, o envolvimento de investigadores externos pode conferir independência e credibilidade à investigação;
- fatos que necessitem capacidades específicas: em algumas circunstâncias, a equipe interna da empresa pode não possuir as capacidades necessárias para realizar a investigação, seja em razão de limitações tecnológicas, experiência, possibilidade de avaliação

de riscos jurídicos de forma isenta ou especificidade do tema. Nessas circunstâncias, pode ser necessário envolver investigadores externos para atender às necessidades da investigação;

- necessidade de assegurar o privilégio cliente-advogado: nos termos do Provimento 188, de 11.12.2018, do Conselho Federal da Ordem dos Advogados do Brasil, as investigações realizadas por advogados são protegidas por privilégio cliente-advogado, o que permite que a apuração ocorra de forma mais profunda e que a tomada de decisão por parte da empresa ocorra em ambiente de sigilo cliente-advogado;
- empresas listadas em bolsa de valores: em alguns casos, também pode ser necessário o envolvimento de assessores externos para garantir a isenção da investigação, garantindo que os stakeholders não serão prejudicados.

Comitê de investigação e Comitê de Crise

A investigação pode ganhar eficiências relevantes se for estabelecido um comitê de investigação empoderado pela empresa para tomar as decisões relativas às medidas investigativas, bem como auxiliar o time de investigação com contatos internos, agendamento de entrevistas e comunicação com a alta administração.

Evidentemente, todas as ressalvas relativas a conflitos de interesses são aplicáveis ao comitê de investigação.

O comitê de investigação pode ser especialmente relevante quando existem suspeitas de envolvimento de pessoas da alta administração. Aliás, em situações específicas, o comitê de investigação pode ser composto por terceiros independentes, externos à empresa, que garantirão a independência e imparcialidade da investigação. Dessa forma, podem ser evitadas dúvidas sobre manipulação da investigação.

Em alguns casos, quando a potencial infração possui um aspecto disruptivo significativo (seja do ponto de vista jurídico quanto reputacional), pode ser conveniente a adoção de um Comitê de Crise, composto por pessoas da alta administração e assessores selecionados, que podem ajudar a navegar os principais aspectos do processo, as interlocuções necessárias e a tomada de decisões adequadas. A instituição de um Comitê de Crise acelera o processo decisório e ajuda a priorizar as medidas de mitigação de riscos.

2.11. Necessidade de notificação de terceiros

A empresa também deve considerar, logo no início da investigação, se será necessário notificar terceiros a respeito do início das investigações. Raramente autoridades públicas têm que ser notificadas.

De outro lado, não é incomum a necessidade de notificar auditores externos, no caso de investigações envolvendo membros da alta administração que assinem cartas de representação para auditores, ou investigações que podem afetar materialmente as demonstrações financeiras da empresa.

Em razão de obrigações contratuais, ou envolvimento de funcionários de parceiros comerciais nos fatos, também pode ser necessário notificar esses parceiros no momento adequado.

A avaliação é caso a caso, em vista da gravidade dos fatos suspeitos, credibilidade de eventuais denúncias e possíveis responsabilidades.

3. O PLANO DE INVESTIGAÇÃO

3.1. Introdução

Adotadas as medidas preliminares, o próximo passo é o desenvolvimento de um plano de investigação. O plano de investigação é um mapa que permite que a equipe de investigação se mantenha focada, com indicação clara dos fatos que deram origem à investigação, as hipóteses que deverão ser testadas e as medidas que serão adotadas durante a investigação.

Um plano de investigação efetivo evita que sejam adotados procedimentos desnecessários ou duplicados e confere à empresa uma maior previsibilidade sobre as medidas investigativas e o cronograma de atividades, gerenciando as expectativas e permitindo menor disrupção das operações.

Além disso, o plano de investigação evita desgastes na comunicação, estabelecendo fluxos e canais de comunicação apropriados.

As investigações corporativas possuem, em geral, três características práticas comuns, as quais devem ser consideradas quando da elaboração de um plano de investigação:

- Imprevisibilidade: ao iniciar uma investigação corporativa, não é possível determinar de antemão o que será encontrado. É possível que, durante a investigação, os fatos conduzam a investigação para rumos não inicialmente previstos, inclusive envolvendo pessoas que não eram relacionadas inicialmente como relevantes. O impacto das condutas para a empresa também pode ser revisto, tanto para minimizar quanto para maximizar as potenciais contingências financeiras, legais ou reputacionais. É importante que a equipe de investigação esteja preparada e que o plano de investigação seja construído de modo a conferir flexibilidade no caso de eventos imprevistos;

- Pressão: investigações mobilizam esforços, foco e atenção, além de gerar, muitas vezes, um cenário de incerteza dentro de empresas. Por isso, é comum que exista uma pressão significativa para que a investigação seja conduzida de forma efetiva, sendo o tempo de duração uma variável relevante. É importante que o plano de investigação apresente uma perspectiva do tempo para a realização de cada tarefa e para a conclusão da investigação, ainda que com premissas de inexistência de eventos imprevistos. Se necessário, o plano de investigação também pode estabelecer fases, o que permite um acompanhamento mais metódico das medidas investigativas;
- Sensibilidade e multiplicidade de interesses: investigações corporativas em geral tratam de temas sensíveis, que podem resultar em grande impacto financeiro, legal e reputacional à empresa. Por isso, é relevante que o plano de investigação estabeleça formalmente quais pessoas isentas de conflitos de interesses devem participar da investigação – tanto sob a ótica da condução quanto da coordenação e do reporte da atividade investigativa –, de modo a permitir que os recursos adequados sejam disponibilizados e que as melhores decisões sejam tomadas, mantendo a isenção e imparcialidade do processo investigatório.

Bowker (1999) afirma que um plano de investigação criminal deve conter quatro elementos básicos: uma proposição (*predication*), elementos a serem provados, passos preliminares e passos investigativos. Em investigações corporativas complexas, os mesmos elementos apontados por Bowker estão presentes, ainda que com alguma variação.

Contudo, o plano de investigação também pode ser dividido de forma distinta, bem como conter informações adicionais relevantes para a investigação em si. Usualmente o plano de investigação contém os seguintes elementos principais:

- Escopo da investigação: identificação da origem da investigação (*predication*), dos fatos a serem investigados e das hipóteses a serem testadas;
- Metodologia da investigação: definição das técnicas investigativas que serão empregadas e com quais objetivos;
- Atores relevantes e fluxo de comunicação: indicação dos principais envolvidos na investigação e como ocorrerá o fluxo de comunicação entre os atores relevantes; e
- Proposta de cronograma: indicação do planejamento de condução das etapas da investigação ao longo do tempo.

3.2. Escopo da investigação

A determinação do escopo da investigação permite identificar (i) como a investigação teve início; (ii) quais fatos serão efetivamente investigados; e (iii) quais hipóteses fáticas deverão ser testadas no curso investigação.

A definição apropriada do escopo de investigação é essencial para seu sucesso e deve ocorrer caso a caso. Por exemplo, ao receber uma denúncia de fraude contábil, a empresa pode optar por analisar (i) especificamente o fato reportado, no período em que a prática teria ocorrido e em relação aos funcionários supostamente envolvidos; ou (ii) todas as práticas contábeis da empresa, durante um período indeterminado. Se a última investigação pode ser mais completa, demandará mais tempo e recursos que a primeira.

Nesse sentido, é notável o conselho de Leslie Caldwell, advogada do Departamento de Justiça dos Estados Unidos, que não se espera que as empresas "fervam o oceano" ao conduzir uma investigação, mas que realizem investigações completas, modeladas de forma apropriada para a conduta suspeita.[4]

Uma investigação com escopo bem definido permite que a equipe de investigação mantenha o foco no objeto sob análise. Também protege a própria empresa, especificando o objeto de análise. Aliás, em casos envolvendo autoridades, indicar o escopo permitirá que a empresa garanta que os assuntos estão sendo tratados com seriedade, alinhando o objeto da investigação com os interesses das autoridades. Em alguns casos, a própria autoridade pode interferir no escopo, indicando pontos específicos que devem ser analisados pela empresa.

Por outro lado, uma investigação com escopo falho pode ser excessivamente morosa, custosa e improdutiva, sem atingir os objetivos propostos ou permitindo que a investigação seja distraída por elementos menores ou não essenciais para a empresa.

De qualquer forma, o escopo deve ser amplo o suficiente para permitir descobrir a extensão do problema,

4 https://www.justice.gov/opa/speech/assistant-attorney-general-leslie-r-caldwell-speaks-american-conference-institute-s-31st

identificar as etapas para impedir, prevenir ou remediar irregularidades e gerenciar responsabilidades.[5]

Identificação da origem da investigação

O fator que gerou o início da investigação deve ser devidamente registrado no plano de investigação.

No caso de início de investigação em razão de denúncia, o plano de investigação deve identificar, pelo menos, o teor da denúncia, a data em que foi recebida, por quem a denúncia foi recebida e as pessoas implicadas.

Muitas vezes, a identificação da origem da investigação não é registrada de forma apropriada. Isso ocorre porque, no momento do início da investigação, a origem é um dado de conhecimento de todos, o que pode minimizar a importância de seu registro.

Contudo, a identificação da origem fica cada vez mais relevante com o passar do tempo, em especial quando os documentos da investigação precisam ser revistos depois da conclusão da investigação. Essa revisão pode ocorrer por parte de pessoas que não possuem conhecimento contemporâneo dos fatos e a falta de registro apropriado pode ser fonte de diversas dúvidas que poderiam ser facilmente sanadas.

Definição dos fatos a serem investigados

O plano de investigação deve indicar, de forma clara e imparcial, os fatos que serão objetivo de investigação, o período a ser analisado, a localidade em que os ilícitos ocorreram (se aplicável) e as pessoas potencialmente envolvidas (custodiantes).

---

5 MCQUITTY, Jake. A Guide to Conducting Internal Investigations. Londres: Bloomsbury Publishing, 2021.

Definir o escopo da investigação pode ser menos intuitivo do que parece. Como a investigação demanda uma série de esforços, a empresa pode delimitar o objeto de análise a questões que resultem em uma contingência maior.

Um plano de investigação com escopo bem delimitado aumenta a chance de esclarecimento dos fatos mais relevantes e reduz o tempo da investigação.

Convém mencionar que nem sempre a denúncia estará bem delimitada ou precisa. Pelo contrário, em vários casos as denúncias são vagas ou genéricas. Nesses casos, pode ser necessário realizar entrevistas exploratórias iniciais ou comunicações com o denunciante, para obter elementos adicionais que permitam a determinação do escopo da investigação.

Também é importante que a empresa, e não o denunciante, delimitem o escopo da investigação. Não é incomum o recebimento de denúncias relatando inúmeros eventos, mas isso não significa que todos tenham que ser investigados. A empresa é que determinará quais fatos são materiais.

Finalmente, como a imprevisibilidade é uma característica geral das investigações, é bastante comum que o plano de investigação tenha que ser emendado para incluir novos fatos e achados, ampliando o seu escopo. Mesmo nessas circunstâncias, uma delimitação adequada do escopo permitirá que a investigação forneça respostas claras acerca do objeto investigado e evite o chamado "*mission creep*", que ocorre quando o time de investigação expande o escopo sem justificativa razoável.[6]

6 MCQUITTY, Jake. A Guide to Conducting Internal Investigations. Londres: Bloomsbury Publishing, 2021.

Nesse caso, a investigação pode ficar excessivamente custosa e demorada, prejudicar as atividades da empresa, atrasar a implementação de medidads de remediação ou mitigação de riscos e se tornar ineficaz.[7]

Definição de custodiantes

As pessoas que podem estar envolvidas nos fatos ou serem relevantes para os fatos, também denominadas custodiantes, devem ser claramente identificadas. Isso não significa que a equipe de investigação se limitará a entrevistas com tais pessoas, mas sim que a investigação deve ter como um dos objetivos delimitar a existência de evidências em relação aos custodiantes.

Os custodiantes-chave são aqueles que são objeto da investigação em si, os denunciantes ou aqueles que, por sua posição ou atuação, sabiam ou deveriam saber da conduta investigada.

Contudo, em vários casos outras pessoas podem ter informações relevantes sobre os fatos, e também são consideradas custodiantes.

A diferenciação dos custodiantes-chave e dos demais custodiantes pode ser relevante em razão de priorização ou por motivos estratégicos. Por exemplo, pode ser interessante priorizar a revisão de documentos de custodiantes-chave, mas estrategicamente conveniente entrevistá-los por último, quando a equipe de investigação possuir mais informações sobre os fatos.

Assim como os fatos em si, também os custodiantes podem ser modificados ao longo da investigação.

---

7 MCQUITTY, Jake. A Guide to Conducting Internal Investigations. Londres: Bloomsbury Publishing, 2021.

Definição das hipóteses

A partir da definição dos fatos que serão objeto da investigação, é possível estabelecer as hipóteses que devem ser testadas ao longo da investigação.

As hipóteses representam possíveis perguntas a serem respondidas e que servirão como norte para a investigação. Em geral, as primeiras perguntas a serem respondidas dizem respeito à própria veracidade e ocorrência dos fatos investigados, i.e, se as denúncias são substanciadas. Caso as respostas a essas perguntas sejam negativas, a investigação pode ser finalizada.

Se a denúncia for substanciada, passa a ser necessário identificar se os fatos resultam em alguma ilegalidade ou violação às políticas da empresa. A partir dessas respostas, a empresa poderá elaborar um plano para interromper ou remediar uma conduta irregular, ou mitigar eventuais riscos.

A formulação de hipóteses, bem como as suas respostas, permite que seja analisado o resultado da investigação de forma mais eficiente.

3.2. Metodologia da investigação

Após a definição do escopo da investigação, o plano de investigação deve definir a metodologia que será empregada, i.e, os métodos investigativos que serão utilizados para averiguar os fatos e testar as hipóteses. O objetivo da investigação não é corroborar as denúncias, mas sim utilizar as melhores práticas para estabelecer o que realmente ocorreu com base nas evidências disponíveis.

Além disso, a investigação pode não chegar à certeza absoluta dos fatos. Nesses casos, Jake Mcquitty aconselha o investigador a resistir à tentação de "revirar todas as pedras", e sim encerrar a coleta de fatos quando for razoável e proporcional seguir dessa maneira.[8]

Identificação de metodologias disponíveis

As metodologias que podem ser empregadas na investigação guardam relação com as fontes de informação disponíveis. Existem diversas metodologias disponíveis, incluindo as seguintes:

- análise de fontes públicas e *background check*: fontes públicas não podem ser subestimadas. Elas podem passar dados relevante sobre pessoas e empresas que estejam envolvidas nos fatos. Informações como registros públicos, análise de *street view*, dados de juntas comerciais, notícias de mídia, informações em redes sociais abertas, informações de licitações públicas, doações políticas e processos administrativos ou judiciais públicos podem ser esclarecedores. Muitas vezes, as informações de fontes públicas de uma pessoa física ou jurídica específica são consolidadas em um documento de *background check*;
- análise de dados físicos e digitais: documentos, informações, mensagens e e-mails que sejam acessíveis para a empresa, incluindo os que estão em dispositivos eletrônicos (servidores, back-ups, computadores e celulares) e que podem ser analisados para testar as hipóteses e obter provas dos fatos sob investigação. Isso inclui tanto documentos corporativos, como organogramas, contratos e processos; quanto e-mails

8 MCQUITTY, Jake. A Guide to Conducting Internal Investigations. Londres: Bloomsbury Publishing, 2021.

e mensagens instantâneas trocadas em aplicativos da empresa ou externos, desde que em posse da empresa de forma legítima;

- testes de operações comerciais ou financeiras: em muitas investigações, as operações feitas com terceiros podem revelar fatos significativos, como desvios, operações com empresas fantasmas, arranjos financeiros suspeitos, doações em valores atípicos ou não cumprimento dos ritos adequados. Em geral, são realizados testes de operações para a análise dessas informações;
- entrevistas: custodiantes que podem ter conhecimento acerca dos fatos e que, por meio de entrevistas ou análise de documentos, podem apresentar fatos relevantes para a investigação;
- metodologias específicas: em casos específicos, podem ser adotadas metodologias mais focadas, como análise de variação de preços, rastreamento de ativos, verificações in loco, entrevistas reputacionais discretas ou análise de propriedade intelectual e engenharia reversa.

Ao definir as metodologias a serem empregadas, a equipe de investigação deve ter clareza do que pretende endereçar, i.e, o objetivo da ação adotada.

Fatores a serem considerados

Um dos principais fatores a ser considerado é a gravidade do objeto da investigação. Investigações corporativas podem ser custosas e a metodologia empregada deve guardar relação com a gravidade do seu objeto. Pode não ser necessário realizar uma investigação altamente complexa, empregando recursos tecnológicos, financeiros e pessoal qualificado, para investigar fatos tecnicamente mais simples, como uma denúncia de mau comportamento por um funcionário sem maiores repercussões, ou dano à propriedade facilmente reparável.

De outro lado, investigações que podem levar a consequências financeiras ou reputacionais sérias à empresa e/ou seus administradores devem utilizar de metodologias investigativas mais rebuscadas, pois uma investigação superficial pode resultar em consequências ainda mais graves para a empresa.

Em muitos casos, a análise por amostragem será suficiente para a investigação atingir o objetivo de permitir que a empresa tome uma decisão informada. Em casos específicos, em especial quando a investigação é realizada para reportar fatos a autoridades, uma investigação mais exaustiva pode ser necessária.

Para a definição da metodologia a ser empregada, também é relevante considerar se será necessário realizar reporte para autoridades ou se é prevista eventual judicialização da questão. Em caso afirmativo, devem ser adotados mecanismos adequados para garantir a cadeia de custódia de documentos e a preservação de originais. Eventualmente, essas medidas podem não ser relevantes se a investigação for apenas para encaminhamentos internos.

Evidentemente, a equipe de investigação deverá levar em consideração limitações legais ou internas para realizar as investigações, inclusive eventuais limitações resultantes de legislação estrangeira. Assim, será necessário verificar se será possível analisar os dados eletrônicos dos funcionários, se existe alguma política regulando o acesso aos dados, quais limitações podem decorrer de legislação de privacidade e os cuidados que devem ser adotados para manter confidencialidade da investigação e dos achados.

Corte temporal

Finalmente, a metodologia também deve indicar o corte temporal que será utilizado para a investigação. É muito difícil cobrir toda a história de uma empresa e indicar exatamente o corte temporal que será feito também permitirá direcionar recursos e esforços para o período em que existe a maior probabilidade de a investigação ser bem-sucedida, para substanciar ou refutar as hipóteses testadas.

Sejam quais forem as metodologias empregadas, indicá-las no plano de investigação evitará que se perca o controle da investigação ou que o foco seja desviado, mantendo a investigação no rumo adequado.

3.3. Atores relevantes e fluxo de informação

Além da identificação dos custodiantes, o plano de investigação deve indicar os principais atores da investigação, estabelecendo os seus papéis. Os atores envolvidos dependem da própria característica da investigação, estabelecendo uma governança adequada, conforme mencionado acima.

Em geral, além da equipe de investigação, o plano de investigação deve detalhar as linhas de reporte dentro da organização, bem como as pessoas da organização que serão responsáveis por garantir acesso aos dados, documentos e pessoas necessários para a condução da investigação.

Como visto, para investigações que podem ter consequências mais severas para as empresas, pode ser necessário o envolvimento direto de advogados, para garantir que a investigação esteja protegida por privilégio legal, nos termos do Provimento 188, de 11.12.2018, do Conselho Federal da Ordem dos Advogados do Brasil.

3.4. Proposta de cronograma

Definição do cronograma

É bastante desafiador estabelecer um cronograma preciso dos trabalhos logo no início da investigação. De um lado, o cronograma deve ser realista, de modo a gerenciar expectativas e permitir um andamento razoável dos trabalhos. De outro lado, não é possível desconsiderar circunstâncias internas ou externas que podem impactar as atividades da empresa (e que geralmente estão presentes), como:

- Necessidade de publicar demonstrações financeiras;
- Possível impacto fiscal do resultado das investigações;
- "Corrida" por marker para leniência ou termos de compromisso de cessação em investigações relativas à Lei de Defesa da Concorrência;
- Necessidade de reportar informações a autoridades públicas;
- Prazos processuais em litígios;
- Operações de M&A;
- Relevância de tomar decisões acerca do desligamento ou não de funcionários ou executivos;
- Impacto sobre as atividades da empresa, como celebração de contratos ou participação em licitações públicas.

As limitações do cronograma devem ser esclarecidas logo no inicio da investigação, seja para priorizar medidas investigativas que permitam reduzir o impacto da investigações, seja para adotar ações que reduzam o impacto decorrente das investigações às atividades da empresa.

Sempre que possível, é recomendável que o cronograma seja estabelecido com tarefas paralelas, de modo que o atraso de uma atividade não impacte a investigação como um todo.

Definição de fases

Certas investigações podem envolver muitos fatos a serem analisados ou custodiantes, o que pode dificultar o foco das atividades. Nesses casos, a solução mais adequada pode ser a definição de fases da investigação, priorizando (i) os assuntos mais relevantes, urgentes ou que possam causar maiores riscos para a empresa; ou (ii) os custodiantes que, por suas características, podem ser os mais relevantes para o avanço das investigações, ou que podem se tornar indisponíveis para entrevistas.

Dessa forma, a equipe de investigação conseguirá manter o foco e as expectativas por resultados da investigação podem ser gerenciados.

4. CONSIDERAÇÕES ADICIONAIS

4.1. Fato novo

Como mencionado, não é incomum que, ao longo da investigação, novos fatos sejam revelados que possam alterar o rumo da investigação.

Alguns desses fatos podem não ser relacionados ao escopo da investigação em si, devendo a empresa avaliar se devem ser investigados de forma independente.

Outros fatos, relacionados ao escopo da investigação, podem resultar na necessidade de (i) reanálise de documentos; (ii) inclusão ou alteração das medidas investigativas; ou (iii) alteração no cronograma.

Nesses casos, o plano de investigação pode ser revisto e alterado, para incorporar os novos fatos.

4.2. Aprovação

Uma vez finalizado, é conveniente que o plano de investigação seja submetido à aprovação por parte de quem possua autoridade, na empresa, por (i) zelar pelo cumprimento do plano de investigação; (ii) garantir os meios para que a investigação seja realizada, inclusive acesso aos dados, documentos e pessoas necessários para a condução da investigação; e (iii) atestar o resultado da investigação, determinando novas medidas ou remetendo as conclusões para que sejam adotadas as providências apropriadas.

5. CONCLUSÃO

Reagir adequadamente à notícia de uma irregularidade e planejar de forma racional e objetiva os passos necessários para conduzir a investigação são determinantes para o seu sucesso. Reações instintivas muitas vezes não levam em consideração todas as consequências das medidas adotadas, podendo causar sérios prejuízos jurídicos e práticos para a investigação.

Como as potenciais situações são numerosas, não é possível esgotar todas as medidas que devem ser adotadas como primeira resposta, de modo que este capítulo teve por objetivo elencar algumas questões que devem ser consideradas pelas empresas ao entrar em contato com uma potencial infração.

Além disso, a preparação de um plano de investigação cuidadoso é determinante não apenas do ponto de vista prático, mas também formal, para registrar, documentar e executar as medidas investigativas adotadas.

Embora um processo complexo, a calma, objetividade e adoção de metodologia adequada ajudam a empresa a realizar uma investigação efetiva e rápida, mitigando riscos e reduzindo o tempo para a volta à normalidade da empresa.

REFERÊNCIAS

https://www.sciencedirect.com/topics/computer-science/investigative-plan

https://nap.nationalacademies.org/read/22507/chapter/5#22

https://info-savvy.com/forensic-readiness-planning/

https://www.giac.org/paper/gcfa/283/forensic-investigation-plan--cookbook/108356

https://financialcrimeacademy.org/developing-an-investigation-plan/

https://www.sciencedirect.com/topics/computer-science/investigative-plan

https://www.sciencedirect.com/topics/computer-science/forensic-investigation

https://leb.fbi.gov/file-repository/archives/jun99leb.pdf

chrome-extension://efaidnbmnnnibpcajpcglclefindmkaj/https://acfepublic.s3.us-west-2.amazonaws.com/2022+Report+to+the+Nations.pdf

chrome-extension://efaidnbmnnnibpcajpcglclefindmkaj/https://www.squirepattonboggs.com/~/media/files/insights/publications/2013/09/the-audit-committees-evolving-role-in-overseeing__/files/theauditcommitteesevolvingroleinoverseeingcorpor__/fileattachment/theauditcommitteesevolvingroleinoverseeingcorpor__.pdf

https://www.google.com.br/books/edition/Corporate_Criminal_Investigations_and_Pr/MyqJEAAAQBAJ?hl=en&gbpv=1&dq=investigation+plan+corporate&pg=PT158&printsec=frontcover

CAPÍTULO 4

Coleta de dados, cadeia de custódia e cuidados no processamento forense

Filipe Lovato Batich

Sócio da prática White Collar & *Compliance* do Madrona Fialho Advogados. Mestre em Direito Penal pela Universidade de São Paulo (FD-USP). Especialista em Direito Penal Econômico pela Fundação Getulio Vargas (FGV-SP) e pela Universidade de Coimbra (UC). MBA em Administração de Empresas pela Escola de Administração de Empresas da Fundação Getulio Vargas (FGV-SP)

Rhasmye El Rafih

Advogada associada da prática White Collar & *Compliance* do Madrona Fialho Advogados. Mestra em Direito & Desenvolvimento e Especialista em Direito Econômico pela Universidade de São Paulo (FDRP-USP). Especialista em *Compliance* pela Fundação Getulio Vargas (FGV-SP) e pela Universidade de Coimbra (UC). Especialista em Ciências Criminais pela Pontifícia Universidade Católica (PUC-MG)

Tatiana M. M. L. Siqueira

Advogada associada da prática White Collar & *Compliance* do Madrona Fialho Advogados. Pós-graduada em Direito Penal e Processual Penal pela Academia Brasileira de Direito Constitucional (ABDConst).

1. INTRODUÇÃO

O objetivo deste capítulo é apresentar um passo a passo de melhores práticas para a realização da coleta de dados em investigações corporativas, incluindo as providências prévias de mapeamento de fontes de dados de interesse e os protocolos preliminares para a sua preservação, passando por considerações mais aprofundadas sobre a cadeia de custódia e as suas etapas, e finalizando com os limites legais ao processamento forense, considerando os principais desafios práticos em torno do tema.

2. MAPEAMENTO DE FONTES DE DADOS DE INTERESSE

Antes de se realizar a coleta de dados, é recomendável mapear as fontes de dados de interesse para tornar a investigação corporativa mais eficiente, evitando procedimentos desnecessários ou meramente exploratórios.

O mapeamento é uma providência preliminar importante, que considera: (**i**) a **natureza da infração** a ser apurada (*e.g.* assédio moral e sexual, fraude contábil, corrupção, prática anticompetitiva etc.); (**ii**) os **setores envolvidos** (*e.g.* recursos humanos, financeiro, contas a pagar, compras e suprimentos, vendas tec.); e (**iii**) o **nível de informação** hipoteticamente possuído pela pessoa em posse da fonte dos dados (*e.g.* diretores, supervisores, analistas, operadores).

A seguir, formulamos um roteiro simplificado para o mapeamento de dados relevantes para uma investigação corporativa:[1]

1 Tendo em vista que os setores envolvidos (item "ii") dependem da governança de cada empresa e que o nível de informação (item "iii") se vincula ao próprio caso concreto, limitamo-nos a considerar apenas a natureza da infração (item "i").

Assédio moral e sexual: investigações corporativas sobre esses temas costumam ser sensíveis, pois na maioria dos casos tais condutas são praticadas de forma discreta e somente na presença da vítima. Ainda assim, há uma série de fontes de dados que podem ser relevantes e auxiliar na investigação desse tipo de infração:

- Entrevista com a vítima: recomenda-se especial cuidado na condução de entrevista com vítimas de assédio, seja ele moral ou sexual, uma vez que essas vítimas, em geral, estão fragilizadas psicologicamente.[2]
- Conversas por aplicativos de mensagens vinculados a contas corporativas (*Microsoft Teams, Skype* etc.);
- Mensagens trocadas entre os envolvidos através do e-mail corporativo;
- Gravações do circuito de câmeras de monitoramento interno;
- Postagens e comentários feitos em publicações em redes sociais, desde que os respectivos perfis sejam públicos (ex. *Facebook*, *Instagram*, *X* etc.);
- Identificação de colaboradores que possam ter presenciado os fatos e realização de entrevistas com eles; e
- Entrevista com o denunciado.

Corrupção: as investigações corporativas envolvendo corrupção se diferenciam das demais, pois comumente tais práticas ocorrem fora do ambiente e horário de trabalho e por meio de comunicações privadas, o que acaba tornando a investigação mais complexa (*e.g.* encontros em restaurantes, utilização de telefones pessoais etc.). Contudo, existem

2 Informações mais detalhadas sobre o planejamento e a condução de entrevistas podem ser encontradas no Capítulo VII.

algumas fontes de dados relevantes que podem auxiliar na investigação:

- Mensagens trocadas entre os envolvidos por meio do e-mail corporativo;
- Conversas por aplicativos de mensagens vinculados a contas corporativas (*Microsoft Teams, Skype* etc.);
- Atas de reuniões, especialmente as realizadas com agentes públicos;
- Se existente, cópias de contratos/licenças/autorizações/alvarás relacionados aos fatos objeto de apuração;
- Conforme o caso, recibos de despesas incorridas pelo colaborador em decorrência do exercício de suas funções à época da contratação ou renovação de contrato com a Administração Pública ou da obtenção de licença/autorização/alvará (*e.g.*: recibos de almoços corporativos, recibos de táxi, recibos de hospedagem em hotel para compromissos de trabalho etc.);
- Registros internos de doações/contribuições corporativas realizadas a entidades da Administração Pública e os respectivos agentes públicos relacionados;
- Histórico de doações eleitorais do custodiado e pessoas relacionadas (*e.g.* familiares e colegas de trabalho próximos) em fontes públicas de informação; e
- Entrevista com os envolvidos na denúncia.

Fraude contábil: a investigação corporativa de fraudes contábeis costuma ser trabalhosa diante das variadas e cada vez mais sofisticadas formas como se expressam e da quantidade de agentes envolvidos. Em regra, a fraude contábil pode ser patrimonial ou meramente representativa (*e.g.* rubricas contábeis errôneas e outras questões informacionais). No caso de fraudes patrimoniais, é também necessária a aferição da extensão do dano. Muito embora possa ser complexa, a fraude contábil é uma das condutas com maior variedade de fontes de dados relevantes que os investigadores podem buscar, dada a formalidade e periodicidade inerente às demonstrações contábeis e fiscais:

- Notas fiscais emitidas pela empresa e por seus parceiros de negócio (fornecedores, representantes comerciais, despachantes, advogados, consultores etc.);
- Controle de estoque de mercadorias;
- Relatórios de auditorias anteriores, se existentes;
- Declarações de imposto sobre a renda da pessoa jurídica;
- Balanços patrimoniais;
- Demonstrações de resultado do exercício;
- Informações trimestrais;
- Livros contábeis;
- Contratos celebrados pela empresa, incluindo os celebrados para a obtenção de financiamentos junto a instituições financeiras;
- Atas de reuniões para aprovação da contabilidade; e
- Entrevista com os responsáveis pela contabilidade da empresa.

Prática anticompetitiva: esse tipo de investigação corporativa costuma carecer de fontes de dados específicas, dada a variedade de práticas anticompetitivas existentes (cf. art. 36 da Lei 12.529/2011). Em geral, costuma-se iniciar pela "entrevista de coleta"[3] com os custodiados e

3 Voltadas exclusivamente a identificar possíveis fontes de dados de interesse e não abrangem o mérito da investigação.

pessoas próximas e, a partir das informações por eles fornecidas, é realizado um mapeamento mais específico das fontes de dados relevantes para a investigação. Entretanto, há algumas fontes que podem ser úteis na investigação desse tipo de conduta:

- Entrevista com os custodiados, pessoas próximas e possíveis testemunhas;
- Mensagens trocadas por meio do e-mail corporativo;
- Conversas por aplicativos de mensagens vinculados a contas corporativas (*Microsoft Teams*, *Skype* etc.);
- Atas de reuniões de associações de classe;
- Mapeamento de eventos em que participaram os custodiantes e concorrentes;
- Análise de Declarações de Conflito de interesses dos custodiantes e pessoas próximas;
- Agenda de trabalho física ou digital dos custodiados; e
- Outras fontes similares às da corrupção, se envolver a prática de cartel em licitações.

O mapeamento de fontes de dados apresentado é apenas um ponto de partida exemplificativo. No decorrer das investigações corporativas podem surgir outras fontes de dados de interesse, a depender das particularidades de cada caso.

Além de possibilitar uma maior assertividade em relação aos dados relevantes para a investigação corporativa, o mapeamento de fontes de dados de interesse torna mais efetiva a implementação dos protocolos preliminares para a preservação desses dados, pois direciona tais providências a fontes mais apropriadas, otimizando as apurações e reduzindo os seus custos.

3. PROTOCOLOS PRELIMINARES PARA A PRESERVAÇÃO DE DADOS

3.1. A preservação de dados eletrônicos e físicos

As etapas de mapeamento de fontes de dados de interesse e de implementação de protocolos preliminares para a preservação de dados se retroalimentam, na medida em que dados bem selecionados e preservados conferem credibilidade e imparcialidade à investigação corporativa.

Nesse contexto, a preservação de dados se mostra como fator essencial para o sucesso da investigação. Isso porque, a preservação tempestiva da integridade de dados de interesse é umas das primeiras estratégias para mitigar o risco de adulteração ou deleção de dados eletrônicos e de descarte e destruição de dados físicos.

Contudo, não é raro que, ao iniciar uma investigação corporativa, empresas adotem uma postura mais conservadora em relação à coleta e preservação de dados. A principal justificativa para essa prática é o risco de que qualquer tipo de providência tenha o efeito oposto e, ao invés de viabilizar a preservação dos dados de interesse, venha a atrair a atenção dos envolvidos para a investigação em curso.

Por outro lado, a ausência de implementação de protocolos para a preservação de dados de interesse pode tornar questionável a diligência da empresa em relação à apuração e a própria efetividade da investigação corporativa.[4]

Inclusive, caso a empresa eventualmente seja acionada pelas autoridades públicas para prestar informações sobre a investigação, é esperado que demonstre que empreendeu

---

4 FLESCH, Ester. MAEDA, Bruno. et. al. Brazil. In: BECK, C.H et al. *Corporate internal investigations*: overview of 13 jurisdiction. Munique: Hart Publishing, 2013, p. 55.

todos os esforços para preservação dos dados de interesse. Nesses casos, embora a empresa não tenha o dever legal de colaborar, se optar por fazê-lo poderá usufruir de alguns benefícios, como a possibilidade de celebrar acordos com as autoridades e ter eventual sanção mitigada (e.g. art. 7°, inc. VII, da Lei 12.846/2013).

Assim, é recomendável que a empresa adote providências estratégicas para a preservação de dados que, na medida do possível, mantenha confidencial a ocorrência da investigação corporativa.

Não existe um passo a passo único para a implementação de protocolos para a preservação de dados, uma vez que esses dependem de uma série de fatores, como o porte da empresa, a sua governança, os recursos disponíveis, a complexidade da investigação etc. Em virtude disso, as recomendações feitas a seguir são meramente exemplificativas e desenhadas a partir das melhores práticas.

Em relação aos dados eletrônicos, como e-mails, mensagens de texto e demais arquivos digitais, é importante que os seguintes protocolos de preservação sejam conduzidos por profissionais especializados em tecnologia e segurança da informação:

- suspender rotinas de exclusão programada de dados nos sistemas informáticos corporativos;
- bloquear remota e temporariamente os dispositivos eletrônicos corporativos em posse do custodiado e o acesso à nuvem vinculada ao seu e-mail institucional para a realização de *backup*, enquanto esse durar;
- limitar o acesso remoto do custodiado a pastas mais sensíveis constantes em servidores internos;

- inabilitar remotamente a utilização de CD-ROMs e *pen drives* no dispositivo eletrônico corporativo em posse do custodiado e de pessoas a ele próximas (ex. secretárias, assistentes, liderados e colegas de trabalho próximos), enquanto não finalizado o procedimento de coleta de dados;
- inabilitar *softwares* destinados à edição de arquivos em formato pdf ou similares; e
- monitorar, durante o período de coleta, a deleção ou tentativa de deleção de arquivos pelo custodiado e pessoas a ele próximas.

No que se refere aos dados físicos, como ordens de compra, faturas, notas fiscais, comprovantes, contratos, planilhas, livros contábeis, relatórios financeiros e outros documentos potencialmente relacionados à possível infração, a preservação é ainda mais complexa.

Normalmente, existem uma ou poucas versões desses dados em posse material de pessoas que podem ou não estar envolvidas na investigação corporativa e que, a depender das circunstâncias, podem livremente manuseá-los e/ou os transportar.

Nesses casos, as medidas tradicionais de preservação podem não ser eficazes ou suficientes e, consequentemente, demandar providências exclusivas ou complementares de coleta. Por isso, são alguns dos protocolos recomendados:

- descobrir a localização dos dados de interesse;
- identificar quem detém a sua posse;
- isolar, em sala reservada e de acesso restrito, todos os dados de interesse que estiverem em arquivo interno

ou externo e que não estejam em posse do custodiante ou pessoa próxima a ele;

- emitir comunicado interno proibindo a retirada de documentos físicos da empresa ou o seu descarte sem autorização e monitorar o seu cumprimento, reforçando as disposições previstas em políticas internas e compromissos que os colaboradores tenham previamente aceitado; e
- fazer requisições formais de entrega de documentos físicos à liderança do setor, quando forem remotos os riscos de comprometer a confidencialidade das investigações em curso, fazendo constar a data da requisição e a assinatura do solicitante, desde que essa não figure como custodiante ou possa estar envolvida, mesmo que indiretamente, com a infração.

Diligências para inspeção de estações de trabalho, salas ou arquivos, seguidas de apreensões espontâneas por parte da empresa, se não forem realizadas com a devida cautela (e.g. sem a devassa de dados de natureza privada do colaborador), podem comprometer a própria integridade e confidencialidade da investigação corporativa.

Ainda, a ausência de um protocolo institucional definido de segurança da informação, alinhado às peculiaridades da empresa, tal como políticas de *backup* periódico, de descarte de documentos físicos e monitoramento das atividades profissionais dos colaboradores, pode levar a procedimentos temerários de preservação de dados que podem mais prejudicar a investigação corporativa do que a respaldar.

Além disso, os profissionais envolvidos na implementação de protocolos de preservação de documentos não podem estar de qualquer forma envolvidos na infração, ainda que potencialmente, pois isso pode comprometer a lisura da investigação.

Finalmente, é recomendável que todas as decisões relacionadas à preservação de dados sejam devidamente documentadas e justificadas, como uma forma de resguardo e comprovação da diligência da empresa, perante as autoridades públicas e terceiros, se necessário.

3.2. A Notificação de Retenção de Documento

Caso a investigação corporativa esteja relacionada a alguma violação ao *Foreign Corrupt Practices Act* (FCPA), é obrigatória a emissão de uma Notificação de Retenção de Documento (*Preservation Hold Notice*), em idioma local, aos colaboradores que possam ter dados relevantes para a investigação corporativa, expressamente determinando a suspensão da destruição ou deleção de documentos eletrônicos ou físicos específicos, listados em razão do seu interesse para investigação corporativa, até segunda ordem.[5]

Existem algumas dificuldades inerentes à elaboração da Notificação de Retenção de Documento, como:

- **avaliação da tempestividade:** a preservação intempestiva de dados leva a sua deleção, adulteração ou destruição, comprometendo a efetividade das investigações corporativas. Por essa razão, é recomendável que os protocolos para a preservação de dados sejam implementados tão logo possível e que a notificação seja enviada simultaneamente a eles ou imediatamente depois.

5 GLOBAL INVESTIGATIONS REVIEW. *The Practitioner's Guide to Global Investigations*. 6ª edição. Disponível em: <https://globalinvestigationsreview.com/guide/the-practitioners-guide-global-investigations/2020>. 2020. Acesso em: 26 jun. 2023, p. 324.

- **delimitação de escopo:** como a notificação é emitida em estágios iniciais da investigação corporativa, há uma considerável limitação informacional sobre os fatos em apuração. Nessa fase, deve-se avaliar os riscos de se delimitar muito o escopo da notificação (e.g. dados referentes a uma única data ou pessoa), o que pode conduzir a uma preservação de dados deficitária, ou de se optar por uma estratégia mais abrangente (e.g. preservação de todos os documentos, sem qualquer filtro), que pode ser demasiadamente dispendiosa. O ideal é acessar o plano de investigação e o mapeamento de fontes de dados de interesse e desenhar um escopo mais específico ao contexto da infração, evitando ser muito restritivo ou ampliativo. As melhores práticas recomendam que na notificação não conste mais informações do que os destinatários precisam saber para preservar os dados de interesse, sob pena de interferir nas investigações em curso.
- **definição de destinatários:** delimitado o escopo da notificação, em atenção ao plano de investigação, fica menos complexa a definição dos destinatários. Isso porque, uma vez identificado o custodiante, as pessoas a ele profissionalmente relacionadas (lideranças, liderados e colegas do setor) passam a ser potenciais detentores de dados de interesse e, portanto, devem ser apontados como destinatários da notificação. Contudo, existem situações em que não basta verificar o organograma da empresa para definir as pessoas relacionadas ao custodiante e elegíveis

a destinatárias da notificação. Pode ser útil realizar uma breve entrevista com alguns dos destinatários previamente selecionados, preferencialmente os que não tiverem relações muito próximas com o custodiante, não para abordar o mérito da investigação, mas apenas para obter informações sobre a relação do custodiante com outros colaboradores, os quais podem ter acesso a dados de interesse não considerados inicialmente. Nesse caso, a notificação também deverá ser destinada a essas pessoas.

- **especificação da categoria de documentos a serem preservados:** o mapeamento de fontes de dados de interesse serve como uma triagem inicial das fontes de informação relevantes para a investigação corporativa. Com ele, é possível especificar dados eletrônicos e físicos que possam ser de interesse. As melhores práticas recomendam que a notificação deixe o mais claro possível os documentos que devem ser preservados (e.g. registros de pagamento a um parceiro de negócio específico, contratos relacionados à potencial infração, e-mails trocados com determinado representante comercial, notas fiscais de certo produto em dado período etc.).

A Notificação de Preservação de Documentos é um passo essencial não apenas para que a empresa sustente a confiabilidade das investigações conduzidas internamente, como também para demonstrar maior grau de colaboração, caso busque celebrar acordos com as autoridades ou mesmo mitigar certas sanções.

4. COLETA DE DADOS: PROCEDIMENTOS

4.1. Considerações iniciais

A coleta de dados é o procedimento destinado à obtenção de evidências (eletrônicas ou físicas) potencialmente relacionadas à infração. O seu principal objetivo é viabilizar a posterior revisão de documentos com a finalidade de confirmar a (in)ocorrência da infração no curso da investigação corporativa.

Nesse momento, é importante que não se altere as características da evidência, para que não seja contaminada e, consequentemente, não tenha sua qualidade comprometida.

Costuma ser uma boa prática conduzir entrevistas de coleta de dados com o custodiante e pessoas a eles relacionadas (e.g. secretárias, assistentes, liderados e colegas de trabalho próximos) para mapear outras fontes de dados de interesse, como tipos de dispositivos eletrônicos costumeiramente utilizados, localização de arquivos físicos e rotina de descarte de documentos. [6] Essas entrevistas, muito embora não abordem o mérito da investigação, devem ser utilizadas com moderação e estratégia, porque também podem atrair atenção para a investigação em curso e comprometer a preservação de dados.

Em regra, a coleta de dados é uma etapa relativamente sensível da investigação, pois a forma como o dado é coletado pode atrair responsabilidade jurídica da empresa nas esferas cível, trabalhista, criminal e administrativa.

---

6 GLOBAL INVESTIGATIONS REVIEW. *The Practitioner's Guide to Global Investigations*. 6ª edição. Disponível em: <https://globalinvestigationsreview.com/guide/the-practitioners-guide-global-investigations/2020>. 2020. Acesso em: 26 jun. 2023, p. 86.

Nesse contexto, é indispensável a diligência de se coletar dados de forma que:

- não se viole a intimidade do colaborador;
- sobre os quais não recaiam expectativas fundamentadas de privacidade;
- não sejam sigilosos; e
- não se infrinja a legislação trabalhista e a Lei Geral de Proteção de Dados (Lei 13.709/2018).

Caso a infração investigada possa ser classificada como ilícito, é importante formalizar as decisões tomadas sobre as fontes de dados e dados a serem coletados e a respectiva justificativa, para municiar futuros esclarecimentos perante autoridades públicas que se façam necessários, especialmente no campo das nulidades processuais.[7]

Além disso, o procedimento de coleta de dados, principalmente o de dados eletrônicos, é altamente especializado e falhas podem também impactar sua eventual utilização nas esferas judicial ou extrajudicial.

Uma forma de mitigar todos esses riscos é envolver um time de especialistas que possa viabilizar a coleta de dados orientada à não violação de direitos e deveres e à preservação da cadeia de custódia.

4.2. Profissionais envolvidos

A depender da complexidade da investigação, é recomendável envolver pessoal externo na coleta de dados, em especial: (**i**) advogados especializados em investigações corporativas; (**ii**) profissionais de tecnologia forense; e (**iii**) notários.

---

7 Ibid., p. 85.

Muito embora esses profissionais aumentem os custos alocados para a investigação corporativa, podem ser peças-chave para evitar ou diminuir a probabilidade de que a integridade da coleta de dados seja comprometida, o que confere maior credibilidade ao ato.

Advogados especializados em investigações corporativas: supervisionam a coleta de dados para assegurar que essa ocorra de forma regular e, consequentemente, mitigam o risco de futura responsabilização jurídica da empresa (e.g. condenação a indenizar o custodiado por violação à intimidade ou à privacidade[8]; reversão da justa causa em reclamação trabalhista[9]; anulação da prova em sede judicial caso diga respeito a documento protegido por sigilo advogado-cliente etc.). Também auxiliam para que todo o procedimento ocorra segundo as melhores práticas e recomendações dos órgãos estatais de controle e regulação. São fundamentais para delimitar o escopo da coleta e têm a expertise para endereçar situações de dados hospedados em outras jurisdições e outras questões legais complexas.

Profissionais (peritos) de tecnologia forense: especializados na coleta de dados eletrônicos propriamente dita, extraindo-os de dispositivos eletrônicos como celulares, tablets, computadores e câmeras de segurança e de contas

---

8 A privacidade é flexibilizada na medida em que o colaborador seja previamente cientificado sobre a possibilidade de ser alvo de monitoramento, como o de suas comunicações via e-mail corporativo e dos dispositivos eletrônicos cedidos pela empresa para fins exclusivamente profissionais. Nesse sentido: ANTONIETTO, Caio Marcelo de Cordeiro; SILVA, Douglas Rodrigues da. Aproveitamento de investigações internas como prova no processo penal. *Revista brasileira de ciências criminais*. v. 156/2019, p. 61-90, p. 74.

9 DE LEON, Maurício Pepe. Condução de investigações internas sob o ponto de vista trabalhista. In: DEL DEBBIO, Alessandra; MAEDA, Carlos Henrique da Silva Ayres (Coords.). Temas de anticorrupção & *compliance*. AYRES. Rio de Janeiro: Elsevier, 2013, p. 303-315, p. 307.

de armazenamento em nuvem. Possuem a expertise e o equipamento necessário para coletar esses dados sem comprometer a sua integridade e reforçando a sua autenticidade.

Notários: profissionais que, embora não sejam responsáveis diretos pela coleta de dados, certificam todo o procedimento em detalhes, via ata notarial, para registrar a cadeia de custódia com fé pública.

Caso não sejam contratados profissionais externos, é recomendável que na coleta de dados sejam envolvidos, a depender do porte e da governança da empresa:

Compliance Officer **(Diretor de *compliance*)**: profissional que costuma ter a atribuição de promover diretamente a investigação corporativa ou a coordenar, sendo treinado para lidar com esse tipo de diligência e para designar os profissionais necessários para a apoiar.

Advogados internos: ainda que não especializados em investigações corporativas, podem supervisionar a coleta de dados para que ocorra da de forma regular.

Profissionais de tecnologia e segurança da informação: designados para realizar a coleta de dados eletrônicos, além de serem responsáveis por acionar alguns dos protocolos de preservação de dados de interesse.

Diretor de Recursos Humanos: auxilia na gestão de possíveis conflitos com os colaboradores que eventualmente forem alvo da diligência, especialmente em se tratando de dados físicos. Como são mais familiarizados com as peculiaridades que envolvem os colaboradores, podem auxiliar nas entrevistas de coleta ou subsidiar o profissional que a conduzirá com informações mais detalhadas.

4.3. Procedimentos de coleta de dados

Na prática, a forma como a coleta ocorrerá dependerá da natureza do dado, se eletrônico ou físico. Em todo caso, é importante que a coleta se limite às fontes de dados de interesse para se evitar exceder o escopo das investigações, o que pode atrair futuros questionamentos, sobretudo envolvendo violações de direitos e/ou eventual nulidade do ato.

Em regra, a coleta de dados eletrônicos ocorre de duas formas:

Cópia de dados em nuvem: técnica de coleta virtual, pela internet, de uma conta de armazenamento de dados, sem a necessidade de acesso direito ao dispositivo eletrônico. A conta de armazenamento em nuvem é acessada via *login* e senha corporativa, sendo utilizado um *software* para copiar os arquivos disponíveis e extrair outras informações como datas e horários de acessos, IP's e usuários associados.

Espelhamento de disco: técnica de coleta, via replicação (cópia idêntica, *bit* a *bit*), de dados extraídos do dispositivo eletrônico de origem para o dispositivo eletrônico de armazenamento de destino, por meio de *softwares* e dispositivos próprios. Para se garantir a integridade e a autenticidade do dado comumente se utiliza a função *hash*, algoritmo que gera uma sequência de caracteres de tamanho fixo que individualiza o dado. Em estando os dados armazenados em servidores, deve-se verificar se eventuais falhas em conexões durante a coleta possuem o potencial de alterar os dados transferidos.

Na coleta de dados armazenados em dispositivos eletrônicos, algumas etapas adicionais podem ser necessárias, de acordo com o escopo da investigação e a natureza da infração. Haverá situações em que deverão ser preservados dados mais voláteis, como número de redes ativas no dispositivo, processos e sistemas em curso, utilizadores de *log-in*, informações *cache* ou em memória RAM, o uso de processos de cifragens, comunicações ativas em *chats* ou programas de mensagens instantâneas. Nesses casos, algumas etapas da cadeia de custódia podem ser flexibilizadas e o processamento deve ser realizado por um perito de forma imediata[10].

Ainda sobre dispositivos eletrônicos, caso estejam ligados durante a coleta, o Departamento de Justiça dos Estados Unidos[11] recomenda a realização dos seguintes protocolos: (**i**) observar e escutar buscando sinais de que o dispositivo está ligado; (**ii**) checar na tela se há indicações que demonstrem se evidências digitais foram destruídas; (**iii**) buscar indícios se o dispositivo pode ser acessado remotamente; (**iv**) verificar sinais de comunicação com outros dispositivos ou usuários; e (**v**) analisar a atividade de câmeras integradas.

A adoção de métodos ocultos para coleta de informações em dispositivos eletrônicos, como acessos indevidos por qualquer meio que seja (exemplos dessa situação são a instalação de *malware* ou de *ransonware*, nesse último caso, para se realizar uma preservação de dados de forma remota) não é recomendada. Não se adentrando na própria legalidade do procedimento, são métodos que possivelmente gerarão questionamentos sobre a qualidade da evidência coletada.

---

10 U.S DEPARTMENT OF JUSTICE, OFFICE OF JUSTICE PROGRAMS. Electronic *Crime Scene Investigation: A Guide for First Responders. Second Edition.* Disponível em: < https://www.ojp.gov/pdffiles1/nij/219941.pdf>, acessado em 30 jun. 2023.

11 Ibid.

No que se refere à coleta de dados físicos, são exemplos de procedimentos:

Buscas internas: com base nos poderes diretivo e fiscalizador[12], o empregador pode realizar buscas internas para coletar dados físicos de interesse à investigação. Por outro lado, ao assim fazer, pode vir a violar a intimidade e o sigilo de comunicações e informações do colaborador, se vier a coletar algum documento de cunho pessoal, como cartas, declarações de imposto de renda e extratos bancários, ou em locais em que haja expectativa de privacidade (e.g. *lokers*). Ao optar por realizar buscas internas, é recomendável ter o máximo de diligência para que a coleta recaia apenas sobre dados relacionados às atividades da empresa.

Requisição de documentos pelo empregador: o empregador também pode requisitar dados de interesse relacionados às atividades da empresa que estejam em posse dos colaboradores, como contratos, pastas de documentos, recibos etc. É uma boa prática que os documentos sejam coletados e selecionados pelo próprio colaborador, na presença de algum integrante da equipe de investigação, para evitar o descarte/destruição de dados, bem para se mitigar futuros questionamentos sobre a coleta ter recaído também sobre documentos pessoais, já que, nesse caso, foi o próprio colaborador quem os entregou diretamente.[13]

Uma vez coletados os dados, esses devem ser preservados em atenção às etapas da cadeia de custódia, devendo

12 Também com escora na responsabilidade objetiva pelos atos dos empregados, prevista no artigo 932, inc. III, do Código Civil, e na assunção dos riscos da atividade, disposta no artigo 2º da Consolidação das Leis do Trabalho.

13 FLESCH, Ester. MAEDA, Bruno. et. al. Brazil. In: BECK, C.H et al. *Corporate internal investigations*: overview of 13 jurisdiction. Munique: Hart Publishing, 2013, p. 64.

seu acesso ser restrito à equipe de investigação e monitorado para evitar desvios.

4.4. Cadeia de custódia: etapas e pontos de atenção

A preservação de dados de interesse e a garantia de sua autenticidade, mesmo após a sua coleta e processamento, decorre do próprio modelo probatório adotado tanto nos sistemas de *common law*[14], quanto continental[15], que vedam expressamente o uso de provas ilícitas "para a consecução do objetivo de realização imparcial da jurisdição"[16]. Esse procedimento existe para assegurar a integridade dos dados aos seus destinatários durante uma investigação corporativa ou para o seu uso por autoridades públicas em apurações ou processos judiciais.[17]

A cadeia de custódia é um conjunto de procedimentos concatenados, os quais possuem um elo inquebrável, como uma corrente que liga duas pontas, que seriam a identificação da evidência e o seu descarte. [18] A quebra da cadeia de custódia é semelhante ao rompimento de um dos elos da corrente, resultando em danos à integridade, legalidade e, especialmente, confiabilidade da evidência.

No Brasil, apesar de haver diversas normas administrativas de órgãos públicos de investigação, mesmo anteriores

---

14 "The due process exclusionary rule clarifies the doctrine of attenuation, also known as taint or "the fruit of the poisonous tree" doctrine. Attenuation cases often turn on causality-based reasoning. Under this approach, a constitutional taint is said to arise only when there is a causal link between the violation of law and the discovery of evidence." RE Richard M. The due process Exclusionary Rule. Harvard Law Review, Volume 127, Maio 2014, 7.

15 "A prova ilegal consiste em violação de qualquer vedação constante no ordenamento jurídico, separando-se em prova ilícita, quando é ofendida norma substancial, e prova ilegítima, quando não é atendido preceito processual." FERNANDES, Antonio Scarance. *Processo penal Constitucional.* São Paulo: RT, 2002, 3. ed. p. 84.

16 PRADO, Geraldo. *A cadeia de custódia na prova no processo penal.* Rio de Janeiro: Marcial Pons, 2021, 2ª edição, p. 29.

17 No Brasil, a cadeia de custódia passou a ter previsão legal por meio do Pacote Anticrime (Lei 13.964/19).

18 LOPES Jr., Aury. *Direito Processual Penal.* São Paulo: Saraiva, 18. ed., 2021, p. 460.

às reformas trazidas pelo Pacote Anticrime[19], o art. 158-B do Código de Processo Penal elenca as seguintes etapas da cadeia de custódia, recomendadas para o rastreamento de evidências também em investigações corporativas:

Reconhecimento: identificação de dados que potencialmente se caracterizem como evidência. Como apresentado no subcapítulo 5.1, antes de se iniciar a coleta, é recomendado que seja realizado um mapeamento de fontes dados de interesse, que pode incluir potenciais documentos (anotações, contratos, notas fiscais, recibos etc.), dispositivos/sistemas eletrônicos (computadores, celulares, tabletes, servidores etc.) e informações específicas (comunicações com determinado indivíduo, registros de acesso a determinados locais, gravações ou dispositivos etc.).

Isolamento: evita que se altere o estado do dado, preservando o local da coleta, especialmente para que não exista contaminação da evidência coletada com elementos estranhos a ela. Em uma investigação corporativa, o isolamento costuma ser facilitado pela: (**i**) utilização de equipes pequenas para realizarem as coletas de forma pontual; (**ii**) realização de coletas fora do expediente de trabalho, momento em que menos colaboradores possam interferir nas atividades investigativas; (**iii**) verificação se os meios ou locais de acondicionamento não estão "contaminados" por outros tipos de informação (*e.g.* discos rígidos utilizados para espelhamentos estejam devidamente formatados) etc.

Fixação: descrição detalhada da evidência a ser coletada, do local em que foi encontrada, com quem e como foi

19 A título exemplificativo destaca-se, no âmbito federal, a Portaria 82, de 16 de julho de 2014, da Secretaria Nacional de Segurança Pública do Ministério da Justiça, que estabelece as diretrizes sobre os procedimentos a serem observados na cadeia de custódia e que serviu como base do Pacote Anticrime.

encontrada. Tem como finalidade verificar qualquer tipo de alteração posterior indevida, especialmente durante o seu processamento. No âmbito de investigações corporativas, essa descrição pode ser realizada no início do documento de registro da cadeia de custódia. Em se tratando de pessoa jurídica, deve ser qualificado o representante que terá a posse da evidência. Também se recomenda, caso possível, a realização de seu registro fotográfico.

Coleta: recolhimento do dado que será objeto de análise (vide subcapítulo 5.3).

Acondicionamento: procedimento de embalar a evidência de forma individualizada, considerando-se suas características, com o fim de não alterar sua qualidade durante o transporte ou armazenamento. No documento de registro de custódia deve constar a data, hora e nome de quem realizou a coleta e o armazenamento, bem como onde essas duas etapas ocorreram. Recomenda-se o uso de lacres numerados nas evidências físicas ou no acondicionamento de equipamentos que armazenam dados coletados de dispositivos eletrônicos ou nuvem. Em caso de transmissões eletrônicas de dados, devem ser utilizadas formas de compactação que não alterem as características da evidência coletada e que garantam a integridade dos dados, pois havendo alteração, mesmo que parcial, toda a qualidade da evidência pode ser questionada.

Transporte: é a ação de transferir a evidência de um local para outro, mesmo em curtas distâncias (de uma sala para outra, por exemplo). Nessa etapa é muito importante se ter controle sobre a posse da evidência, sendo que qualquer alteração de posse deve ser sempre registrada no documento de registro da cadeia de custódia (que pode ser uma ata notarial), não sendo recomendado o manuseio (processamento) da evidência durante o transporte. Em se tratando de transferência de dados, deve-se sempre optar por redes e processos de transmissão seguros, que garantam a integridade dos dados transportados.

Recebimento: formalidade de transferência da posse da evidência coletada. Nessa etapa, o registro de controle deve conter informações sobre o local de origem, quem transportou ou forma de transporte, códigos de rastreamento, natureza da evidência, protocolo e assinatura de identificação do indivíduo que recebe a evidência. Caso exista algum tipo de informação especial sobre o acondicionamento da evidência, essas instruções também devem ser repassadas ao receptor, como a existência de informações sigilosas.

Processamento: é a revisão dos documentos coletados, considerando-se as metodologias mais eficazes, sendo o resultado posteriormente registrado. Recomenda-se que, sempre que possível, a revisão seja realizada em uma cópia fiel da evidência coletada, preservando-se a evidência original, com o fim de que o exame não resulte em qualquer alteração em sua qualidade. Por cautela a revisão deve ser realizada com o menor número de custódios possíveis, pois "o menor número de pessoas manipulando o material faz com que seja menos manipulado e a menor manipulação conduz a menor exposição. Expor menos é proteção e defesa da credibilidade do material probatório".[20]

20 LOPES JR., Aury. *Direito Processual Penal.* São Paulo: Saraiva, 18. ed., 2021, p. 465.

Armazenamento: são os métodos de guarda da evidência já coletada e processada, em condições adequadas à manutenção de sua qualidade. Em relação à investigação corporativa, a manutenção é importante em razão de a evidência poder ser posteriormente transmitida às autoridades públicas e para que não haja contestação futura sobre a sua qualidade, especialmente se um novo processamento for realizado.

Descarte: é a liberação da evidência, respeitando a legislação vigente. No tocante às evidências coletadas durante uma investigação corporativa, deve ser verificado, antes de seu descarte, se as evidências não foram emprestadas para dar suporte a apurações por autoridades públicas, como o MPF, o CADE ou demais órgãos de persecução, controle e regulação. Nessa hipótese, deve-se armazenar a evidência até que esses procedimentos realizados pelas autoridades tenham sido finalizados de forma definitiva ou se considerando os prazos prescricionais que as autoridades possuem para apurar os fatos.

Em investigações mais complexas, a verificação se as etapas de uma cadeia de custódia foram devidamente observadas pode ser objeto de auditoria externa (*shadow investigation*). Esse tipo de auditoria visa realizar o escrutínio sobre a adequação da metodologia utilizada na investigação corporativa, especialmente em razão de seu escopo e período relevante.

Em investigações corporativas por assédios, além dos cuidados quanto ao apagamento de mensagens, especialmente de aplicativos de mensagens instantâneas e *chats*, devem ser adotadas etapas de custódias especiais para a extração de gravações de sistemas de câmeras, já que invariavelmente imagens de terceiros estranhos à apuração também poderão ser objeto de coleta e processamento.

Assim, é determinante que haja máxima diligência em cada uma das etapas da cadeia de custódia, pois a manipulação indevida da evidência impede sua utilização, já que impacta diretamente sua qualidade.

5. CUIDADOS NO PROCESSAMENTO FORENSE

Os tribunais brasileiros vêm decidindo sobre a ilegalidade da evidência coletada em desacordo com as etapas de custódia apresentadas acima.

Durante o julgamento do HC 160.662/RJ, o Superior Tribunal de Justiça decidiu que falhas no armazenamento e descarte de evidências, sem que a defesa tenha acesso à totalidade da evidência coletada, fere os princípios da ampla defesa e do contraditório.

Posteriormente, o mesmo tribunal, no julgamento do AgRg no RHC 143.169/RJ, entendeu que a "principal finalidade da cadeia de custódia é garantir que os vestígios deixados no mundo material por uma infração penal correspondam exatamente àqueles arrecadados pela polícia, examinados e apresentados em juízo", sendo a observação das etapas de cadeia de custódia indispensável para a preservação de provas, mesmo as coletadas antes de o art. 158-A do Código de Processo Penal entrar em vigor. Ainda nesse julgamento, que abordou a coleta de dados de computadores, o STJ decidiu que o espelhamento de dispositivos eletrônicos deve ser feito sempre em sua integralidade (*bit* a *bit*), em imagem que represente fielmente o conteúdo original para ser válida, bem como a necessidade de uso de técnica *hash* ou outra similar, que assegure que as informações coletadas não sejam posteriormente alteradas.

Mas a qualidade da prova não é baseada somente a observação dos procedimentos na coleta de evidências, mas também todas as disposições legais que disponham sobre limites no uso ou compartilhamento de dados (cuja violação resulta na ilicitude da prova).

Na coleta de evidências durante investigações privadas, há limitações de ordem legal sobre o que a empresa pode coletar, especialmente de seus colaboradores. Se por um lado há tempos as cortes trabalhistas vêm decidindo que o empregador tem livre acesso a documentos relacionados às atividades desenvolvidas durante o trabalho[21], como dispositivos eletrônicos e outras facilidades disponibilizadas pelo empregador, a Constituição Federal veda o monitoramento e o acesso não autorizado a documentos e dispositivos eletrônicos pessoais.

Nesse contexto, destacam-se as principais restrições legais, que impedem o processamento de evidências coletadas durante investigações corporativas:

Dados armazenados em nuvem ou dispositivos eletrônico podem ser coletados e processados desde que se refiram a contas corporativas e não pessoais, no último caso ainda que logadas em dispositivos eletrônicos corporativos, sob pena de violação ao sigilo das comunicações

21 Vide julgados RR - 9961/2004-015-09-00 e 1130/2004-047-02-40, ambos do Tribunal Superior do Trabalho.

privadas (art. 5º, inc. XII, da Constituição Federal). Caso mensagens pessoais sejam encaminhadas ao e-mail corporativo e venham a constar nos servidores da empresa, o empregador pode ter acesso sem a necessidade de autorização judicial.[22] Empresas que adotam políticas de *bring your own device* (BYOD) terão dificuldades na coleta de dados que não estejam armazenados em nuvem, pois sobre os dispositivos eletrônicos pessoais de colaboradores recai o direito constitucional à privacidade.

Câmeras de monitoramento: gravações de câmeras de monitoramento podem ser coletadas e processadas desde que as câmeras estejam em lugares de acesso comum (vedadas as instaladas em banheiros, vestiários e locais de repouso) e os colaboradores tenham sido previamente avisados de que as suas atividades eram corriqueiramente monitoradas, sendo proibidas as "câmeras espiãs".[23]

Gravações por um dos interlocutores: gravações de conversas realizadas por um dos interlocutores, ou por terceiro com autorização de um dos interlocutores, em ambos os casos mesmo sem a ciência do outro, são lícitas desde que não haja causa legal de sigilo ou de reserva da conversação.[24]

Informações protegidas por sigilo das comunicações telefônicas: a captação de comunicação telefônica de colaboradores feita por terceiros sem o conhecimento[25] dos interlocutores (interceptação telefônica), a despeito de ordem judicial, é ilícita, pois viola o sigilo das

---

22 STJ. 6ª Turma. REsp 1.875.319. Rel. Min. Nefi Cordeiro. J. 23.9.2020.

23 TST. 1ª Turma. RR-21162-51.2015.5.04.0014. Rel. Min. Dora Maria da Costa. J. 26.8.2020.

24 TST. 4ª Turma. RR-281-72.2016.5.10.0104. Rel. Min. Alexandre Ramos. J. 1.6.2020.

25 GOMES, Luiz Flávio; CERVINI, Raul. *Interceptação Telefônica*: lei 9.296, de 24.07.96, São Paulo: RT, 1997, p. 95.

comunicações telefônicas (art. 5º, inc. VII, da Constituição Federal), regulamentada pela Lei 9.296/1996.

Informações protegidas por sigilos bancários ou fiscais: sendo encontradas informações sobre movimentações bancárias ou de investimentos do custodiante, elas não podem ser processadas, já que seu acesso por terceiros só pode ser obtido por meio de decisão judicial (*caput* do art. 3º da LC 105/01 e art. 198, § 1º, I do Código Tributário Nacional) ou com consentimento expresso de seu titular.

Informações protegidas pelo sigilo cliente-advogado: o sigilo cliente-advogado possui uma dimensão no Brasil diferente dos demais países. O Estatuto da Ordem dos Advogados do Brasil (Lei 8.906/94) dispõe como direito do advogado "a inviolabilidade de seu escritório ou local de trabalho, bem como de seus instrumentos de trabalho, de sua correspondência escrita, eletrônica, telefônica e telemática, desde que relativas ao exercício da advocacia" (art. 7º, II)[26]. Assim, o sigilo abrange o local em que o advogado exerce suas atividades, não importando se *in-house* ou *outside counsel*, e qualquer informação desse ofício, em toda forma de transmissão ou armazenamento[27]. O sigilo-cliente advogado só poderá ser afastado por ordem judicial se existirem indícios de autoria e materialidade da prática de crime por parte de advogado (art. 7º, § 6º). Porém, mesmos nessas situações excepcionais, há etapas adicionais e limitações em relação à cadeia de custódia, como: **(i)** segregação da documentação, da mídia ou dos objetos não relacionados à investigação;

---

26 Esse sigilo também se estende às investigações defensivas realizadas por advogados, nos termos do artigo 5º do Provimento 188/2018 do Conselho Federal da Ordem dos Advogados do Brasil.

27 Há precedentes de indenizações a bancas de advocacia que, no exercício de seu ofício, foram indevidamente alvo de fiscalizações telefônicas (TRF3, Apelação Cível 0008034-16.2016.4.03.6100).

(**ii**) preservação do sigilo do seu conteúdo; (**iii**) presença do representante da OAB; e, (**iv**) acompanhamento da análise das evidências apreendidas por representante da OAB e pelo profissional investigado (art. 7º, § 6º-F). Logo, durante a investigação corporativa, a análise e uso de qualquer de documento acobertado pelo sigilo cliente-advogado que não esteja previsto na ordem judicial de quebra é ilícito.

Informações protegidas por segredos ou outros sigilos profissionais: não apenas os advogados que possuem a prerrogativa de confidencialidade sobre as informações que detêm em razão de seu ofício. Qualquer colaborador, dentro de uma investigação corporativa, apenas poderá realizar a divulgação de documentos e ou informações sigilosas da empresa somente mediante expressa autorização de seu empregador. Também há diversas outras profissões que possuem o dever legal de sigilo, como o que ocorre na relação médico-paciente, cujas informações só podem ser divulgadas mediante ordem judicial, o que pode trazer restrições para investigações corporativas em empresas que atuem no ramo de saúde, pois informações médicas sobre pacientes não podem ser processadas.

Dados pessoais: a Lei Geral de Proteção de Dados (Lei 13.709/18) também se aplica ao tratamento de dados durante investigações corporativas realizadas por empresas, embora não incida para fins de segurança pública (art. 4º, inc. III, alínea "a"). Apesar de a LGPD permitir o tratamento de dados em situações que configurem interesse legítimo do controlador, como é o caso de uma investigação corporativa, para se evitar qualquer questionamento é recomendável que em contratos de trabalho, com fornecedores ou com clientes haja a previsão expressa sobre o consentimento para tratamento de dados pessoais e dados pessoais sensíveis para fins de investigações corporativas (art. 7º, incs. I e IX).

Dados de titulares ou armazenados em outras jurisdições: é muito comum em investigações corporativas de empresas que possuam operações em mais de um país que se tenha que se realizar coletas em jurisdições diferentes. Nessa hipótese, as restrições de cada país devem ser verificadas para se garantir a validade das evidências coletadas. Por exemplo, existem jurisdições que impedem ou que colocam restrições de processamento de dados realizadas fora de seu território.

Assim, além de se observar as etapas da cadeia de custódia para a garantia da qualidade da evidência coletada, é necessário se verificar as restrições legais sobre a natureza e tratamento de dados.

CAPÍTULO 5

Revisão e análise das evidências

Thiago Jabor Pinheiro

Sócio da prática de *Compliance* e Ética Corporativa e do Grupo de Investigações Corporativas do Mattos Filho. Doutorando em Direito e Desenvolvimento pela FGV Direito SP, com a bolsa Mario Henrique Simonsen. Master of Laws (LL.M.) pela Harvard Law School. Mestre em Direito, Estado e Constituição e Bacharel em Direito pela Universidade de Brasília

Laura Carneiro de Mello Senra

Advogada do Mattos Filho Advogados. Master of Laws (LL.M.) pela London School of Economics and Political Science (LSE). Bacharel em Direito pela Universidade de Brasília (UnB)

1. INTRODUÇÃO

O resultado do processo de preservação e coleta de informações potencialmente relevantes para uma investigação corporativa é o acúmulo de um conjunto (normalmente volumoso) de documentos. Como descrito nos capítulos anteriores, esse conjunto pode ter diversas fontes e formatos, já que a coleta pode abarcar mais de um custodiante, mais de um dispositivo ou tipo de dispositivo por custodiante, marcos temporais mais ou menos extensos, e tipos de documentos (papéis, e-mails, aplicativos de mensagens, áudios, arquivos em formato PDF etc.).

O trabalho de filtrar e selecionar o subconjunto de documentos que precisará ser analisado pelo time de investigação, de organizar a informação considerada relevante de forma compreensível e objetiva, e de atribuir sentido e coerência às informações identificadas considerando o objetivo da investigação corporativa ocorre na etapa de revisão e análise das evidências, que será objeto deste capítulo.

2. FILTRAGEM E SELEÇÃO DE DOCUMENTOS

O processo de filtragem dos documentos se inicia com a definição dos critérios que deverão guiar a seleção do subconjunto documentos que efetivamente precisarão ser revisados. Trata-se de uma etapa fundamental, pois a filtragem inadequada pode levar a uma amostra exagerada de documentos com pouca relevância, ou mesmo excluir da amostra documentos que seriam relevantes para os objetivos da Investigação corporativa. Um processo adequado de filtragem e seleção de documentos pode reduzir substancialmente o volume de trabalho de revisão a ser realizado, além de tornar a Investigação corporativa mais eficiente e eficaz.

Usualmente, o processo de seleção se inicia quando todos os documentos das diferentes fontes coletadas já foram processados e uniformizados, e se encontram disponíveis para carregamento em uma plataforma eletrônica de revisão. Nessa etapa da Investigação corporativa, é comum que o time se depare com dezenas ou centenas de milhares de documentos (ou mesmo milhões, em alguns casos). É sobre essa massa de dados que o time passará a aplicar diferentes métodos de filtragem e seleção.

Nos subitens abaixo, apresentaremos uma sugestão de sequência de aplicação dos métodos e técnicas de filtragem e seleção mais comuns. É importante ressaltar que não se trata de um método estanque, ou que cada técnica deva ser aplicada na sequência apresentada abaixo. Em alguns casos, algumas dessas técnicas podem não ser úteis. O mais relevante é que o time responsável entenda a utilidade e as possibilidades de aplicação de cada uma delas, e as aplique de acordo com as prioridades e as necessidades de cada Investigação corporativa.

2.1. Definição de Custodiantes-chave

Uma primeira forma de ganhar eficiência no processo de filtragem das evidências é a segmentação dos esforços de revisão por custodiantes-chave. Os Custodiantes-chave são os indivíduos identificados como diretamente envolvidos nas alegações ou fatos que são objeto da Investigação corporativa, ou que possuem acesso ou domínio das informações e documentos potencialmente mais relevantes. Por isso, priorizar a análise de documentos que envolvam Custodiantes-chave pode permitir a identificação de documentos relevantes que poderão informar o restante da seleção e revisão.

Assim, as técnicas descritas abaixo poderão ser aplicadas de forma prioritária a um ou mais Custodiantes-chave, e posteriormente expandidas para os demais, se for o caso. As modernas ferramentas de revisão também permitem que as buscas sejam restritas às comunicações específicas entre dois ou mais Custodiantes-chave. É possível, por exemplo, limitar a aplicação de determinadas palavras-chave somente ao conjunto de e-mails trocados entre dois Custodiantes-chave, ou em que um deles tenha sido copiado.

2.2. Definição de datas-chave

Outra técnica bastante comum de filtragem e seleção de documentos é por datas-chave, para concentrar a busca na plataforma eletrônica de revisão de documentos em períodos específicos. Por exemplo, se a Investigação corporativa em questão tiver como objetivo identificar se houve influência indevida de um determinado funcionário sobre a contratação de um prestador de serviços, é possível concentrar a análise a períodos específicos como, por exemplo, considerar somente documentos que tenham sido gerados entre a data em que teve início o procedimento de definição de objeto e pedido de propostas até a data em que o prestador de serviços foi selecionado.

Muitas vezes, não será possível ter clareza a respeito das datas ou períodos relevantes para a Investigação corporativa. A denúncia ou alegação investigada pode não ser precisa ou completa com relação ao período em que os fatos alegados teriam ocorrido, ou não permitir a identificação de datas específicas que possam ser relevantes. No entanto, a partir da análise de informações da denúncia e de informações de contexto e de outras fontes internas, o mais comum é que o time de Investigação corporativa consiga reunir elementos para pelo menos estimar, com razoável segurança, as datas ou períodos de possível relevância.

2.3. Organização de uma linha do tempo

É recomendável estruturar uma linha do tempo da alegação investigada desde o início do processo de filtragem e seleção de documentos. A linha do tempo serve para retratar de forma organizada e linear a ordem em que os eventos investigados ocorreram. Da perspectiva prática, a linha do tempo pode ser representada de forma gráfica (horizontal). Mas, esse formato pode ser pouco prático dependendo do número de eventos que se queira retratar. Outro formato possível é a linha do tempo em planilha, que contemple no mínimo, a data, os envolvidos e a descrição do fato. Recursos mais modernos também podem ser utilizados, com infográficos ou apresentações interativas.

2.4. Definição de palavras-chave

O método mais tradicional de filtragem de evidências em Investigações corporativas é o emprego de palavras-chave. A seleção das palavras-chave é uma tarefa eminentemente contextual, no sentido de que as alegações específicas de cada Investigação corporativa conduzirão a um determinado conjunto de palavras-chave. Por exemplo, se a Investigação corporativa disser respeito a alegações de cartel, termos relacionados ao nome dos concorrentes, assim como termos alusivos a questões concorrenciais (ex. combinação de preço, piso, margem etc.) são úteis para capturar documentos potencialmente relevantes. Já em uma Investigação corporativa de corrupção, termos como "caixa dois" e "por fora" podem desempenhar a mesma função.

Como a Revisão de documentos quase sempre acontece em uma plataforma de revisão eletrônica, uma vez selecionadas as palavras-chave, é possível filtrar os documentos coletados com base nas palavras-chave para chegar a um conjunto pré-selecionado de documentos potencialmente relevantes, de acordo com o filtro automático das palavras-chave.

Além de dar eficiência ao processo de revisão, o conjunto de documentos obtido após a aplicação das palavras-chave serve como um teste para avaliar o seu alcance. Isto é, se o resultado não trouxer documentos relevantes para a Investigação corporativa, pode ser necessário rever a lista de palavras-chave, para torná-la mais específica, ou para rever os termos utilizados.

É importante ter em mente que o processo de elaboração das palavras-chaves deve considerar as informações de contexto obtidas até a etapa de filtragem de documentos. É comum, por exemplo, que empresas desenvolvam léxicos específicos que serão conhecidos apenas por seus funcionários, como expressões, siglas internas, formas de se referir a determinados processos ou ocorrências, todos esses elementos pode ser fundamentais para a elaboração de uma lista adequada de palavras-chave.

2.5. Uso de termos booleanos (and, or, not)

Embora estejamos utilizando a expressão "palavra-chave", é comum que várias delas sejam combinações de diferentes palavras. Os termos booleanos – "and", "or" e "not" – são empregados com a finalidade de conectar ou combinar os diferentes termos que formarão algumas palavras-chave, e assim trazer mais eficiência para a Investigação corporativa.

O termo "and" serve para uma pesquisa aditiva. A ideia é combinar diferentes termos de busca na plataforma de revisão, para que o resultado da pesquisa contemple todos eles. Por exemplo, uma pesquisa por *corrupção and fraude* deve resultar em um subconjunto de documentos que contenham tanto a palavra "corrupção" quanto a palavra "fraude". Quanto mais termos forem adicionados em uma sequência com o uso do termo "and" (*corrupção and fraude and propina and espécie*), mais específico será o resultado do subconjunto de documentos.

O termo "or" serve para uma pesquisa alternativa, por um termo de busca ou outro. Isto é, uma pesquisa por *corrupção or fraude* deve resultar em um subconjunto de documentos mais amplo, que contenha ora a palavra corrupção, ora a palavra fraude. Ao contrário do que acontece com o termo "and", cada novo termo acrescido à sequência tornará mais amplo o subconjunto de documentos.

O termo "not" serve para uma pesquisa excludente, ou seja, a ideia é buscar documentos que não incluam um determinado termo de busca. Uma pesquisa por *pagamentos not brinde* deve restringir o subconjunto de documentos para incluir a palavra pagamentos, mas não a palavra brinde. Esse termo é particularmente útil para evitar combinações comuns entre termos que não sejam relevantes para a investigação, ou para excluir da busca termos que sejam utilizados em todos os e-mails (por exemplo, uma palavra que aparece em todos os e-mails por fazer parte da assinatura automática dos funcionários).

2.6. Uso de caracteres especiais

O uso de caracteres especiais é outra ferramenta para filtrar a pesquisa de documentos, ao restringir os documentos a serem pesquisados.

A pesquisa com o uso das aspas é especialmente útil para pesquisar termos combinados, já que as palavras podem ser pesquisadas entre aspas, como em *"doação filantrópica"* ou *"aposta esportiva"*, para buscar documentos que contenham aquela sequência de palavras. Esse recurso é mais útil do que o "and" em situações em que se busca não apenas duas palavras, mas uma sequência específica de palavras.

Já o uso da interrogação substituindo uma letra serve para variar a grafia do termo pesquisado. Por exemplo, a pesquisa por *corrupt?* levará a documentos com a palavra *corrupta* e *corrupto*, pois a interrogação permite essa ampliação do conjunto.

O uso do asterisco se assemelha ao da interrogação no sentido de que o objetivo é ampliar o conjunto de documentos com a variação do termo de busca. A vantagem é que o asterisco pesquisa a variação não apenas de uma letra na grafia da palavra, mas sim a variação do sufixo da palavra. Por exemplo, a pesquisa por *polític** trará resultados com as palavras política, político, políticos.

Finalmente, o uso de parêntesis serve para imprimir um critério de ordem na pesquisa, em conexão com o uso de termo booleanos. A busca por *(corrupção and fraude) and pagamento* induzirá a uma pesquisa pelos termos corrupção e fraude combinados e, sobre esse subconjunto de documentos, será pesquisado também o termo pagamento. Os resultados dessa pesquisa serão distintos da pesquisa por *corrupção and fraude and pagamento*, que não respeitará uma ordem específica.

2.7. Uso de ferramentas de análise e inteligência artificial

Para além de termos booleanos, de caracteres especiais e da filtragem das evidências por pessoa ou por data, é possível utilizar ferramentas tecnológicas para realizar filtragens mais complexas e com mais eficiência.

O *clustering* é uma ferramenta que identifica conceitos comuns e semelhanças em um conjunto de documentos, e cria uma organização coerente entre eles. Cada *cluster* de documentos é identificado pelas palavras-chave que estabelecem o critério de coerência (ex. contrato, licitação, proposta, preço para um único *cluster* contendo, digamos, mil documentos), sendo que a definição das palavras-chave resulta da aplicação da inteligência artificial da plataforma de *e-discovery*, não de *inputs* do usuário. Ou seja, *clustering* pode ser empregado nas etapas iniciais da filtragem para estabelecer uma segregação coerente de temas dentro de um conjunto elevado de documentos. Isso pode ser particularmente útil em Investigações corporativas que apresentam múltiplas linhas investigativas.

Outra ferramenta é o *concept searching*, que, diferentemente da busca tradicional com palavras-chave, pesquisa documentos por um critério de consistência semântica. O *concept searching* resulta em um subconjunto de documentos com semelhanças conceituais, independentemente de haver ou não identidade de termos (de palavras-chave) entre eles. Para conduzir o *concept searching*, não se utiliza palavras-chave. É preciso usar um texto que contenha o critério de relevância procurado, que pode inclusive ser extraído de um dos documentos identificados como relevantes no curso da Investigação corporativa. A partir disso, a inteligência artificial da plataforma de *e-discovery* é capaz de buscar correlações entre o sentido semântico daquele texto e dos documentos coletados.

Keyword expansion é outra ferramenta de inteligência artificial disponível em plataformas de *e-discovery* que facilita a filtragem de documentos, na medida em que "expande" a pesquisa pelo termo de busca para incluir também documentos que contenham sinônimos e termos relacionados.

2.8. *Fuzzy Search*

As chamadas *fuzzy searches* são uma técnica avançada de busca textual na qual a pesquisa é feita por aproximação. Esse tipo de pesquisa é útil porque permite encontrar resultados relevantes por similaridade, mesmo se o *wording* do termo de busca não for preciso (seja por conta de um erro de digitação ou por conta de redação inexata). Normalmente, para fazer uma *fuzzy search*, basta adicionar um sinal de til (~) ao final do termo no campo de busca da plataforma eletrônica de revisão. O método de busca poderá variar conforme o algoritmo de cada plataforma.

2.9. Dados estruturados e não-estruturados

A maior parte do conjunto de documentos da filtragem de documentos consistirá em dados não-estruturados, isto é, dados que não tem uma estrutura pré-estabelecida. Por exemplo, o histórico de conversas do *WhatsApp* de um Custodiante-chave é considerado um dado não-estruturado, assim como o bloco de notas ou a caixa de e-mails, contendo inclusive arquivos de formatos distintos (*Word*, *.jpeg*, *.pdf* etc.): não há um padrão pré-definido que categoriza os dados lá disponíveis. Por outro lado, a coleta pode resultar em dados estruturados, como uma lista de fornecedores, ou planilhas com informações financeiras. Por definição, é mais simples revisar dados estruturados, que já foram organizados segundo um padrão, em comparação com dados não-estruturados, que precisam ser organizados de uma forma lógica *a posteriori*.

2.10. Dados que demandam revisão por especialistas

O processo de filtragem de documentos pode elucidar documentos que demandam uma análise mais técnica, por especialistas. Exemplos recorrentes são dados financeiros, que podem ser enviados para auditores ou contadores, ou mídias eletrônicas, que podem ser encaminhadas para peritos forenses avaliarem a sua idoneidade.

2.11. Separação de documentos sujeitos ao sigilo advogado-cliente

Durante a filtragem de documentos, é possível encontrar comunicações envolvendo assessores legais internos ou externos à pessoa jurídica contendo opiniões legais sobre um tema jurídico e, portanto, sujeitos ao sigilo advogado-cliente, nos termos das disposições legais que o asseguram.

É preciso ter cautela e atenção ao tratar documentos sujeitos à confidencialidade das comunicações entre o cliente e seu advogado. Como forma de assegurar a defesa dos interesses do cliente, é recomendável selecionar tais documentos e identificá-los como sendo produto de trabalho ou comunicação com advogados (*privileged*), para resguardar seu tratamento diferenciado.

A razão fundamental para identificar com clareza comunicações entre assessores legais do cliente enquanto documentos confidenciais e privilegiados é evitar seu compartilhamento em caso de entrega de documentos produzidos em Investigações corporativas para autoridades públicas nacionais ou estrangeiras no contexto do cumprimento de ordens, intimações, ou até mesmo negociações, e mitigar o risco de sua obtenção e utilização indevidas em casos mais extremos de buscas e apreensões.

2.12. Uso dos recursos disponíveis na plataforma eletrônica de revisão

As plataformas eletrônicas de revisão usadas em Investigações corporativas adotam softwares avançados e estão em constante aprimoramento. Assim, é importante que o time esteja atualizado e treinado sobre os recursos disponíveis, para fazer o melhor uso das ferramentas de pesquisa da plataforma escolhida[1].

---

1 Estritamente com base na nossa experiência com o assunto, as plataformas eletrônicas de revisão utilizadas com mais frequência no Brasil são o Relativity e o Brainspace, sendo que ambas possuem guias detalhados a respeito dos recursos disponíveis. Nesse sentido, vide https://help.relativity.com/PDFDownloads/R1_PDF/RelativityOne%20-%20Searching%20Guide.pdf e https://brainspace-help.revealdata.com/en/User-Guide.html

2.13. Avaliação de razoabilidade da amostra

Parte do processo de filtragem dos documentos é a realização de um teste de razoabilidade da amostra para eliminar redundâncias ou retificar itens. Um time de Investigação corporativa experiente deve ser capaz de identificar distorções na amostra (como, por exemplo, um termo comum que resulta em um número inesperadamente elevado de resultados). Isso pode exigir um olhar mais cuidadoso sobre os filtros aplicados e uma reavaliação de algumas escolhas anteriores.

Especialmente em coletas de um maior volume de dados, podem ocorrer problemas técnicos que geram a duplicação de documentos, por exemplo. Nesses casos, as próprias plataformas eletrônicas de revisão costumam ter à disposição ferramentas de de-duplicação para eliminar redundâncias. Similarmente, quando forem identificados documentos com problemas técnicos que impeçam seu acesso, é o caso de informar o time responsável pela plataforma eletrônica de revisão para prestar suporte técnico.

3. ANÁLISE DAS EVIDÊNCIAS DA PERSPECTIVA PRÁTICA

3.1. Time de revisão

A Revisão de documentos – ou análise das evidências – deve ser conduzida de forma estruturada pelo time de revisão. O bom resultado da Revisão de documentos é fruto da atuação coordenada e da comunicação permanente entre membros do time de revisão.

É imprescindível que o time de revisão receba um treinamento sobre o protocolo da revisão. O treinamento deverá abordar as alegações que deram origem à Investigação corporativa, o escopo da Investigação corporativa, os Custodiantes-chave, as datas-chave e outros elementos de contexto que deem um panorama suficientemente abrangente para permitir ao time de revisão compreender quais documentos serão pertinentes para a Investigação corporativa.

Outro tema relevante para o treinamento são as categorias que deverão ser utilizadas ao longo da Revisão de documentos. Normalmente, essas categorias incluem: relevante, não relevante, *hot, privileged* e *technical issues.* A categoria *hot* serve para marcar documentos considerados muito relevantes em razão do seu conteúdo. Isto é, a substância do documento revela um ato ou um fato central para a Investigação corporativa. A categoria *technical issues* serve para sinalizar quais documentos não abriram corretamente, e consequentemente não foram objeto de qualquer revisão. Os documentos *privileged* já foram objeto do tópico acima, e referem-se a comunicações entre advogado e cliente sujeitas à confidencialidade.

Esse treinamento com os membros do time de revisão também deverá abordar o cronograma da revisão, para validação de metas e prazos. O fluxo de comunicação também precisa ser alinhado, para que haja clareza sobre a importância da sinalização ágil de achados relevantes. Em qualquer caso, é importante realizar reuniões periódicas para manter o alinhamento e assegurar simetria de informação entre todos os membros do time de revisão.

3.2. Revisão em primeiro e segundo nível. Consolidação da análise

A etapa inicial de análise de documentos é usualmente referida como revisão em primeiro nível. O objetivo é que o time de revisão se dedique à análise do conjunto de documentos objeto da amostra, para organizá-los segundo as categorias pré-definidas (por exemplo, relevante, não relevante, *hot*, *privileged* e *technical issues*). Isto é, se a amostra possuía mil documentos, ao final da revisão em primeiro nível, todos esses mil documentos devem ter sido analisados e devidamente identificados em cada uma das categorias – *x* documentos considerados relevantes, *y* documentos considerados não relevantes, *z* documentos considerados *privileged* e assim sucessivamente.

Para fins de organização, é recomendável que os documentos marcados como relevantes, *hot* e *privileged* sejam lançados em um *tracker* de revisão, que contenha, pelo menos, a identificação do documento (por exemplo, usando o *Bates number*) e uma descrição do seu conteúdo, com a razão que justifique sua marcação com uma determinada categoria.

Após a conclusão da revisão em primeiro nível, os documentos classificados como relevantes, *hot* e *privileged* devem ser objeto de uma revisão em segundo nível, que costuma ser conduzida por um time de revisores mais experientes. Como regra, a amostra de documentos objeto da segunda é substancialmente menor em comparação com a primeira.

A revisão em segundo nível visa a aprofundar a análise dos documentos considerados relevantes e *hot* para a Investigação corporativa para assegurar a consistência da revisão. O *tracker* utilizado pelos revisores em primeiro nível pode ser um instrumento útil para os revisores em segundo nível compreenderem a justificativa para determinada classificação do documento, e como aquele documento se relaciona com os outros documentos relevantes. Vale destacar que é comum que documentos marcados como relevantes sejam desclassificados para não relevantes durante a revisão em segundo nível. Também é oportuno mencionar que a revisão em segundo nível deve incluir no seu escopo a seleção amostral de um conjunto de documentos marcados como não relevantes, para, de forma análoga, realizar o controle de qualidade da sua classificação.

Concluída a revisão em segundo nível, a coleta estará devidamente organizada para a produção do relatório de Investigação corporativa. Em alguns casos, pode ser útil a realização de testes específicos de qualidade de revisão, especialmente se muitos documentos forem reclassificados durante a revisão de segundo nível. Para tanto, além de revisar os documentos já marcados como relevantes, os revisores de segundo nível podem solicitar a criação de amostras aleatórias de documentos classificados como não relevantes para identificar eventuais omissões.

4. ANÁLISE DAS EVIDÊNCIAS DA PERSPECTIVA JURÍDICA

4.1. Abordagens do relatório de Investigação corporativa

O relatório de Investigação corporativa costuma ser organizado na forma de um memorando, ainda que não haja um formato obrigatório. A linguagem do relatório deve ser eminentemente técnica, baseada em fatos e em análises jurídicas. Lançar impressões parciais ou leituras não baseadas em evidências concretas podem afetar a credibilidade e a imparcialidade do relatório de Investigação corporativa. Também é importante que o relatório de Investigação corporativa faça referência expressa ao sigilo advogado-cliente em todas as páginas para evitar seu compartilhamento indevido, e contemple informações mínimas a respeito de:

- Introdução: explicação breve sobre as alegações objeto da Investigação corporativa, quem foi engajado para conduzi-la e a quem se reportam;
- Sumário executivo: resumo das principais alegações objeto da Investigação corporativa e conclusão a respeito de cada uma delas;
- Escopo: explicação sobre o plano de trabalho da Investigação corporativa e sobre os passos adotados, como o volume da coleta, os dispositivos coletados, se houve entrevistas;
- Análise detalhada das alegações objeto da Investigação corporativa: se houver multiplicidade de condutas, é recomendável segmentar a análise para cada uma;
- Recomendações e medidas de remediação: indicação das recomendações e medidas de remediação (ex. sanções disciplinares, rescisão de contrato com prestadores de serviço, aprimoramento do programa de integridade) a serem tomadas diante da análise sobre cada alegação, considerando a necessidade de interromper a conduta irregular e gerir as consequências.

O formato de apresentação das conclusões da Investigação corporativa, com maior ou menor grau de detalhes, também poderá variar de acordo com o público a quem o documento se destina – por exemplo, um memorando para a alta administração via de regra seguirá uma estrutura totalmente diferente de um *disclosure* para o mercado. Se o relatório for apresentado para uma autoridade pública no âmbito de esforços de cooperação, ou em um processo judicial, seu conteúdo deve ser descritivo o bastante para oferecer as bases para a negociação ou para a defesa.

4.2. Standard probatório das evidências

As alegações objeto da denúncia devem ser interpretadas como um guia para apurar hipóteses sobre a ocorrência de um fato. A determinação sobre a possível ocorrência ou não desse fato – e da existência de eventuais condutas específicas por parte de membros da empresa e/ou de terceiros – só é possível após a análise das evidências. Tanto é assim que, no início da Investigação corporativa, a descrição sobre a possível conduta quase sempre é incompleta, provisória e lastreada em meras declarações ou em poucos elementos de prova, e não baseada em nenhuma análise jurídica. Já ao final da Investigação corporativa, deve existir um acervo documental que informa a conclusão a respeito da ocorrência, ou da possibilidade de ocorrência, de uma ou mais condutas, com base em um critério jurídico.

Antes de emitir uma opinião no relatório de Investigação corporativa sobre a ocorrência de uma conduta, os assessores legais do cliente precisam ter clareza sobre qual é ou quais são os fatos (existentes ou prováveis) que puderam ser identificados. Afinal, a análise jurídica sobre a existência de uma conduta só pode estar baseada nos elementos fáticos identificados durante os esforços de Investigação corporativa.

4.3. Análise de evidências à luz da lei de regência

Em uma Investigação corporativa, o que é necessário para determinar a ocorrência de uma conduta? Da perspectiva técnico-jurídica, haverá uma conduta desde que o fato identificado na Investigação corporativa guarde correspondência com um tipo legal específico. Logo, é evidente que não pode haver uma resposta contundente sobre a ocorrência de uma conduta sem antes conhecer quais os elementos do tipo jurídico da (até então) possível conduta que se examina, em cada esfera de responsabilização.

De forma mais concreta, sob a perspectiva criminal, o crime de corrupção ativa previsto no art. 333 do Código Penal exige a circunstância objetiva de "*oferecer ou prometer vantagem indevida a funcionário público*" e o elemento subjetivo do dolo, com o fim específico de "*determiná-lo [o servidor público a praticar, omitir ou retardar ato de ofício*". Tanto a vantagem indevida quanto o ato de ofício são elementos normativos do tipo, que precisam ser demonstrados, sob pena de atipicidade da conduta.

O Superior Tribunal de Justiça adota o entendimento pacífico de que o "*crime de corrupção ativa é um crime formal, bastando a oferta ou a promessa de vantagem indevida do agente*"[2]. Ainda que esse crime possa estar configurado pela mera

2 REsp 783.525/RS, Rel. Ministra LAURITA VAZ, QUINTA TURMA, julgado em 10/05/2007, DJ 06/08/2007

oferta ou promessa de vantagem indevida, a determinação sobre sua ocorrência depende da existência de elementos fáticos que elucidem como o crime teria sido cometido. Afinal, o Superior Tribunal de Justiça admite o trancamento de ação penal em caso de incompletude sobre os elementos do tipo penal imputado.[3] Da análise superficial e isolada

3 RECURSO EM HABEAS CORPUS. OPERAÇÃO PORTO SEGURO. CORRUPÇÃO ATIVA. INÉPCIA DA DENÚNCIA. DESCRIÇÃO DA CONDUTA. DEMONSTRAÇÃO DOS ELEMENTOS DO TIPO PENAL IMPUTADO. AUSÊNCIA. RECURSO PROVIDO. [...] 2. É inepta a denúncia quanto ao delito do art. 333, parágrafo único, do Código Penal, atribuído ao recorrente em razão da ausência de demonstração da forma como o referido delito teria sido cometido, não se podendo extrair, seja por meio de uma apreciação sistêmica da inicial acusatória, seja pela análise do ponto específico relativo ao Núcleo da Secretaria de Patrimônio da União no Estado de São Paulo, qualquer conduta que evidencie a participação de RUBENS CARLOS VIEIRA nos crimes de corrupção ativa.
3. Não há descrição, ademais, a respeito do oferecimento de vantagem indevida por parte do recorrente a funcionário público para determiná-lo a praticar ato de ofício, que efetivamente tenha sido praticado com infringência de dever funcional, não se podendo presumir, com base nos elementos constantes dos autos, o nexo existente entre a conduta imputada e a efetiva atuação do recorrente na prática delitiva narrada na denúncia.
4. Ante o exposto, voto por dar provimento ao recurso em habeas corpus para determinar o trancamento da ação penal em relação ao crime de corrupção ativa na Secretaria de Patrimônio da União imputado ao recorrente RUBENS CARLOS VIEIRA, nos autos da Ação Penal n. 0002626-63.2014.4.03.6181, da 5ª Vara Federal Criminal de São Paulo.
(RHC n. 82.611/SP, relator Ministro Nefi Cordeiro, Sexta Turma, julgado em 11/6/2019, DJe de 21/6/2019.)
PROCESSO PENAL E PENAL. RECURSO EM HABEAS CORPUS. TRANCAMENTO DA AÇÃO PENAL. LAVAGEM DE DINHEIRO E FRAUDE À LICITAÇÃO. FATOS QUE SE AMOLDAM AO ESTELIONATO JUDICIAL. ATIPICIDADE DA CONDUTA. CORRUPÇÃO ATIVA E PASSIVA. ORGANIZAÇÃO CRIMINOSA. DESCRIÇÃO DA CONDUTA. DEMONSTRAÇÃO DOS ELEMENTOS DO TIPO PENAL IMPUTADO. AUSÊNCIA. INÉPCIA. RECONHECIMENTO. RECURSO PROVIDO.
[...] 2. As condutas narradas pela denúncia referentes à indicação de terceira empresa para concorrer à licitação e benefício oriundo de prorrogação obtida por meio de decisão judicial, não se amoldam a qualquer figura típica. A participação de terceira empresa em concorrência pública, com ou sem interesse de realmente prestar o serviço, somente seria típica se pela simulação houvesse dano ao erário e o recebimento de valores pela prorrogação judicial do contrato não constitui em si dano ao erário, pois pagamento por serviço prestado.
[...] 5. É inepta a denúncia, de igual forma, quanto ao delito de corrupção ativa, porquanto não descreve qual ação ou omissão praticada pelo recorrente teria dado causa ao tipo penal a ele imputado. Tampouco traz a indicação acerca do ato de ofício que incumbia a cada funcionário público envolvido no esquema engendrado.
6. Não há descrição, ademais, a respeito de quaisquer condutas que possam caracterizar o delito de corrupção passiva, uma vez que não evidenciado o recebimento ou solicitação de vantagem indevida ou, ainda, a aceitação de promessa de tal vantagem por parte dos denunciados, aos quais deve ser concedido habeas corpus de ofício, para trancar a ação penal.
7. Deve ser reconhecida, também, a inépcia no tocante ao delito previsto no art. 288, parágrafo único, do Código Penal, uma vez que a exordial não traz descrição suficiente acerca do caráter de durabilidade e estabilidade da associação.
8. Quando idênticas as situações processuais dos réus, cabível a extensão dos efeitos da decisão, nos termos do art. 580 do CPP.
9. Recurso em habeas corpus provido para trancar a Ação Penal n. 0101008-27.2008.8.05.0001, em curso na 1ª Vara Crime da comarca de Salvador/BA, sem prejuízo de oferecimento de nova peça acusatória, de acordo com as exigências legais.
(RHC n. 72.062/BA, relator Ministro Nefi Cordeiro, Sexta Turma, julgado em 12/6/2018, DJe de 3/9/2018.)

do crime de corrupção ativa, fica evidente que constatar a ocorrência do crime depende da concorrência de diversos elementos, que só podem ser aferidos a partir dos fatos.

É certo que a Investigação corporativa não se confunde com o exercício da jurisdição. Ao mesmo tempo, a Investigação corporativa tem como objetivo alcançar um resultado conclusivo sobre a ocorrência ou não de uma ou mais condutas potencialmente irregulares, a partir dos fatos identificados.

Justamente por isso, se a Investigação corporativa revelar uma conduta cujos elementos fáticos denotem a possível caracterização de um crime, em nosso entendimento, existe um raciocínio jurídico que precisa ser percorrido antes de chegar a qualquer conclusão – sob pena de o relatório de investigação registrar conclusões precipitadas. Isto é, a conclusão do assessor legal sobre a possível ocorrência de um crime deve ser precedida de uma análise jurídica baseada em leis (e em eventuais nuances jurisprudenciais) para verificar se a possível conduta configura o crime em tese.

Isso não quer dizer que o investigador deve exercer o papel de "advogado de defesa" do indivíduo cuja conduta está sendo examinada. Ao contrário, significa que a obrigação assumida pelo assessor legal de orientar seu cliente passa, necessariamente, pelo exercício técnico e isento de subsumir os fatos identificados na Investigação corporativa às normas aplicáveis, segundo o *standard* probatório aplicável a cada esfera de responsabilização.

Ou seja, há dois exercícios distintos a serem aplicados ao avaliar a ocorrência de uma conduta: o fato se amolda a um tipo legal específico à luz da legislação aplicável? Se sim, em quais esferas (cível, penal, administrativa)? A importância de segmentar a análise está justamente em alcançar conclusões tangíveis o bastante para subsidiar a tomada de decisão adequada pelo cliente.

4.4. Standards probatórios aplicáveis às diferentes esferas de responsabilização (cível, penal, administrativa)

Cada esfera de responsabilização – cível, penal e administrativa – adota um *standard* de prova específico. Standards de prova são "*padrões mínimos para aferir a suficiência da motivação de fato nas decisões judiciais*".[4]

No tópico acima, tratou-se dos elementos necessários para a caracterização de um tipo penal específico – o crime de corrupção ativa. Aferir a existência dos elementos do tipo penal em um caso concreto é um exercício essencialmente probatório. Jurisdições do *common law* adotam o standard de prova "*além da dúvida razoável*"[5] para autorizar uma condenação. O Código de Processo Penal brasileiro não adota um standard de prova específico – o art. 155 assinala que o "*juiz formará sua convicção pela livre apreciação da prova produzida em contraditório judicial*", enquanto o art. 381, III determina que o magistrado deverá motivar a decisão judicial, indicando "*os motivos de fato e de direito em que se fundar a decisão*". De forma mais concreta, a jurisprudência do Superior Tribunal de Justiça é no sentido de que o juiz deve buscar a verdade real[6], sendo que o ônus da acusação incumbe ao autor da ação, o Ministério Público:

4 BALTAZAR JUNIOR, José Paulo. *STANDARDS PROBATÓRIOS NO PROCESSO PENAL*. In Revista AJUFERGS, Porto Alegre, n. 4, nov. 2007, p. 182.

5 BALTAZAR JUNIOR, José Paulo. *STANDARDS PROBATÓRIOS NO PROCESSO PENAL*. In Revista AJUFERGS, Porto Alegre, n. 4, nov. 2007, p. 166.

6 Nesse sentido, AgRg no RHC 178052 / RJ. AgRg no HC 821102 / TO, RHC 93253 / SP RHC 103972 / SP.

"[...] O ônus da prova, na ação penal condenatória, é todo da acusação, decorrência natural do princípio do favor rei, bem assim da presunção de inocência, sob a vertente da regra probatória, de maneira que o juiz deverá absolver quando não tenha prova suficiente de que o acusado cometeu o fato atribuído na exordial acusatória, bem como quando faltarem provas suficientes para afastar as excludentes de ilicitude e de culpabilidade." (g.n.)
(REsp n. 1.359.446/SP, relator Ministro Rogerio Schietti Cruz, Sexta Turma, julgado em 19/4/2016, DJe de 28/4/2016.)

Irregularidades em detrimento da administração pública podem representar violações simultâneas a normas de direito penal e de direito administrativo sancionador. Nesse contexto, tem-se os atos de improbidade administrativa, sancionáveis no bojo da ação de improbidade administrativa por meio da aplicação de penas restritivas de direitos, multa e ressarcimento de valores ao Erário. A ação de improbidade tem natureza "*punitiva por excelência [...] é uma manifestação do poder punitivo do Estado, inserindo-se no quadro geral do Direito Administrativo Sancionador*".[7]. Isto é, por mais que se trate de uma ação cível sob o procedimento ordinário, a ação de improbidade tem um caráter "*sancionatório, ou quasi-penal*"[8]. Como consequência, parte da doutrina defende que a ação de improbidade deve ser regida pela presunção constitucional de inocência[9] e a regra de distribuição do ônus da prova deve seguir o modelo clássico,

7 LUCON, Paulo Henrique dos Santos. *A prova na Ação de Improbidade administrativa* (in) Prova no direito processual civil: Estudos em homenagem ao professor João Batista Lopes. São Paulo: Verbatim, 2013, p. 532.

8 LIMA, Mateus. *Standards de prova no direito brasileiro*. Dissertação (Mestrado em Direito) - Faculdade de Direito, Universidade de São Paulo. São Paulo, 2018, p. 94.

9 LUCON, Paulo Henrique dos Santos. *A prova na Ação de Improbidade administrativa* (in) Prova no direito processual civil: Estudos em homenagem ao professor João Batista Lopes. São Paulo: Verbatim, 2013, p. 532-533.

segundo o qual o ônus recai sobre o autor, para provar fato constitutivo de seu direito (art. 373, I do Código de Processo Civil).[10] Isto é, incumbe ao autor da ação provar a ocorrência do ilícito, individualizar a autoria, estabelecer o nexo causal entre a conduta do agente e o dano causado e comprovar, ainda, o elemento subjetivo do agente.

Ainda no campo do direito administrativo sancionador, atos lesivos contra a administração pública podem representar violações à Lei Anticorrupção (Lei n. 12.864/2013), que, diferentemente da Lei de Improbidade Administrativa (Lei n. 8.429/1992, conforme alterada pela Lei n. 14.230/2021) instituiu a responsabilidade objetiva contra as pessoas jurídicas. Ainda que tenha dispensado as autoridades públicas de demonstrar a culpa ou o dolo do agente responsável pelo ato ilícito, a Lei Anticorrupção exige prova da ocorrência do fato, individualização da conduta, nexo de causalidade entre o ato e o dano causado e demonstração do interesse ou benefício visado pela pessoa jurídica, exclusivo ou não, para a caracterização da conduta que se pretende repreender.

Segundo o Manual de Responsabilização de Entes Privados da CGU, "*deve-se comprovar que o ato lesivo teve como fim beneficiar a pessoa jurídica, ainda que a vantagem não tenha se materializado*".[11] Similarmente, a IN 13/2019 prevê (art. 10, II, III e IV) que a individualização da conduta requer: (i) a descrição do ato lesivo supostamente atribuído à cada pessoa jurídica; (ii) a indicação das provas existentes e do nexo

10 LUCON, Paulo Henrique dos Santos. *A prova na Ação de Improbidade administrativa* (in) Prova no direito processual civil: Estudos em homenagem ao professor João Batista Lopes. São Paulo: Verbatim, 2013, p. 538.

11 Manual de Responsabilização de Entes Privados da CGU, página 51.

causal e que sustentam a conclusão sobre a ocorrência do ato lesivo descrito; e (iii) o enquadramento preliminar do ato lesivo nos tipos previstos no art. 5º da Lei Anticorrupção.

Para Peixoto, a Lei Anticorrupção prevê "*sanções de alta gravidade e com o exercício dos moldes de pretensão punitiva estatal nos moldes da Lei de Improbidade Administrativa.*" [12] Na mesma linha, Lucon argumenta que "*o standard probatório exigido para eventual condenação com fundamento na Lei 12.846/2013, portanto, dada a natureza das suas sanções, claramente restritivas de direitos, deve ser mais rigoroso se comparado ao das ações cíveis de natureza meramente ressarcitória.*"[13] Ou seja, o standard de prova aplicável aos processos administrativos de responsabilização deve ser rigoroso, assim entendido como "*além da dúvida razoável*"[14] e inequivocamente recairá sobre a autoridade instauradora do processo. Em não havendo prova da ocorrência da conduta típica, o processo deveria ser resolvido com uma decisão absolutória, baseada na aplicação da presunção constitucional de inocência.

Compreender os standards de prova aplicáveis às diferentes esferas – civil, penal e administrativa – tem um caráter instrumental nas Investigações Corporativas, por oferecer critérios mais ou menos objetivos para valorar adequadamente as evidências. Diz-se mais ou menos objetivos porque não há consenso doutrinário sobre os standards aplicáveis ao direito administrativo sancionador. Ainda assim, examinar as evidências da Investigação corporativa

12 PEIXOTO, Ravi Medeiros. *Standards probatórios no direito processual brasileiro*. Tese (Doutorado em Direito) - Faculdade de Direito, Universidade do Estado do Rio de Janeiro. Rio de Janeiro, 2020, p. 245.
13 LUCON, Paulo Henrique dos Santos. *PROCEDIMENTO E SANÇÕES NA LEI ANTICORRUPÇÃO (LEI 12.846/2013)*. Revista dos Tribunais | vol. 947/2014 | p. 267 - 279 | Set / 2014, p. 3.
14 LUCON, Paulo Henrique dos Santos. *PROCEDIMENTO E SANÇÕES NA LEI ANTICORRUPÇÃO (LEI 12.846/2013)*. Revista dos Tribunais | vol. 947/2014 | p. 267 - 279 | Set / 2014, p. 4.

à luz dos standards probatórios é útil para organizar os indícios ou provas para cada conduta, individualizando-as para cada indivíduo. Isso, por sua vez, permite que se faça um exercício de probabilidade ou de previsibilidade tentativa, especialmente valioso em casos com um volume razoável de evidências: de como as autoridades públicas ou os tribunais pátrios poderiam julgar a (i)legalidade da conduta em questão.

4.5. O que fazer na inexistência de provas conclusivas (meras suspeitas ou elementos circunstanciais)?

É possível que, ao final da Investigação corporativa, não haja evidências capazes de determinar, de maneira conclusiva, a ocorrência de uma conduta ilícita. Mesmo na ausência de provas concretas, pode ser relevante produzir um relatório de Investigação corporativa que registre a metodologia e os resultados alcançados, como forma de demonstrar que a empresa adotou todas as medidas ao seu alcance sobre os temas investigados. Se, no futuro, houver alguma acusação ou for tomada uma decisão de cooperação perante uma autoridade pública, esses relatórios poderão servir como uma defesa positiva a favor da empresa.

CONCLUSÃO

A revisão e análise de evidências da Investigação corporativa pode ser dividida em duas etapas. A primeira etapa é de ordem pragmática, e envolve a análise e organização da coleta segundo um critério de relevância. O volume de documentos quase sempre é numeroso, mas o trabalho do time pode ser otimizado pelo uso de ferramentas tecnológicas disponíveis nas plataformas de revisão.

A segunda etapa é de ordem analítica. As evidências consideradas relevantes devem ser analisadas sob uma perspectiva técnico-jurídica, segundo os elementos dos possíveis tipos legais e com base nos standards de prova aplicáveis a cada seara – cível, administrativa ou penal.

O produto dessa análise deverá estar refletido no relatório de Investigação corporativa de uma maneira técnica e imparcial, para que o cliente tenha subsídios adequados para estabelecer sua defesa ou embasar seus esforços de colaboração com autoridades públicas.

REFERÊNCIAS

BALTAZAR JUNIOR, José Paulo. *STANDARDS PROBATÓRIOS NO PROCESSO PENAL*. In Revista AJUFERGS, Porto Alegre, n. 4, nov. 2007.

BRASIL. Controladoria-Geral da União. *Manual de Responsabilização de Entes Privados da CGU*, março/2022.

LIMA, Mateus. *Standards de prova no direito brasileiro*. Dissertação (Mestrado em Direito) – Faculdade de Direito, Universidade de São Paulo. São Paulo, 2018.

LUCON, Paulo Henrique dos Santos. *A prova na Ação de Improbidade administrativa* (in) Prova no direito processual civil: Estudos em homenagem ao professor João Batista Lopes. São Paulo: Verbatim, 2013.

LUCON, Paulo Henrique dos Santos. *PROCEDIMENTO E SANÇÕES NA LEI ANTICORRUPÇÃO (LEI 12.846/2013)*. Revista dos Tribunais | vol. 947/2014 | p. 267 – 279 | Set / 2014.

PEIXOTO, Ravi Medeiros. *Standards probatórios no direito processual brasileiro*. Tese (Doutorado em Direito) – Faculdade de Direito, Universidade do Estado do Rio de Janeiro. Rio de Janeiro, 2020.

CAPÍTULO 6

Planejamento e condução de entrevistas

Marina Mantoan

Ex-Sócia da área de Forensics da EY Brasil. MBA em Governança Corporativa pela FIPECAFI. Bacharel em Engenharia Química pela Escola de Engenharia Mauá

Marlon Jabbur

Sócio líder da prática de Forensics na EY Brasil. Graduado em Ciência da Computação

1. ASPECTOS GERAIS

Uma das etapas cruciais no processo investigativo de *compliance* são as entrevistas. É nesse momento que, após intensa preparação e investigação por parte da equipe – seja ela auditores, *compliance*, investigadores ou outros, os entrevistadores podem convergir o conhecimento prévio do caso com as perspectivas e posicionamentos dos envolvidos, para um melhor entendimento do processo, obtenção de novas informações e comparando evidências, provas e depoimentos, entre outros.

Contudo, o ato da entrevista é, em primeira instância, uma dinâmica social que precisa estar amparada em técnicas para ocorrer de forma ética e legal. O entrevistador precisa ser consciente de seu papel e das barreiras sociais e psicológicas a que qualquer comunicação está sujeita, de modo a garantir o sucesso da coleta de informações. É dever do entrevistador eliminá-las ou, pelo menos, minimizá-las, a fim de abrir um canal claro de comunicação com o entrevistado e coletar as todas as evidências possíveis.

Hoje em dia, a maioria das empresas tem um *compliance* implementado, com programas de investigação cada vez mais maduros, o que reflete na condução das entrevistas, enquanto as ações de monitoramento e de prevenção conscientizam sobre a realização de investigações e de como elas são feitas. Esse movimento faz com que os infratores e os colaboradores mal-intencionados tomem mais cuidado ao praticar más condutas e, consequentemente, produzam cada vez menos provas. Assim, o maior aliado para coletar informações propositalmente (ou não) perdidas ou ignoradas e chegar a uma conclusão na investigação é, justamente, a entrevista.

Além disso, a entrevista acaba sendo a principal fonte de informações para as investigações de alegações comportamentais. Os casos, por exemplo, de assédio ou de discriminação, raramente acontecem por escrito; são geralmente feitos verbalmente, presencialmente, em ligações telefônicas ou reuniões remotas, deixando muito pouco rastro a ser coletado como evidência. Por isso, é muito importante que se saiba como conduzi-la, com as técnicas e conhecimentos corretos.

Dada a relevância, este capítulo objetiva preparar o leitor para as entrevistas no curso de uma investigação, utilizando as técnicas das "entrevistas investigativas" desde o planejamento, passando pela condução e a avaliação, observando melhores práticas e cuidados ao longo de todas as etapas.

2. O QUE É A ENTREVISTA INVESTIGATIVA?

Entrevistas investigativas, no âmbito corporativo, referem-se a um conjunto de técnicas e procedimentos utilizados para conduzir uma conversa estruturada entre pessoas (entrevistado e entrevistador), visando investigar possíveis irregularidades, incidentes, comportamentos inadequados ou suspeitos, numa empresa ou organização.

Seu propósito é coletar informações relevantes sobre uma situação específica, como fraudes, roubos, assédio, violações de políticas internas, entre outras questões sensíveis. A abordagem investigativa busca obter informações precisas e detalhadas, a fim de esclarecer o que aconteceu, identificar os responsáveis e tomar as medidas adequadas para resolver o problema e evitar que ele se repita.

Elas geralmente são conduzidas por profissionais de *compliance*, investigação ou departamentos específicos designados para esse propósito. Esses devem possuir habilidades específicas em entrevistas, que exploraremos neste capítulo.

É essencial que essas entrevistas sejam conduzidas de forma imparcial e confidencial, garantindo o respeito pelos direitos dos entrevistados. Além disso, a coleta de evidências deve seguir as normas legais e as políticas internas da empresa.

Em muitos casos, as entrevistas investigativas são parte integrante de um processo mais amplo de apuração, que pode envolver análise documental, financeira e contábil, coleta de equipamentos, revisão de documentos eletrônicos, entre outras atividades de investigação. O objetivo é chegar a uma conclusão fundamentada, para permitir que a empresa tome as medidas adequadas para solucionar o problema e manter um ambiente de trabalho ético e seguro.

Cada investigação tem um ritmo próprio, e essa característica deve ser respeitada. Não há uma regra específica sobre quando ela deve ser iniciada. Entretanto, independente da modalidade, o entrevistador deve colocar-se à disposição para acolher todos os questionamentos e inseguranças (e estar atento à todas as manifestações de hostilidade) por parte do entrevistado. Portanto, qualquer ato falho por parte do entrevistador poderá comprometer a investigação. Assim, torna-se imprescindível que o entrevistador exercite as suas habilidades.

3. HABILIDADES DO ENTREVISTADOR

Para o sucesso da entrevista é necessária uma exaustiva preparação, que inclui conhecer as evidências documentais já identificadas pela investigação, os entrevistados e os envolvidos, os objetivos, os processos envolvidos, entre outros fatores, mas, principalmente, conhecer a si como ciência dos seus vieses, maneirismos, postura, vícios de linguagem, entre outros comportamentos.

É obrigação do entrevistador deixar o entrevistado à vontade durante o encontro, ser claro e objetivo em suas perguntas, além de promover o acolhimento e a escuta ativa. Somente assim o entrevistado poderá se sentir confiante e voluntariamente responder de forma assertiva às perguntas.

As habilidades essenciais de entrevistador são:

- Comunicação eficaz: o entrevistador deve ter habilidades de comunicação excelentes, tanto verbalmente quanto por escrito. Deve ser capaz de fazer perguntas claras e objetivas, e também de entender e interpretar as respostas dos entrevistados. Discorreremos sobre a formulação de perguntas mais adiante.
- Escuta ativa: a capacidade de ouvir atentamente é fundamental, uma vez que implica em estar focado no que o entrevistado diz, entender o significado das palavras, frases, gestos e fazer perguntas de acompanhamento adequadas.
- Empatia: embora um entrevistador busque a verdade e fatos objetivos, também é importante possuir empatia. Isso permite que o entrevistador crie um ambiente de confiança e compreensão, o que pode resultar em uma cooperação maior por parte do entrevistado.
- Pensamento crítico: a capacidade de analisar informações, identificar inconsistências e detectar possíveis áreas de interesse é crucial para um entrevistador. O

pensamento crítico ajuda a formular perguntas mais relevantes e a abordar as informações coletadas com uma perspectiva imparcial.

- Conhecimento do assunto: o entrevistador deve ter conhecimento sobre o assunto em questão para fazer perguntas pertinentes e seguir pistas relevantes.
- Controle emocional: algumas entrevistas podem ser emocionalmente desafiadoras, especialmente quando o assunto é sensível ou doloroso. Um bom entrevistador deve saber controlar suas próprias emoções e não deixar que elas afetem a condução da entrevista.
- Neutralidade e imparcialidade: a imparcialidade é crucial para garantir que o entrevistador não influencie as respostas ou a narrativa do entrevistado. O entrevistador deve evitar fazer suposições e permitir que os fatos surjam durante a entrevista.
- Silêncio e pausas: ficar em silêncio após fazer uma pergunta ou criar pausas para dar à outra parte tempo para pensar e responder, é uma habilidade que o entrevistador deve ter total domínio, uma vez que pode tornar a outra parte mais propensa a fazer concessões.

Essas são algumas das habilidades essenciais de um entrevistador. A prática e o aprimoramento contínuo são importantes para desenvolver e aperfeiçoar essas habilidades. Assim, indicamos fortemente o treino exaustivo de entrevistas, seja por meio de um espelho ou gravando a si para avaliar as reações, solicitar feedbacks aos colegas quanto a esses pontos e corrigi-los antes da execução da mesma.

Há alguns pontos essenciais que todo entrevistador deve observar. São eles:

- Não fazer perguntas acusatórias, ("você fraudou esse boleto");
- Não mentir ou prometer algo que não pode cumprir;
- Evitar perguntas que já tragam a resposta;
- Não reproduzir termos usados contra a vítima (como por ex. "seu chefe se dirigiu a você te chamando de burro e incapaz na frente dos demais funcionários?", substituir por: "poderia descrever situações em que seu chefe teria se alterado com você na frente dos demais funcionários?");
- Não julgar;
- Não entrevistar mais de uma pessoa de uma vez;
- Não dar conselhos ou advertências morais.

O sucesso de uma entrevista ocorre quando o entrevistador, usando de imparcialidade e adotando um tom de informalidade, consegue obter o maior número de informações pertinentes ao caso, conseguindo que o entrevistado se sinta confortável em dividir as informações e entendendo que não está sendo usado como alvo, mas sim colaborando para a elucidação dos fatos.

4. FORMATO DAS ENTREVISTAS

Com o surgimento da pandemia de Covid-19, as entrevistas virtuais tornaram-se recorrentes, justificadas pela necessidade e obrigatoriedade do afastamento social. Embora sejam mais práticas, os resultados usualmente não são muito eficazes, quando comparadas às presenciais. Uma desvantagem é dificuldade em avaliar as alterações comportamentais do entrevistado, como também garantir a confidencialidade ou manipulação por terceiros.

Assim, a recomendação é sempre dar preferência para as entrevistas presenciais, deixando as não presenciais como último recurso. Eis os motivos:

- Entrevistas presenciais. Essa prática permite um contato direto com o entrevistado, facilitando a dinâmica e reduzindo os ruídos de comunicação. Deve-se considerar, inclusive, que somente nessa situação o entrevistador poderá ter algum controle do local da entrevista, impossibilitando a participação de terceiros e evitando gravações não autorizadas. A análise corporal, outro fator importante que será discutido mais adiante nesse capítulo, é mais bem percebido e avaliado nos encontros presenciais. Abordaremos sobre a preparação do local da entrevista e suas nuances em tópico específico mais abaixo.
- Entrevistas não presenciais. As entrevistas não presenciais englobam o uso de telefones, salas virtuais, videoconferências, entre outros. Diferente das presenciais, o entrevistador possui pouco ou nenhum controle do local, do preparo do ambiente (*set*). Recomendamos que essas entrevistas ocorram somente em última instância. Antes de iniciar a conversa, o entrevistador precisa garantir estratégias caso haja falhas de transmissão, de equipamentos ou dispositivos, para a contornar os possíveis problemas que venham a ocorrer. Vale lembrar que, ao optar por entrevista não presencial, há maiores chances de gravação e vazamentos do conteúdo, capturas de tela, participação de terceiros, além de dificuldades na apresentação e avaliação de documentos que possam surgir.

Quando a entrevistar for virtual, recomenda-se que a equipe de investigação ou o entrevistador envie orientações ao entrevistado, antes do dia entrevista ou ao iniciá-la, quanto ao local onde ele atenderá à entrevista, pedindo ou confirmando que seja um local que ele possa ter privacidade e que não será interrompido e preferencialmente sem barulhos. Também é importante informar tempo estimado da entrevista para que ele se prepare evitando e-mails, comunicadores internos como *Teams, Skype,* e telefone celular ao longo da entrevista, entre outros. Desta forma, aumentará o conforto do entrevistado e o sigilo das informações que serão ali trocadas.

5. TIPOS DE ENTREVISTAS

Existem três tipos de entrevistas que podem ser usadas, conforme a etapa da investigação.

- Exploratória. Também chamada de entrevista de entendimento, geralmente é realizada no início de uma investigação para que se possa entender a natureza do negócio, a estrutura da área, a relação entre as pessoas envolvidas entre outros aspectos procedimentais relacionados à denúncia.
- Investigativa. Este tipo de entrevista permite obter informações fidedignas sobre um episódio ou fenômeno específico, por meio de roteiro previamente determinado.
- Confronto. As entrevistas de confronto são realizadas sempre que surge a necessidade de esclarecer pontos relevantes da alegação ou dos documentos

identificados pelo time de investigação. Esse formato pede uma condução mais dura, de forma testar a veracidade de versão do entrevistado diante dos dados e fatos conhecidos pelo entrevistador.

Cabe destacar que as entrevistas de confronto servem para acarear informações, e não o entrevistado em si. Neste momento, surge também a oportunidade do entrevistado, geralmente o alvo da investigação, de dar a sua versão dos fatos e até se defender, ao esclarecer alguma situação e inclusive colaborar com a investigação. Todavia, o entrevistador deve se ater aos fatos e evitar de toda forma, julgamentos. Pode-se fazer uso de perguntas como: "você alterou a informação deste documento", mas recomendamos que evite: "você é um fraudador".

6. TÉCNICAS DE ENTREVISTA

O entrevistador pode se beneficiar de uma série de técnicas para a condução da entrevista, como teorias, estratégias e métodos, principalmente para entrevistas investigativas.

Para escolhermos um método, na fase de preparação, temos que considerar alguns fatores, como cargo e nível de senioridade do entrevistado, suas características individuais e seu perfil. Desta forma, o objetivo não é um roteiro e uma técnica muito específica por vez, mas sim, entender quais são os principais e mais eficientes métodos e usá-los juntos, ou em partes, aplicando elementos de teorias diferentes a cada caso concreto para aumentar a efetividade da entrevista. É importante destacar que aqui trataremos de algumas técnicas de entrevista já conhecidas pela eficácia, mas escolher aplicá-las ou não vai depender muito do caso e da metodologia que se pretende adotar.

Apresentamos a seguir nove técnicas que podem ser utilizadas durante o processo investigativo:

- Natural. Consiste em um relato contínuo e ordenado de um fato ou incidente ocorrido. Emprega-se essa técnica para conseguir um resumo do que um indivíduo sabe sobre determinado assunto, utilizando perguntas abertas, que servem quase como um suave comando ao entrevistado.
- Objetiva. O entrevistador formula perguntas que vão direto ao ponto. É um interrogatório sistemático, destinado a obter um relato sobre um fato ou incidente. As perguntas são mais fechadas, que requerem respostas específicas, como "sim" ou "não", ou dados, como nomes, datas, valores, informações técnicas e outros.
- Indução ou convencimento. Técnica de entrevista no qual se presume a culpa e se assume uma mentira por parte do entrevistado sobre o ato ilícito. Busca pela confissão e é uma técnica coercitiva, cujo uso no ambiente corporativo não é indicado, uma vez que pode trazer riscos jurídicos para a empresa. Ainda assim, no contexto do entendimento de metodologias de entrevistas e investigação, é interessante trazê-la ao conhecimento do leitor. Essa técnica foi desenvolvida nos anos 60, conhecida também como "técnica Reid". Cabe ao entrevistador avaliar os riscos, impactos e benefícios do uso dessa técnica e o seu alinhamento ao código de ética ou conduta da empresa.

- Contradição. É uma técnica exploratória, destinada a analisar a fidedignidade ou falsidade das afirmações anteriores. Consiste em fazer com que o entrevistado conte várias vezes o mesmo fato, ou uma mesma parte do relato através de perguntas de diferentes formas. Essa técnica funciona para identificar uma mentira por contradição, também é eficiente para, de maneira geral, testar a exatidão do relato, elucidar informações contraditórias, preencher detalhes incompletos, entre outros.
- Comoção. Consiste em utilizar aspectos emocionais ou de princípios individuais para incentivar um comportamento colaborativo ou confissão.
- Inversão de culpa. Essa estratégia provoca uma minimização do ocorrido, por vezes, incluindo a culpabilização de terceiros, colocando o entrevistado numa posição de indulgência frente ao ilícito ou à má conduta, e tende a provocar um comportamento colaborativo e muitas vezes, confessional. A inversão da culpa só pode ser usada de forma extremamente estratégica, com alguns tipos de entrevistados mais problemáticos. Depois, seu uso vai depender da avaliação da ética e da aceitação do uso por parte da empresa.
- Psicológica. É uma entrevista que avalia a conexão entre processos e resultados, servindo basicamente para fins de avaliação (personalidade, diagnóstico psicopatológico, testemunhos), aplicada por profissionais de psicologia.
- Cinestésica. É usada para obter mais informações de um entrevistado que não está disposto a colaborar.

É baseada na linguagem não verbal da pessoa fora do momento de tensão, de estresse ou de ansiedade. Aqui, a técnica pretende identificar sinais de desconforto que a pessoa pode exibir e que podem indicar que ela está tentando enganar ou esconder alguma informação. Note-se que sinais não verbais jamais devem ser considerados de forma isolada, e uma única manifestação desses sinais não necessariamente prova uma fraude ou mentira. O entrevistador deve considerar todos os comportamentos em conjunto quando fizer a sua avaliação.

- Cognitiva. O método foi criado principalmente para o questionamento de vítimas e de testemunhas oculares de um evento. Segundo essa metodologia, as testemunhas oculares estão tão "ocupadas" vendo e vivendo o evento que muitas vezes não tem tempo entender ou memorizar detalhes do ocorrido.

7. TIPOS DE COMUNICAÇÃO

O estudo de Mehrabian, publicado em 1967 em um artigo chamado "Decodificação de Comunicações Inconsistentes na Comunicação", analisou a comunicação de sentimentos e atitudes específicas em situações em que as palavras ditas não correspondiam à linguagem corporal e expressões faciais. Os resultados do estudo mostraram que, em algumas situações específicas de comunicação emocional ambígua, apenas 7% da comunicação era transmitida pelas palavras, 38% pela entonação vocal e 55% pela linguagem corporal e expressões faciais.

É importante notar que as porcentagens de contribuição de cada forma de comunicação podem variar de acordo com o contexto cultural e a situação específica.

Vale lembrar que é esperado do entrevistador um tom de voz neutro, baixo, sem alterações significativas, mesmo que em situações estressantes. Estamos sempre nos comunicando, seja de forma verbal ou não verbal, seja por meio de gestos, expressões corporais ou faciais, reações, alteração no tom de voz, ou até mesmo na vestimenta, sempre passamos alguma mensagem. Por isso, é vital conhecer e identificar esses sinais, seja no entrevistado, e também em nós mesmos, para evitar ruídos na comunicação.

Abaixo, abordaremos quatro tipos de comunicação, pertinentes ao tema: verbal, não verbal, comunicação não violenta e persuasiva.

7.1. Comunicação verbal

É toda comunicação que se utiliza de palavras escritas e/ou pronunciadas para transmitir informação, seja formal ou informal. É salutar a atenção do entrevistador às formas gramaticais utilizadas pelo entrevistado, tempos verbais, tipo de linguagem empregada ao longo de toda a entrevista e as possíveis variações que podem indicar envolvimento de terceiros, situações não abordadas pela equipe de investigação, entre outros.

7.2. Comunicação não verbal

É toda forma de interação que não se utiliza de meios verbais para transmitir informação e que pode ser realizada por meio de gestos, vocalizações, ocupação do território e por características estéticas. Seu uso complementa o que está sendo dito verbalmente, dando maior ênfase nos argumentos da mensagem ao substituir uma expressão ou frase, ou contradizer o que está sendo dito. Existem vários tipos de comunicação não verbal, incluindo:

- Expressões faciais: as expressões faciais são importantes para comunicar emoções e atitudes.
- Linguagem corporal: o corpo humano pode transmitir uma variedade de mensagens por meio de posturas, gestos, movimentos e posicionamento, podendo, inclusive, indicar nosso estado emocional, interesse, confiança ou a falta dela.
- Contato visual: o contato visual pode demonstrar confiança, interesse, sinceridade ou desafio, dependendo da situação e da cultura.
- Tom de voz e entonação: o tom, o ritmo, o volume e a entonação da voz podem transmitir emoções e intenções adicionais para além das palavras.
- Proximidade física: a distância entre as pessoas enquanto interagem pode transmitir significados diferentes.
- Toque: o contato físico pode comunicar várias emoções e mensagens, como conforto, afeto, agressão ou apoio, dependendo do contexto cultural e social.

É essencial considerar as expressões não verbais dos entrevistados, principalmente na etapa de *Rapport* – que exploraremos mais adiante – para identificar eventuais mudanças ao longo da entrevista. Também é extremamente importante o entrevistador conhecer suas expressões e mantê-las em controle.

Para a identificação de emoções e expressões faciais, tem-se a técnica de análise de microexpressões, desenvolvida pelo cientista Paul Ekman, psicólogo pioneiro no assunto, com base no método FACS (*Facial Action Coding System*), técnica baseada na observação de microexpressões, que são breves expressões faciais involuntárias que revelam emoções genuínas e muitas vezes ocultas.

A ideia central é que, mesmo que as pessoas tentem controlar suas expressões faciais, as emoções verdadeiras escapam pelas microexpressões, que geralmente duram apenas uma fração de segundo. Ekman identificou sete emoções universais que podem ser detectadas procurando pelas microexpressões: felicidade, tristeza, raiva, medo, surpresa, nojo e desprezo.

A técnica envolve o treinar os observadores a reconhecer e identificar essas microexpressões em vídeos ou imagens, permitindo que eles entendam melhor as emoções reais das pessoas, mesmo quando elas tentam escondê-las.

7.3. Comunicação não violenta

Na condução de entrevistas investigativas, a comunicação não violenta, ou CNV, pode ser uma ferramenta valiosa para estabelecer uma conexão genuína com os entrevistados, incentivar a abertura e facilitar o compartilhamento de informações importantes. Aqui estão algumas maneiras de empregar a CNV durante esse processo:

- Empatia genuína: demonstre verdadeiro interesse e empatia pelas experiências e sentimentos dos entrevistados.
- Escuta ativa: esteja presente durante a entrevista, ouvindo atentamente as respostas dos entrevistados.

- Evite julgamentos: a CNV nos ensina a evitar julgamentos e críticas durante a comunicação. Para que os entrevistados se sintam à vontade para compartilhar informações sem medo de serem criticados ou julgados.
- Linguagem não acusatória: use uma linguagem cuidadosa e não acusatória ao fazer perguntas.
- Foco nas necessidades: procure compreender as necessidades e motivações dos entrevistados por trás de suas ações.
- Resolução pacífica de conflitos: caso surjam conflitos durante a entrevista, tente abordá-los com empatia e buscando soluções colaborativas.
- Agradecimento e reconhecimento: sempre que apropriado, reconheça e agradeça aos entrevistados por compartilharem suas perspectivas e informações. Isso fortalece a relação entre o entrevistador e o entrevistado.

7.4. Persuasão

É uma técnica que usa habilidades de influenciar, aproveitando-se dos padrões de conduta para guiar o comportamento de uma pessoa. Deve ser aplicada com responsabilidade e nunca ser utilizada para manipulação ou coação. Cabe ao entrevistador avaliar cuidadosamente o emprego de cada uma delas.

Todavia, ao ter conhecimento dessas técnicas, o entrevistador poderá criar hipóteses de acordo com a reação esperada, como também avaliar se o entrevistado está usando algumas destas técnicas, a saber:

- Reciprocidade: baseia-se na ideia de que, ao receber algo de valor nos sentimos obrigados a retribuir o favor.

- Escassez: a escassez de um produto ou serviço pode aumentar seu valor percebido.
- Autoridade: as pessoas tendem a seguir a orientação de figuras de autoridade.
- Consistência: as pessoas tendem a agir conforme seus compromissos e crenças anteriores.
- Prova social: as pessoas têm a tendência de seguir o comportamento dos outros, especialmente em situações de incerteza.
- Ancoragem: ao fornecer uma referência inicial (como um valor alto), as percepções subsequentes são influenciadas por essa âncora.
- Contraste: ao apresentar opções que ressaltam diferenças marcantes, um item ou oferta pode parecer mais atraente em comparação com alternativas menos favoráveis.

8. TIPOS DE ENTREVISTADOS

Muitas vezes o entrevistador pode não conhecer ou obter informações adequadas sobre a personalidade do entrevistado. Assim, recomendamos obter o máximo de informações possíveis, seja por mídias sociais, por outras fontes públicas de informações e também oriundas de fontes da empresa do entrevistado. Sugerimos que o entrevistador use o "rapport" para avaliar a personalidade do entrevistado. Quanto à personalidade, do entrevistado, podemos dividir em:

- Extrovertidos. São pessoas falantes, sociáveis, que expressam seus sentimentos com facilidade, contudo, tendem a mentir mais facilmente. Nesse grupo encontramos com frequência dois tipos:

Mitômanos. Pessoas que mentem sem motivo, tendem a ser inteligentes e com bom poder de convencimento. O entrevistador, em geral, o detecta porque suas narrativas tendem a ser exageradas, perfeccionistas e muitas vezes, contraditórias.

Sabe-tudo. Pessoas que se sentem importantes em contar informações que sabem. As entrevistas são produtivas, da perspectiva do volume de informações levantadas, mas necessitam de confrontação com outras coletas de dados.

- Introvertidos. São pessoas que têm grande dificuldade de expressão e tendem a mostrar-se vitimizadas, precisando de certa provocação para demonstrar seus sentimentos. Nesse grupo encontramos com frequência dois tipos:

Medrosos. Pessoas que sentem temor por algo ou alguém e por essa razão ocultam informações. Temem prejudicar a si ou a outros.

Tímidos e nervosos. Pessoas que sentem vergonha de falar diante de terceiros desconhecidos. Requerem especial atenção para início dos trabalhos, devendo o mesmo começar com temas que fujam da ideia central da entrevista, para estabelecimento de vínculo.

- Sentimental. Essas pessoas primam pelo sentimento em detrimento da razão e em suas relações se sobressaem ao vínculo afetivo.
- Passivo-agressiva. Apresentam uma dificuldade em satisfazer relações interpessoais e/ou cumprimento de tarefas, caracterizado por atitudes negativas indiretas e oposição velada.

- Fleumático. Pessoas racionais por excelência, que intelectualizam toda classe de comportamento. Necessitam de abordagens objetivas, precisas e que o entrevistador possua domínio do assunto tratado.

9. INIBIDORES

O entrevistador deve considerar, em sua preparação, os fatores de inibição do entrevistado; qualquer barreira sociopsicológica que impeça o fluxo relevante de informação, tornando-o incapaz de provê-las, os quais o entrevistador deve estar atento.

Para tanto, listamos os fatores de inibição mais comuns, lista não exaustiva:

- Competindo com o tempo: o entrevistado evita a conversa por estar pensando em outras atividades. Quando surge a competição pela atenção do entrevistado, o entrevistador precisa convencê-lo de que está usando seu tempo para algo benéfico.
- Medo de julgamento: preocupação em ser avaliado negativamente pelo entrevistador pode levar o entrevistado a se sentir coagido a responder de uma forma mais cautelosa.
- Experiências passadas negativas: traumas ou experiências ruins em entrevistas anteriores podem criar um receio, ou resistência em participar de novas entrevistas. A sensação desagradável normalmente surge quando o entrevistado está falando de algo experienciado.

- Temor de repercussões: em algumas situações, o entrevistado pode recear consequências negativas em função das respostas dadas.
- Tópicos sensíveis: quando a entrevista envolve tópicos pessoais ou sensíveis, o entrevistado pode preferir se resguardar para proteger sua privacidade ou evitar discussões desconfortáveis. Ainda, pode haver barreiras quando o entrevistado tem que responder alguma questão que possa ser considerada como inapropriada.

10. ETAPAS DA ENTREVISTA

A metodologia PEACE foi desenvolvida pelo Centro de Polícia e Pesquisa Criminal (*Centre for Investigative Psychology*) da Universidade de Liverpool, no Reino Unido. Os pesquisadores e especialistas envolvidos no projeto, trabalharam no desenvolvimento dessa técnica estruturada para a condução de entrevistas investigativas. O objetivo é melhorar a qualidade das informações obtidas, minimizando a influência do entrevistador e promovendo relatos precisos e confiáveis. A sigla PEACE é um acrônimo que corresponde a cinco etapas essenciais no processo de entrevista, as quais discorremos nos subtópicos a seguir.

10.1. Preparação (*Planning and Preparation*)

Antes da entrevista, o entrevistador deve revisar todas as informações disponíveis sobre o caso, definir os objetivos da entrevista, identificar as questões-chave que precisam ser abordadas e estabelecer um plano estratégico como discorremos a seguir.

10.1.1. Entrevistas não agendadas

A entrevista pode ocorrer em qualquer momento da investigação. Devemos aproveitar esse momento para colher o máximo de informações possível. Pode ocorrer um cenário em que o denunciante entrará na sua sala sem um agendamento prévio para expor os fatos. Nesse caso, não haverá tempo hábil para preparação. São casos em que o entrevistador atua mais como ouvinte, e usa as informações recebidas em sua investigação para em seguida, após a análise da evidência, agende uma segunda entrevista com esse indivíduo. Assim, como ao longo da sua preparação para entrevistas agendadas, recomendamos seguir a teoria 5W2H.

O termo 5W2H é um acrônimo em inglês que representa sete perguntas essenciais a serem respondidas para elaborar um roteiro de entrevistas ou percorrê-las de forma clara e detalhada:

- *What*? (O quê?) – Usada para que o denunciante ou testemunha descreva o fato.
- *Why*? (Por quê?) – Identificar a razão ou o motivo.
- *Who*? (Quem?) – Definir as pessoas responsáveis, envolvidas no fato.
- *Where*? (Onde?) – Determinar o local onde o fato ocorreu
- *When*? (Quando?) – Especificar o prazo ou o período em que ocorreram os fatos.
- *How*? (Como?) – Indicar os métodos, processos ou recursos envolvidos no fato.
- *How much*? (Quanto custa?) – Estabelecer o custo financeiro ou os recursos financeiros necessários para a realização da tarefa.

É certo, também, que no momento inicial, podemos não obter respostas para todos os "5w2h", mas tendo-os como base, podemos guiar nossa conversa e obter elementos de como e onde, e no processo de investigação posterior, poderemos sanar as dúvidas e obter os demais dados e informações.

10.1.2. Preparação para entrevistas agendadas

Para as entrevistas agendadas, como explicamos, é necessário que o entrevistador se prepare antecipadamente, que tenha definido as estratégias, metodologias, assim como é esperado que se analise eventuais conflitos que possam ter com o assunto e com os envolvidos. Caso os identifique, deve declarar-se conflitado e outro entrevistador deverá ser apontado.

Recomendamos que a entrevista conte somente com dois participantes ativos, o entrevistado e o entrevistador, e a presença de outro membro para anotar o conteúdo falado, o tomador de notas, para proceder com o registro das informações em ata de entrevista. Todavia é importante destacar que o tomador de notas esteja atento ao longo de toda entrevista, consiga identificar alterações do entrevistado, faça perguntas necessárias, eventualmente as esquecidas pelo entrevistador ou mesmo para confirmar as suas anotações.

O entrevistador deve manter contato visual com o entrevistado tanto quanto possível enquanto o tomador de notas executa seu papel. O contato ajuda a comunicação e cria um ambiente mais confortável, facilitando o fluxo de informações. No caso de gravações, é importante que o entrevistador inicie a gravação pedindo o consentimento do entrevistado para tal.

Estude os pontos relevantes dos documentos previamente disponibilizados pela companhia para que, eventualmente, haja argumentos para confrontar a versão dos fatos. Ainda é importante conhecer a cultura da empresa para a definição ou não do *cover story* (história de cobertura). Também, nesse momento de preparação, o entrevistador deve estar preparado para eventuais recusas do entrevistado em participar da entrevista, a responder determinadas perguntas, assinar formulários e termo/declarações de não retaliação, confidencialidade, entre outros, como também para o direito de se manter em silêncio, reações emotivas, agressivas, solicitações de autorização para gravação, presença de terceiros, falhas de equipamentos etc. O entrevistador precisa considerar protocolos de apresentação, de abertura de informação quanto a alegação e papeis, protocolos de intervenção para eventuais problemas de saúde ou cuidados. Ainda, caso seja uma entrevista que culminará em consequências, deve-se exaurir todas as possibilidades, como eventuais segundas chances, mudanças na consequência de acordo com a postura do entrevistado, entre outros.

10.1.3. Análise Reputacional

Outro ponto muito relevante é fazer o *Background Check* (também conhecido como "Avaliação Reputacional", *Due Diligence*, entre outros) do entrevistado, que consiste em levantar dados públicos, como as redes sociais; dados corporativos internos e, se houver, informações relevantes coletadas em outras entrevistas. As informações mais gerais sobre o caso também podem vir de grandes mídias, como jornais e revistas. Nessa avaliação, o entrevistador poderá obter o histórico de idade, atitudes sociais, hábitos, perfil do entrevistado, assim como entender um eventual relacionamento com demais envolvidos, entre outros.

10.1.4. Ordem das entrevistas

Em algumas investigações, será necessário a condução de uma série de entrevistas. Com base nos perfis dos entrevistados e demais elementos da investigação, os entrevistadores poderão traçar o perfil de cada um dos escolhidos, com especial atenção ao currículo profissional e acadêmico, e assim definir a ordem das entrevistas. Usualmente, convoca-se do menor cargo e menor envolvimento na alegação para o maior. Ainda, o entrevistador deve decidir se serão entrevistas simultâneas ou sequenciais, levando em consideração a manutenção da confidencialidade e sigilo que eventualmente não serão praticados pelos entrevistados.

Normalmente, a comunicação sobre a entrevista é realizada com alguma antecedência. Recomendamos que a equipe de investigação avalie monitorar as comunicações dos entrevistados, pois eles poderão tentar se comunicar com outros entrevistados ou colaboradores, e esse comportamento pode ser relevante para a investigação.

10.1.5. Prepare o local

É importante preparar o local e o ambiente da entrevista, de forma que o entrevistado se sinta confortável e contribua com as informações desejadas. O local deve ser reservado exclusivamente para tal propósito, garantindo privacidade e discrição. Sempre que possível, optar por um espaço dentro da empresa. O entrevistador deve escolher ambientes limpos, amplos, arejados, com temperatura amena, água e café à disposição, e banheiro próximos. Deve-se evitar objetos entre o entrevistador e entrevistado. O entrevistador principal deve estar sempre na frente. Os demais podem estar dispersos na sala, usando a mesa de apoio. É imprescindível que o entrevistado saiba que pode se retirar a sala a qualquer momento. Recomendamos deixar os telefones celulares de todos os envolvidos desligados, evitando assim qualquer possibilidade de gravação ou interrupções desnecessárias.

10.1.6. Elabore um roteiro

O roteiro é o direcionamento, o fio condutor que garante ao entrevistador manter-se no cerne do objetivo, evitando desvios e perda de tempo. Consiste em descrever os pontos relevantes da investigação e registrar todas as perguntas que não podem ser esquecidas.

Para facilitar seu uso, sugerimos que seja estruturado também *bullet points*, para se adaptar à dinâmica da entrevista. Lembre-se que o roteiro deve ser maleável e nunca definir a entrevista, mas sim servir de apoio.

Ao preparar o roteiro, o entrevistador deve utilizar método funil para elaborar as perguntas, que consiste e em começar com perguntas abertas, depois seguir para as perguntas detalhadas, seguida das perguntas fechadas e por fim, concluir com as de encerramento.

10.1.7. Tipos de perguntas

Há dois conjuntos de perguntas que podem ser utilizados na condução de uma entrevista e que precisam estar muito bem definidas quanto ao propósito de uso e objetivos a serem alcançados com cada uma delas. São as perguntas sem restrição de uso e as com determinada restrição.

Perguntas sem restrições de uso:

- Abertas. Não se limitam a respostas como "sim" ou "não". Aplica-se o método T.E.D: *Tell me* (Conte me); *Explain to me* (Explique para mim); *Describe for me* (Descreva para mim). Essas perguntas oferecem uma maior oportunidade para o entrevistado falar sem restrições. Por outro lado, o entrevistador deve estar atento para evitar que o entrevistado fuja do assunto.
- Fechadas. Requerem respostas precisas, como "sim" ou "não". Aplicam-se também para coleta de informações específicas, como datas, horários, locais, entre outros. Servem para identificar situações de dissimulação e dá oportunidade para o investigador mostrar ao entrevistado que conhece a situação.
- Sensíveis. São feitas ao final da entrevista, e não devem ser abordadas de maneira acusatória. Ao formular essas perguntas, evite palavras que possam colocar o entrevistado em posição defensiva.
- Confirmação. É utilizada para confirmar uma informação. Perguntas de confirmação não são retestes (repetição do questionamento, em um momento distinto, observando se há mudança na resposta fornecida).
- Perguntas de reteste. Usualmente utilizada nos casos em há razões para acreditar que a pessoa está mentindo – isso pode ocorrer quando, depois de avaliar a linha de base da pessoa na entrevista, notar que, por exemplo, sempre que chegamos em determinado tópico, ela emite diversos sinais e expressão diferentes de sua linha de base.

10.1.8. Perguntas com determinada restrição

- Induzidas. Consistem em perguntas formuladas para obter uma resposta específica, ou seja, já contém uma resposta sugerida. Muita cautela ao usar esse formato de perguntas, porque poderá direcionar a resposta do entrevistado.
- Resposta controlada. São formas de pergunta induzida, mas que estimulam determinada resposta ou impressão no entrevistado de forma a auxiliar sua pergunta. Essa técnica de questionamento pode ser usada para direcionar a resposta para um ponto específico.
- Dupla negativa. Refere-se à colocação de dois termos negativos na mesma frase, e deve ser evitado, uma vez que pode causar confusão. Perguntas de única negativa também devem ser evitadas.
- Complexas. São aquelas que trazem diversos questionamentos de uma só vez e, normalmente, abrange mais de um tópico, podendo dificultar a compreensão pelo entrevistado.

10.2. Engajar e explicar (*Engage and Explain*)

O objetivo é explicar o propósito da entrevista, esclarecer o papel do entrevistador, do entrevistado e do tomador de nota, garantindo que o entrevistado entenda seus direitos e a importância da veracidade nas declarações. Antes de conduzir qualquer entrevista, avise o entrevistado sobre quem o entrevistador representa e como será a entrevista ou o *cover story* acordado.

Quando necessário e cabível, esclareça o *Upjohn Warning*, que consiste em comunicar ao entrevistado que os advogados que conduzem entrevistas e colhem suas informações são advogados apenas da empresa e não dele.

Também vale comunicar que a empresa tem o controle sobre o sigilo, podendo divulgar as comunicações a outros (por exemplo, autoridades governamentais). É nesse momento, também, que se apresentam termos de confidencialidade, sigilo, compromisso com a não retaliação ou quaisquer outros relevantes para o bom andamento da investigação.

Recomendamos que o entrevistador peça permissão para gravação, quando for prática ou estratégia da investigação, assim como, avalie informar sobre a duração prevista da entrevista. Quando entrevistas virtuais, verbalize e demonstre que está sozinho, em ambiente seguro, como também confirme que o entrevistado está em um ambiente que garantirá sua privacidade e sigilo das informações por ele fornecidas.

10.2.1. *Rapport*

Após o levantamento prévio das informações, e logo após as apresentações explicadas acima, o entrevistador deve estabelecer o *rapport*, de modo a criar condições favoráveis para uma conexão com o entrevistado.

Para criar o *rapport*, é preciso:

- que o documento contenha o máximo de informações prévias sobre o caso e os custodiantes – *Background Check;*
- ter uma estratégia definida;
- conter instruções sobre como preparar o ambiente;
- estabelecer a interlocução (apresentação social, adequação de linguagem gestual, maneirismos);
- planejar o que espera provocar no entrevistado.

Perguntas introdutórias devem ser elaboradas para estabelecer o *rapport*. Os entrevistadores normalmente o estabelecem engajando o entrevistado em uma conversa casual; todavia, não pode ser feito em demasia, já que a maioria das pessoas está ciente de que o entrevistador está lá por algum motivo importante. Durante o *rapport*, o entrevistador deve, por intermédio das respostas do entrevistado, identificar a linha de base deste, através da análise do padrão de linguagem verbal, não verbal e paralinguística em perguntas em que o entrevistado responderá com a verdade.

Isso é importante para que, no transcorrer da entrevista, se possa notar diferenças na sua linha de base. Nesses casos, o entrevistador deve avaliar e voltar ao tema novamente em outro momento da entrevista.

10.3. Contar a história (*Account, Clarify, and Challenge*)

Aqui, o entrevistador permite que o entrevistado relate a história em sua própria perspectiva, sem interrupções. O entrevistador pode pedir ao entrevistado para fornecer detalhes adicionais e esclarecer pontos obscuros. Além disso, o entrevistador pode fazer perguntas desafiadoras para verificar a consistência do relato e avaliar sua credibilidade.

Durante a condução da entrevista, o entrevistador precisa avaliar todas as respostas recebidas, distinguindo fatos de opiniões. No caso de declarações inconsistentes, analise o comportamento e solicite ao entrevistado que elabore sobre o que disse. Se possível, peça para incluir exemplos ou situações.

Sempre pode haver a possibilidade de resistência pelo entrevistado em aceitar a entrevista ou durante a mesma; o entrevistador deve utilizar de formas de lidar com essas pessoas, como:

Utilizar-se da surpresa. Esta é a uma tática usada para desarmar uma pessoa hostil. Pode-se, por exemplo, ouvir e reconhecer os pontos e concordar sempre que possível.

Mude a técnica utilizada. Ao tentar negociar com pessoas difíceis, a técnica usual do entrevistador é fazer uma afirmação e fazer com que o entrevistado concorde com ela, mas há uma opção melhor, que é concordar com que o entrevistado diz e partir deste. É melhor quebrar a afirmação em pequenos pedaços, tornando-a difícil de discordar.

Outro método que o entrevistador pode usar para lidar com pessoas difíceis é elaborar as perguntas de forma que seja difícil ao entrevistado queele responda "não". Um jeito de fazer isso é fazer perguntas baseadas em "E se...".

10.4. Conclusão (*Closure*)

Nesta fase, o entrevistador resume a entrevista, reafirma os principais pontos discutidos e dá ao entrevistado a oportunidade de adicionar informações relevantes que possam ter sido omitidas anteriormente. É essencial garantir que o entrevistado tenha a oportunidade de esclarecer qualquer mal-entendido ou confusão sobre o que foi discutido.

Para obter informações adicionais, pergunte ao entrevistado se ele quer falar mais alguma coisa ou se ele conhece alguém que poderia ser entrevistado. Isso dá uma correta impressão de que o entrevistador está interessado em toda informação relevante.

10.5. Avaliação (*Evaluation*)

Por fim, o entrevistador avalia a qualidade e a credibilidade das informações obtidas durante a entrevista. Essa avaliação ajuda a determinar a relevância dos dados coletados para o caso em questão e pode direcionar futuras investigações.

O entrevistador deve valer-se da sensibilidade ao avaliar o conteúdo da entrevista. Faça perguntas do tipo: "A história faz sentido quando considerada isoladamente?". Avalie se o comportamento, a linguagem corporal e o tom da pessoa indicam verdade no que foi dito. Verifique a plausibilidade inerente e a verossimilhança do relato fornecido. Avalie se o que foi dito faz sentido diante de outras evidências.

É importante destacar que a metodologia PEACE enfatiza a abordagem não confrontacional e busca evitar a pressão excessiva sobre o entrevistado. Além disso, o foco está na obtenção de informações precisas e confiáveis, em vez de forçar uma confissão ou resposta específica.

10.6. Registrando os resultados

O entrevistado deve estar consciente de que toda a conversa será registrada, como comentamos na fase de preparação. A entrevista é um instrumento e precisa ser conduzida dentro dos termos da ética e da lei. Seu registro pode ser em ata de entrevista, que é um memorando no qual está transcrito as palavras do entrevistado e as do entrevistador, registrado pelo tomador de notas.

O tomador de notas deve evitar qualquer tipo de julgamento ou opinião na transcrição. Caso este não tenha capturado toda a conversa corretamente, sugere-se que ao final da entrevista, ele tenha oportunidade de retornar aos pontos de dúvida para o devido registro. Deve estar registrado a data, hora e identificação dos participantes. A depender da cultura e política da empresa, é esperado a assinatura de todos os presentes.

Reforçamos que, em caso de gravações, a mesma deve ser iniciada e a partir de então, pedir o consentimento e que seja mantida a gravação até a finalização completa da entrevista.

Por fim, após a finalização da entrevista, o entrevistador deve fazer uma avaliação da sua performance e das suas decisões, inclusive pedir feedback ao tomador de notas ou eventuais outras pessoas que tenham participado da entrevista, anotar os aprendizados obtidos com os acertos e erros na condução, para que possa aplicar os devidos ajustes nas próximas.

11. ASPECTOS ÉTICOS

Reforçamos que o entrevistador deve estar atento a uma série de aspectos éticos para garantir que o processo seja justo, respeitoso e legal. Alguns desses aspectos éticos incluem, mas não limitados a:

- Respeito ao entrevistado: o entrevistador deve planejar o ambiente, roteiro, ser assíduo e pontual, ser ético, manter escuta ativa, ser claro e objetivo em suas perguntas.
- Uso adequado das informações: as informações obtidas na entrevista devem ser utilizadas somente para

os fins acordados com os entrevistados e de maneira ética, evitando uso inadequado ou manipulação.

- Evitar danos: o entrevistador deve tomar cuidado para não causar danos físicos, emocionais ou psicológicos aos entrevistados durante o processo de entrevista.
- Conflito de interesses: o entrevistador deve evitar conflitos de interesse que possam comprometer a integridade da entrevista ou a análise das informações coletadas.
- Limites de atuação: o entrevistador deve estar ciente de suas limitações e responsabilidades éticas, buscando orientação ou encaminhamento apropriado quando necessário.
- Proteção de grupos vulneráveis: caso os entrevistados sejam membros de grupos vulneráveis, como crianças, idosos ou pessoas com deficiência, o entrevistador deve tomar precauções adicionais para proteger seus interesses e bem-estar.
- Atenção às leis e regulamentações: o entrevistador deve cumprir todas as leis e regulamentações aplicáveis relacionadas à pesquisa e à privacidade dos entrevistados.

REFERÊNCIAS

Escola Nacional de Administração Pública – ENAP. Técnicas de Auditoria Interna Governamental: Módulo 4. Técnica de obtenção da evidência testemunhal. Brasília: ENAP. 2020. 14 p. Disponível em: https://repositorio.enap.gov.br/bitstream/1/5146/4/Mod4_T%C3%A9cnica%20de%20obten%C3%A7%C3%A3o%20da%20evid%C3%AAncia%20testemunhal.pdf. Acesso em: 10 jun. 2023.

FISHER, R.; URY, W.; PATTON., B. Getting to Yes: Negotiating Agreement Without Giving In. 3. ed. Inglaterra: Penguin, 2011. ISBN: 978014311857-6.

LINK, F. C.; FOSTER, D. G. The Kinesic Interview Technique. Estados Unidos: F. Link & Associates, 1982.

MALHOTRA, D.; BAZERMAN, M. Negotiation Genius: How to Overcome Obstacles and Achieve Brilliant Results at the Bargaining Table and Beyond. Nova Iorque: Batam Books, 2007. ISBN: 978055338411-6.

TCU, Secretaria de Fiscalização e Avaliação de Programas de Governo – Tribunal de Contas da União. Técnica de Entrevista para Auditorias: 2ª edição. Brasília: Seprog. 2010. 18 p. Disponível em: https://portal.tcu.gov.br/lumis/portal/file/fileDownload.jsp?fileId=8A8182A258FE9A84015903D992B9083A . Acesso em: 23 jun. 2023.

CAPÍTULO 7

Medidas investigativas adicionais

Geert Aalbers

Sócio e Global Chief Strategy Officer da Control Risks. MBA Executivo Business School São Paulo, Master em Law & Economics da Erasmus, Ghent e Oxford University, e Master em Direito Corporativo da Erasmus University

Rodrigo Russo

Sócio da Control Risks. Mestre em Sociologia Política pela London School of Economics and Political Science (LSE). Graduado em Direito pela USP e em Jornalismo pela Faculdade Cásper Líbero

1. UMA BREVE INTRODUÇÃO ÀS MEDIDAS INVESTIGATIVAS ADICIONAIS

"E agora?" Certamente aqueles que conduzem investigações corporativas já se fizeram essa pergunta em casos nos quais a abordagem habitual de revisão de documentos e entrevistas diretas não foi suficiente para determinar se estávamos de fato diante de violação de políticas internas ou da legislação nacional e internacional. Muitas vezes, a resposta para a falta de resultados em uma primeira fase de revisão de documentos e entrevistas é dobrar a aposta, ampliando o universo de custodiantes e entrevistados. Esse movimento acaba por tornar as investigações corporativas tão amplas que seu sucesso se torna improvável, além de elevar o custo à fronteira do impeditivo.

Felizmente, há outras ferramentas investigativas à disposição daqueles que militam nesse universo. De caráter eminentemente prático – e frequentemente urgente -, há pouca literatura a respeito do conjunto que aqui chamamos de "medidas investigativas adicionais".

Neste capítulo, com intuito de deixar à disposição dos profissionais da área um repositório de situações em que possam ser úteis, utilizaremos estudos de caso em que as medidas investigativas adicionais foram fundamentais para investigações corporativas de diversos contextos.

Sem pretensão exaustiva, focaremos nossa análise nas seguintes atividades:

– background checks

– análise de documentos cartoriais

– entrevistas discretas

– testes de transação

– análise de relatórios de despesas
– trabalho em campo
– investigação de arquitetura da informação
– pesquisas em *deep* e *dark web*
– data analytics
– perícia de dispositivos
– monitoramento de dispositivos

Uma vez concluída a parte prática do capítulo, abordaremos riscos e ponderações éticas necessárias antes de recorrer a algumas das medidas investigativas adicionais aqui descritas.

2. ESTUDOS DE CASO MEDIDAS ADICIONAIS POSTAS À PROVA

2.1. A história se repete, já como tragédia *Background checks*

Em uma investigação corporativa, era necessário aprofundar as pesquisas a respeito de alguns custodiantes, já que eram suspeitos de ilegalidades que poderiam colocar seu empregador a responder a processo de responsabilização administrativa por violações da legislação anticorrupção. A abordagem costumeira, de revisão de documentos aliada a uma entrevista inicial de entendimento, não levou a resultados concretos. Como primeira medida investigativa adicional, o cliente optou por conduzir *background checks* para esse grupo de custodiantes. Essa atividade é um grande "olhar pelo retrovisor" para o histórico dos custodiantes, à procura de fatos e registros que tenham valia para a investigação contemporânea. São pertinentes análises que englobem notícias negativas a respeito de um investigado, problemas com agentes reguladores, tais como CADE, CGU, CVM, processos judiciais cíveis, criminais, eventualmente até trabalhistas, vínculos políticos (tanto filiação partidária quanto doações para legendas e candidatos), problemas de crédito, postagens controversas em redes sociais, entre outras.

Foi esse olhar para o passado que nos levou a um processo de improbidade administrativa listando um dos custodiantes como réu, em situação muito similar àquela sob investigação, na mesma região, no mesmo setor. Artigos de mídia local também repercutiam o andamento das investigações e do processo, uma vez aceito pela Justiça. A partir dessas informações, novas para o cliente e para os advogados, a equipe que liderava a investigação corporativa pôde conduzir entrevistas de confronto muito mais assertivas com esse custodiante, e formular perguntas específicas sobre os desvios e os personagens envolvidos.

Background checks, como os testes de transação, discutidos mais abaixo, já se tornaram medidas investigativas adicionais comuns, mas nem por isso devem ser descartados. São trabalhos céleres e sem riscos de chegar ao conhecimento dos custodiantes. No mínimo, são ferramentas de informação para outras frentes de trabalho; no melhor dos casos, são evidência suficiente para provar fatos ou condutas sobre as quais havia dúvida.

2.2. Pobre parceiro rico
Análise de documentos cartoriais

Durante a pandemia, recebemos uma solicitação de um cliente do setor imobiliário que enfrentava um problema.

Seu parceiro de negócios em certos empreendimentos no interior do estado de São Paulo, há tempos em descumprimento de suas obrigações financeiras segundo os termos da *joint venture*, havia visitado o escritório da empresa para contar, em tom lamurioso, sua versão da história: "Quebrei, e não tenho mais bens para honrar minhas dívidas no final da vida." Os representantes do cliente confiaram que ele dizia a verdade, mas por via das dúvidas, decidiram checar se haveria alguma maneira de corroborar tal narrativa.

Nesse contexto, havia uma ferramenta simples e bastante eficiente para apoiar o cliente: a análise de documentos cartoriais. Com uma solicitação de documentos registrados em nome da parte contrária, como transações de compra e venda de imóveis e procurações com fé pública, não foi preciso sequer sair da cidade em que o empresário tinha domicílio para, em poucos dias, colocar em xeque sua história. Na área rural desse município, identificamos uma fazenda de grande dimensão em que o proprietário, segundo os documentos oficiais, era o parceiro do cliente. O valor de mercado de tal propriedade era suficiente para garantir a dívida; a documentação mostrava que o empresário nem sequer havia tentado manobras de blindagem ou ocultação de patrimônio, apelando para uma história sem qualquer substância, no melhor estilo "se colar, colou".

Frequentemente, a análise de documentos cartoriais é medida não apenas adicional mas sim recomendável em investigações corporativas mais "clássicas". Dessa forma, a equipe à frente dos trabalhos pode verificar se desvios ou esquemas de *kickback* se converteram em imóveis ou veículos de luxo, em nome do próprio investigado ou de familiares e pessoas próximas, oferecendo insumo para entrevistas confrontacionais e para o conjunto probatório da investigação corporativa.

Focamos neste exemplo em bens imóveis, mas as equipes investigativas também mapeiam bens móveis, como automóveis, aeronaves, embarcações, semoventes, propriedade intelectual e recebíveis judiciais – tudo aquilo que possa ter utilidade para averiguar a condição social e o patrimônio de um investigado.

Ainda que o capitulo verse sobre as investigações corporativas, no melhor espírito de apoio prático aos que militam na área, destacamos que essa análise de documentos cartoriais e a verificação de patrimônio ou de fraudes contra credores é bastante útil também em disputas, tanto judiciais quanto negociais.

2.3. Entrevistas discretas
O kickback *sem evidências*

Uma empresa internacional com presença no Brasil avaliava expandir sua atividade local por meio de uma transação de *M&A* crítica. O negócio era cautelosamente estudado pelos executivos da matriz, por assessores financeiros e jurídicos havia mais de um ano, quando fomos contratados para verificar um rumor que corria no mercado: era de conhecimento de alguns importantes líderes do setor que havia uma espécie de contabilidade paralela dentro da empresa alvo do investimento, por meio da qual não haveria qualquer problema de *compliance* nos registros e transações movimentadas dentro do sistema, mas *kickbacks* eram aceitos como "parte do jogo" pela alta administração e contabilizados por um terceiro que representaria até 40% do faturamento da companhia.

Precavidos a ponto de não deixar nenhum rastro dentro do ambiente contábil e financeiro da própria empresa, os envolvidos na possível fraude provavelmente não seriam pegos por uma investigação interna que focasse apenas na análise de informações contábeis, emails. e em entrevistas com os suspeitos. Sem evidências negativas, a transação ocorreria dentro do esperado, pois os números faziam sentido para ambas as partes, e os envolvidos na fraude ainda receberiam vultosos cheques.

O caminho explorado foi amplo, mas a peça decisiva do quebra-cabeças foram as entrevistas discretas. Essa ferramenta consiste no mapeamento de pessoas que poderiam não apenas ter ciência de determinados fatos mas também motivação para compartilhar esse conhecimento com terceiros, para em seguida conduzir aproximações cautelosas e, enfim, entrevistas que têm como premissa o anonimato dos entrevistados. Há, evidentemente, riscos que precisam ser ponderados e que serão discutidos em tópico posterior deste capítulo. Entrevistas discretas habitualmente são conduzidas com ex ou atuais colegas de trabalho, jornalistas que acompanham de perto um setor, especialistas em determinadas indústrias, acadêmicos, fornecedores e clientes, em uma combinação criteriosamente considerada no início de cada investigação corporativa.

Por ora, o importante é enfatizar que, graças a esse esforço, identificamos um funcionário da empresa-alvo descontente com as práticas comerciais irregulares, que não apenas deu detalhes sobre os contratos que envolviam pagamentos por fora como também apresentou nomes até então inéditos e outras informações sobre as maneiras como o esquema era ocultado dos registros oficiais. A partir dessas informações, outras fontes corroboraram a existência do esquema, e pesquisas de domínio público adicionais traziam credibilidade para a denúncia, como endereços em comum de contadores ligados aos envolvidos. Munidos dessa informação, os executivos estrangeiros colocaram ponto final às negociações.

Há muitas outras ocasiões em que as entrevistas discretas complementam e aprofundam investigações corporativas. Com a sofisticação dos esquemas impróprios e a noção mais difundida no ambiente profissional de que comunicações em sistemas, e-mails e telefones disponibilizados pelas empresas podem ser vasculhados, é mais difícil obter comprovação documental das alegações que justificaram as investigações corporativas, e medidas adicionais podem preencher lacunas, ainda que nem sempre tenham valor probatório. Desvios e irregularidades costumam gerar incômodo em profissionais éticos, que muitas vezes apenas esperam uma oportunidade adequada para compartilhar informações de alto valor – sem que considerem o canal de denúncias o meio conveniente de fazê-lo.

2.4. A prova da violação ao *non-compete* *Trabalho em campo*

Uma investigação interna liderada por advogados externos por outras razões sofrera um desvio de rumo em razão de uma informação nova: um diretor comercial que se desligara há pouco da empresa havia levado consigo informações sensíveis e valiosas, e havia rumores de que esse executivo estava discutindo migrar para um concorrente com planta no Brasil, terra natal de tal diretor. Se o rumor se confirmasse, haveria patente violação de *non-compete*.

Os advogados tinham todas as informações, mas precisavam de evidência para poder seguir com a ação judicial competente. Para tanto, solicitaram que uma equipe monitorasse em tempo real o executivo durante uma visita que faria a um município crítico para o caso. Sempre de maneira discreta, em locais públicos e à distância, um time enviava informações e fotos em tempo real por aplicativos de mensagem instantânea sobre a agenda do investigado, endereços visitados e, quando possível, imagens de outros participantes dos eventos.

Em outro contexto, mas ainda demonstrando a importância do trabalho em campo, nossa equipe se deslocou até uma região rural de um estado no Norte do país para apurar com moradores locais quais eram as percepções sobre alegadas violações a direitos humanos cometidas no passado por uma grande empresa que tinha operações naquele município. Essa passagem de uma semana pela região, de maneira discreta, sem jamais informar em nome de qual cliente estávamos conduzindo essas conversas e visitas presenciais, permitiu que a matriz da empresa tomasse uma decisão baseada em evidências sobre como trataria o caso interna e externamente, considerando os riscos de que o assunto voltasse à tona por líderes comunitários ou agentes reguladores com interesse pelo tema.

2.5. Testes de transação e mapeamentos societários

Planeje o tempo adequadamente

Testes de transação já se consolidaram como uma das medidas investigativas adicionais mais comuns em investigações corporativas, em particular daquelas que tratam de pagamentos a terceiros, seja via favorecimento indevido, seja via contratações que se mostram questionáveis.

Os testes partem da extração do universo de transações registradas no sistema financeiro da empresa em determinado período para, em seguida, refinar as buscas de acordo com o objetivo da investigação corporativa. Isso pode significar, por exemplo, filtrar todos os pagamentos feitos acima de um determinado valor de corte, para checar se o sistema registra todas as aprovações necessárias, ou avaliar se pagamentos feitos para determinados terceiros têm suporte documental adequado e se correspondem a serviços efetivamente prestados e compatíveis com as atividades da empresa, ou se não significam formas de legitimar acordos espúrios.

Em recente investigação corporativa, nossa equipe trabalhou em parceria com advogados e um comitê de investigação de uma grande empresa cujo modelo era extremamente dependente de contratos públicos. A investigação corporativa foi aberta após relatos de benefícios indevidos para assinatura de alguns desses contratos. Por essa razão, parte do escopo foi analisar todos os pagamentos registrados para terceiros que tivessem algum tipo de relacionamento com pessoas politicamente expostas.

Inicialmente, pode parecer tarefa simples e direta; porém, antes de conduzir os testes de transação, é preciso mapear exaustivamente a rede de relacionamentos societários a partir dos nomes das pessoas politicamente expostas. Afinal, como já mencionado em tópico acima, os esquemas de desvios evoluem constantemente na esperança de não serem identificados, e participantes arquitetam maneiras criativas para que seus nomes não fiquem registrados em negociatas e acertos irregulares. Caso uma investigação corporativa utilizasse apenas o nome dos políticos mencionados na denúncia, é certo que estaria frustrada desde a origem, pois seria bastante improvável que tais pessoas constassem da base de dados de pagamentos de uma empresa. Já o nome de uma associação da qual um de seus filhos é presidente nos oferece outros resultados, muito mais assertivos.

Portanto, para municiar os testes de transação, é preciso um trabalho cuidadoso de mapeamento societário das pessoas-chave para a investigação corporativa. É importante ressaltar que essa etapa de um projeto pode levar semanas para ser concluída, sendo fundamental que os responsáveis pela investigação corporativa planejem o cronograma de atividades cientes da lentidão desse trabalho. Um só custodiante, por exemplo, pode levar a até 8.000 nomes associados, que precisarão ser analisados na comparação com os registros corporativos de pagamentos. Entram nesse mapeamento familiares, sócios, ex-sócios, ex-empregadores, até o quarto nível de distância do alvo da investigação corporativa.

2.6. Análise de relatórios de despesas

Gastos pessoais lançados no cartão corporativo

Ainda no campo de investigação de desvios financeiros, outra ferramenta que eventualmente pode ser útil é a análise de relatórios de despesas e comprovantes de transações feitas com cartões corporativos.

Mais simples do que os testes de transação, essa análise não depende de muito trabalho investigativo adicional, embora muitas vezes possa ser complementada por pesquisa de postagens em redes sociais para determinar que houve uso impróprio ou em circunstâncias estritamente pessoais.

Foi o caso de um executivo da alta administração no Brasil de uma empresa global. Os vultosos valores de suas despesas começaram a gerar suspeitas no time no exterior, que solicitou uma revisão, linha a linha, dos gastos registrados pelo brasileiro, em conjunto com uma revisão de suas postagens em redes sociais. Dessa maneira, foi possível determinar que havia realizado pagamento de despesas com jantares durante férias e que havia inclusive utilizado o cartão corporativo para compras em sites internacionais de roupas. Quando confrontado em entrevista, esse executivo admitiu o desvio ético e se comprometeu a devolver os valores indevidamente gastos à matriz da empresa.

A análise de relatórios de despesas se torna ferramenta ainda mais útil a investigações corporativas com a maior adoção de políticas flexíveis para gastos em cartões corporativos, como aquela conhecida por *no blush policy*, ou seja, a confiança nos detentores dessa prerrogativa de que a utilizarão adequadamente sem que haja fiscalização ostensiva.

2.7. Investigação de arquitetura da informação *Muitos sites, um só nome*

Uma série de empresas de um setor que dependia de licitações públicas se apresenta ao mercado como concorrentes entre si. Outros agentes de mercado, no entanto, passam a notar que esse grupo quase nunca participa dos mesmos certames, e que nas ocasiões em que disputam os mesmos contratos, não entram em disputa agressiva por preço.

Inicia-se uma investigação corporativa com objetivo de determinar se há elementos que possam corroborar vínculo de qualquer natureza entre tais agentes. Já se sabia que sócios de algumas das empresas tinham sido funcionários de outras no passado, mas essa não seria uma evidência determinante de fraude a licitações ou de conduta anticompetitiva.

Uma medida investigativa adicional que se mostrou exitosa no caso em questão foi a análise da arquitetura dos *sites* dessas empresas. *Sites* hospedam seu conteúdo em *Content Delivery Networks* (ou CDNs), redes de servidores que depois entregam tal material aos usuários, baseando-se na localização geográfica para encontrar o servidor mais próximo da maneira mais rápido. Ao buscar referências à CDN dos *sites* dessas empresas, identificamos que todos utilizavam o mesmo endereço em seus códigos-fontes, uma evidência de que um só fornecedor alimentava de conteúdo todos esses agentes.

Ainda na análise do código-fonte, identificamos referências a um Javascript de um monitor de navegação que permite o acompanhamento de desempenho das páginas em tempo real. Esse monitor providencia a performance dos dados de quanto tempo a página demorou para carregar, em que parte do mundo o usuário está acessando, tempo de carregamento de cada elemento com o objetivo de mostrar onde a performance degradada possa estar. Uma chave de licença é única para cada usuário de tal monitor; no caso em questão, uma mesma chave foi identificada para todos os *sites* das empresas, sugerindo que um só usuário monitorava todos.

Outra evidência obtida por meio dessa atividade foi a identificação de *Domain Name System* (DNS) comum ao grupo de *sites* pesquisados. O DNS é um registro de nomes de *sites* e respectivos endereços IP a eles associados, facilitando a transferência de dados entre computadores. Teoricamente, cada DNS é único para cada *site*, mas nossas pesquisas mostraram que todos os endereços consultados retornavam o mesmo endereço de IP de acesso, com hospedagem no mesmo servidor.

Finalmente, em outra indicação enorme de atuação em conjunto, identificamos que uma vez compreendida a maneira de acessar um sistema para clientes de cada empresa, era possível acessá-lo de qualquer dos *sites* consultados, ou seja, eram um único sistema.

Nem sempre, é claro, uma investigação corporativa precisará dessa medida, porém em casos de possível conluio ou atuação orquestrada com terceiros que tenham informações disponíveis online, ela pode oferecer pistas e evidências fortes o suficiente para corroborar suspeitas prévias.

2.8. Pesquisas em *deep* e *dark web*

É sabido que há amplo espaço para atividades ilegais na *deep* e na *dark web*, áreas da internet que não são facilmente acessíveis para o público comum. Nossa perspectiva, aqui, é demonstrar que em certos casos de investigação corporativa, pode fazer sentido convocar profissionais que tenham capacidade para rastrear atividades nesses ambientes, sejam tais atividades vendas de produtos desviados ou interações entre agentes que não querem ser rastreados.

Tome-se como exemplo o caso de um cliente, uma companhia listada em Bolsa de Valores, que suspeitava de atividade orquestrada para derrubar o valor de mercado de suas ações em determinado período de tempo. Para descartar essa suspeita por completo, fez-se necessário complementar o esforço de condução de entrevistas discretas com uma revisão exaustiva de todos os canais em que um grupo poderia se comunicar sem deixar rastros na camada à vista da internet. Nessa análise, tal como nos testes de transação, há todo um trabalho prévio de mapear as palavras-chave e as maneiras como os alvos poderiam se referir às estratégias.

Importante notar que, nesta atividade, não nos envolvemos ativamente com nenhum agente, mas coletamos passivamente de informações seguindo rígidos protocolos operacionais e padrões éticos e legais, sem uso de falsa identidade ou penetração em redes fechadas.

2.9. O valor de data analytics

Técnicas de *data analytics* são úteis para investigações corporativas pois permitem extrair conclusões a partir de um universo volumoso de fontes múltiplas de dados estruturados (como planilhas, *logs*) e não estruturados (documentos, arquivos em PDF) que o esforço de investigadores isoladamente jamais conseguiria analisar. São úteis em análise de fraudes, de legitimidade de lançamentos contábeis, reconciliação de contas, e de verificação de pagamentos e lançamentos em sistemas financeiros, por exemplo.

Os esforços da *data analytics* muitas vezes viabilizam respostas concretas para perguntas contábeis e financeiras de difícil verificação por outras ferramentas à disposição de quem atua em investigações corporativas.

Foi o caso de um cliente que suspeitava do volume financeiro transacionado por uma unidade de negócios em determinado período. A liderança das operações brasileiras, com um modelo bastante dependente de obtenção de recursos por ligações de *call centers*, passou a desconfiar do volume angariado por certos colaboradores, que consistentemente tinham desempenhos muito acima da média dos seus pares de turno. Mapeamos todos os dados que ficavam registrados para cada atendimento realizado em um período de três meses, cruzando números de CPF com informações de cartões de crédito e assim fornecendo as evidências que o cliente necessitava: alguns atendentes associavam um único cartão de crédito a muitos CPFs, imaginando que a fraude se diluiria no alto volume de registros. De maneira similar, também notou-se que alguns CPFs estavam associados no sistema a um alto volume de cartões de crédito, o que era incompatível com o modelo de negócios.

Uma vez mapeadas as inconsistências, foram conduzidas entrevistas de entendimento dos processos e, posteriormente, entrevistas confrontacionais, que por fim levaram à demissão de dois colaboradores responsáveis pelas fraudes. Todo esse processo levou quatro semanas sem consumir excessivas horas de análise humana, graças aos ganhos de eficiência e escala que o processo automatizado oferece.

2.10. Perícia de dispositivos

Tudo aquilo que armazena informação pode ser periciado em busca de indícios e evidências no contexto de investigações corporativas. Computadores e telefones celulares são os alvos mais frequentes desse tipo de atividade, útil para determinar se houve vazamento de informações, cópia indevida de documentos, ou mesmo visitas a *sites* não autorizados por políticas internas, em exemplo mais simples.

A extração de dados e a confirmação da integridade da cadeia de custódia são assuntos com grande componente técnico, que não pretendemos abordar aqui dado o espírito prático desta obra. Mais importante, como em tudo neste capítulo, é ter a dimensão de como podem ser ferramentas pertinentes em casos concretos.

Durante um processo de desligamento, o sistema interno de monitorar ocorrências de perdas e vazamentos de informações de uma empresa apontou que havia indícios de cópia de arquivos ligados ao ex-colaborador. A análise interna, no entanto, trazia uma questão: não havia nenhuma prova de que os arquivos estavam na máquina daquele usuário.

Com a perícia do computador, nossa equipe identificou registros de que um HD externo tinha sido ligado àquele dispositivo, e foi possível obter dados desse HD externo, como número serial, data de conexão, letra associada ao dispositivo na máquina (como "E:" ou "G:"), e o caminho daquele disco. Determinamos que os arquivos tinham sido copiados direto da nuvem para o HD externo, razão pela qual não havia indícios relacionados aos documentos na própria máquina. Em paralelo, em outro movimento da estratégia jurídica da investigação corporativa, o cliente obteve uma ordem de busca e apreensão no domicílio do ex-colaborador, e um dos itens apreendidos era um HD externo. Comparando as informações técnicas, foi possível confirmar que o número de série daquele equipamento era o mesmo do dispositivo identificado na perícia do computador.

Há casos, no entanto, em que as informações não são determinantes isoladamente, mas ainda assim apoiam outros movimentos das investigações corporativas. Em um trabalho recente, os dados de um *smartwatch* foram essenciais para que entrevistas de confronto abordassem uma inconsistência de registros de um custodiante. Ao processar o número de quilômetros andados por dia, o *smartwatch* também armazena dados de geolocalização do local em que os passos foram dados. Munidos da geolocalização, os responsáveis pela investigação corporativa em questão puderam questionar o custodiante sobre o descompasso entre dados de um e-mail que indicava uma reunião presencial de interesse para a investigação em um determinado local versus a distância geográfica que o *smartwatch* indicava como localização do entrevistado naquele momento.

2.11. Monitoramento de dispositivos em tempo real

Como investigações corporativas frequentemente apuram não apenas fatos passados mas também denúncias de irregularidades em andamento, o monitoramento de dispositivos é uma possibilidade complementar à revisão de documentos, e provavelmente mais assertiva em casos em que as suspeitas estão focadas no comportamento de custodiantes no momento em que se escolhe essa estratégia investigativa.

Com o auxílio de softwares simples, chamados de "agentes", instalados com apoio do setor de tecnologia da própria empresa de maneira totalmente remota e discreta, é possível acompanhar tudo o que um investigado faz em seu dispositivo corporativo em tempo real. As ferramentas tecnológicas permitem monitorar o que é escrito no computador, gravar tela, fazer registros de sites visitados, gravar reuniões conduzidas em ferramentas online, mensagens enviadas pela versão web de aplicativos de mensagens instantâneas ou inclusão de dados em sistemas contábeis.

Foi apenas com o uso desse monitoramento de dispositivos que um cliente pôde determinar a origem de um vazamento de informação de forma assertiva. Um diretor de multinacional no Brasil recebeu de colegas um *print screen* e a dica de que informações confidenciais da sua empresa estavam circulando no mercado.

Após a instalação da ferramenta em máquinas de dez colaboradores, foi possível determinar o autor do vazamento. Foram feitas comparações de informações que constavam da tela que circulava no mercado com dados que só poderiam estar no dispositivo da pessoa que capturou a informação e a transmitiu a seus contatos, resultando em significativos danos para seu empregador. Municiado da comprovação da infração, o cliente pôde continuar com um processo de demissão por justa causa desse ex-colaborador.

3. MEDIDAS ADICIONAIS – USO RESPONSÁVEL, RISCOS E CAUTELAS NECESSÁRIAS

Ao ponderar quais caminhos investigativos adicionais devem ser perseguidos durante uma investigação corporativa, é preciso sempre levar em conta a dimensão ética, as implicações jurídicas e as expectativas para cada atividade.

Advogamos sempre por uma condução íntegra e transparente das medidas investigativas adicionais, em obediência à legislação local e em linha com as melhores práticas internacionais. Desde o momento em que são consideradas como possibilidades, acreditamos que é dever da equipe de investigação ser transparente quanto aos riscos e possibilidades de êxito de cada caminho.

Considere-se que uma investigação corporativa deseja ter mais entendimento sobre as possíveis ilegalidades em apuração. Nesse caso, a condução de entrevistas discretas certamente forneceria bom material, e haveria algum risco de que algum alerta fosse compartilhado com os alvos das perguntas. Cada cliente terá o seu apetite a risco e chegará a sua decisão final de seguir ou não com a atividade, mas não há como discordar da adequação dessa medida ao objetivo pretendido. Não seria o caso se o objetivo final da investigação corporativa fosse o de obter evidências concretas de que uma ilegalidade foi cometida; aqui, seria preciso diálogo franco com o cliente para alertá-lo de que entrevistas discretas, considerando o anonimato dos entrevistados, não costumam trazer consigo provas que possam ser utilizadas em contexto judicial.

O risco de que algumas atividades investigativas adicionais sejam levadas ao conhecimento dos alvos da investigação corporativa também merece atenção particular. Seria leviana qualquer pessoa que afirmasse a um comitê de investigação que não há riscos envolvidos no trabalho de trabalho em campo ou na condução de entrevistas discretas. Até mesmo solicitações de documentos registrados em cartórios em determinadas regiões do país podem fazer com que funcionários dos cartórios que tenham conexões com os sujeitos em nome de quem se procura bens informem o alvo de que alguém está solicitando cópia de transações ou procurações outorgadas em seu nome. De novo, é fundamental alinhar as expectativas já no início da investigação corporativa, para que seja possível tomar uma decisão informada, evitando surpresas negativas no decorrer das atividades. Uma equipe que sabe que a informação da investigação corporativa eventualmente pode vazar, que as probabilidades de isso ocorrer são baixas mas não inexistentes, e que de antemão já tem ciência de como mitigar os efeitos de tal cenário, decidirá com propriedade se a condução de uma medida investigativa adicional está em linha com o seu apetite por riscos e se é válida considerando-se os objetivos pretendidos.

No caso de trabalhos em campo, eles devem ser cautelosamente avaliados, já que a execução acarreta riscos em tempo real e que dependem da adequada preparação e da alocação dos melhores recursos possíveis para aumentar as chances de êxito.

Para o bem e para o mal, não há respostas de antemão que sejam válidas em todos os contextos, dependendo de um exercício crítico de construção entre todos os envolvidos, consultores, auditores, advogados externos e integrantes do comitê de investigação.

Outro ponto que suscita cautela é a questão do cronograma. Não são raras as vezes em que empresas especializadas em medidas investigativas adicionais são chamadas às pressas para conduzir trabalhos "para ontem", com investigações corporativas já em andamento e todas as partes sob pressão para apresentação de resultados. Mesmo atividades que dependem de um intenso trabalho de preparação, como os testes de transação, acabam sendo solicitados com urgência, prejudicando o nível de profundidade do mapeamento societário e, dessa forma, diminuindo sua possível assertividade.

Recomendamos, portanto, que essa discussão aconteça logo no início da investigação corporativa, de modo a maximizar as chances de êxito e a oferecer às equipes envolvidas nos trabalhos tempo compatível com a complexidade de cada medida, além de permitir que os outros times envolvidos na apuração gerenciem as expectativas e pressões a que estão sujeitos de maneira mais confortável. Vale notar que as medidas investigativas adicionais não precisam ser acionadas apenas depois que o escopo tradicional de uma investigação corporativa não é conclusivo, e sua realização em paralelo traz inclusive benefícios, como informação adicional que pode ser levada à análise de e-mails.

Quando tratamos de monitoramento de dispositivos em tempo real, é preciso garantir que há apoio da área de tecnologia da empresa para instalação das ferramentas, pois essa é a única maneira de não levantar suspeitas sobre a implementação da tecnologia na máquina de um custodiante. Ainda no âmbito do setor de tecnologia, é fundamental que os equipamentos que sejam submetidos a perícias sofram o mínimo de interferência possível após seu uso pelo custodiante sob investigação. Isso porque muitas vezes, apesar de todas as cautelas, a simples navegação por pastas é capaz de apagar automaticamente registros anteriores que poderiam levar a caminhos de interesse para o caso concreto, e em alguns casos não é possível distinguir o que foi o uso do custodiante versus a pesquisa posterior por times de tecnologia. Quando indispensável, recomenda-se que um documento registre todas as ações executadas no dispositivo após seu uso pelo custodiante.

O apoio de áreas internas, aliás, também é crucial para as atividades de *data analytics.* Frequentemente conselheiros de administração questionam a origem dos dados estruturados e não estruturados que embasaram as conclusões de uma investigação corporativa, preocupados com o que se chama de *completeness* e com a integridade, claro, da cadeia de dados. Por essa razão, os investigadores devem estar em contato com áreas-suporte para validar e conciliar todas as informações que posteriormente serão submetidas às técnicas de *data analytics.*

De maneira mais ampla, sempre que medidas investigativas adicionais envolvendo dispositivos eletrônicos forem consideradas, é importante ponderar que o acesso a equipamentos pessoais geralmente é limitado, pois depende de consentimento do custodiante (o que permite a deleção em massa de arquivos ou a inserção de proteção criptográfica que reduzirá as chances de êxito). Nesse contexto, de acesso franqueado somente aos equipamentos corporativos, vale garantir desde o início da investigação corporativa que as políticas internas das empresas expressamente autorizem a análise de dados transmitidos no contexto profissional, para evitar que eventuais nulidades procedimentais sejam posteriormente levantadas, e que a legislação de proteção de dados nacional e internacional seja observada – algo que os advogados responsáveis pelos trabalhos podem garantir desde a concepção do plano de investigação.

Por fim, vale lembrar que nos casos regulatórios e em outros assuntos sensíveis que possam vir a ter implicações legais, nas quais os advogados estão aconselhando as estratégias jurídicas das empresas, é recomendável que esse privilégio das comunicações advogado-cliente seja estendido aos trabalhos investigativos adicionais, que informarão o trabalho advocatício e que poderiam ser obtidos por agentes reguladores caso isso não estivesse em vigor. Isso pode ser facilmente operacionalizado por um arranjo contratual tripartite entre a consultoria responsável pelos serviços, a empresa, e um escritório de advocacia externo, para fins de maior conforto com a confidencialidade dos resultados trazidos pelas medidas investigativas adicionais, estendendo a seus resultados a doutrina do privilégio dos trabalhos advocatícios. . É frequente que clientes tentem a contratação direta dessas medidas, especialmente em investigações corporativas de menor complexidade e nas circunstâncias em que consideram urgente a conclusão dos trabalhos. Esse arranjo, no entanto, acaba por permitir que os resultados estejam eventualmente sujeitos ao escrutínio de agentes reguladores nacionais e internacionais, uma consequência imprevista pelos clientes e certamente indesejada. Reforçamos a necessidade de um trabalho contínuo de persuasão com as equipes jurídica, de auditoria e de *compliance* das empresas contratantes, para mitigar os riscos a que estão expostos. Afinal, sabe-se como uma investigação corporativa começa, mas não é possível prever seu fim.

4. CONCLUSÃO

Neste capítulo, apresentamos usos práticos bem-sucedidos de algumas medidas investigativas adicionais. Avaliamos, sempre que possível, a pertinência e adequação de cada uma delas diante dos objetivos pretendidos pela investigação corporativa e da tolerância a risco de cada instituição. Oferecemos abaixo um breve resumo de cada atividade aqui descrita e o melhor uso prático a ela correspondente:

- *Background checks:* são trabalhos céleres e sem riscos de chegar ao conhecimento dos custodiantes. Recomendáveis como ferramenta de informação para outras frentes de trabalho, como entrevistas e mapeamentos societários, e como forma de identificar evidências disponíveis em domínio público que fatos ou condutas sob investigação ocorreram.
- Análise de documentos cartoriais: adequada para obter comprovação documental de que determinados agentes têm bens em seu nome, ou procuração para agir de modo que viole políticas internas. Em regiões mais remotas do país, cartorários podem informar os alvos da investigação de que documentos foram solicitados, mas hipótese é improvável.
- Entrevistas discretas: adequadas para obtenção de informações a respeito da reputação e da conduta de determinadas pessoas de relevância para a investigação corporativa, mas não para obtenção de evidência. Dependendo de quão sensível for o tema e quão fechado for o mercado de atuação, acarreta

riscos de que pessoas próximas aos investigados levem a seu conhecimento que pessoas estão perguntando a seu respeito.

- Testes de transação: adequados para apurações de desvios financeiros e favorecimento a terceiros, checando documentação-suporte para emissão de notas fiscais, por exemplo. Dependem de trabalho de mapeamento societário prévio e de acesso a sistemas internos, o que exige cronograma adequado para conclusão dos trabalhos e envolvimentos dos setores adequados do cliente para eficiência.
- Análise de relatórios de despesas: adequada para investigações corporativas focadas em uso impróprio ou não autorizado de cartões corporativos. Recomendável acompanhar os trabalhos de pesquisa de postagens em mídias sociais, para validação de uso indevido e em violação às diretrizes corporativas.
- Monitoramento de campo: adequado para casos em que acompanhar a movimentação de pessoas em tempo real seja crítico para o desfecho de uma investigação corporativa, em particular nos casos em que seja necessária evidência fotográfica para comprovar eventual ilegalidade. Exige trabalho prévio de mapeamento das localidades a serem monitoradas e discrição dos agentes de campo. Acarreta riscos de que os trabalhos possam ser descobertos pelos alvos do monitoramento, apesar de todos os cuidados para evitar tal situação.

- Investigação de arquitetura da informação: adequada para apurar se há elementos na estrutura de *sites* distintos que sugiram ação concertada ou uso de laranjas e testas de ferro para ocultar atuação conjunta.
- Pesquisas em *deep* e *dark web*: recomendada para rastrear atividades nesses ambientes, como vendas de produtos desviados ou interações entre agentes que não querem ser rastreados.
- *Data analytics:* técnicas úteis para extrair conclusões a partir de um universo volumoso de fontes múltiplas de dados estruturados (como planilhas, *logs*) e não estruturados (documentos, arquivos em PDF). Particularmente valioso em análise de fraudes, de legitimidade de lançamentos contábeis, reconciliação de contas, e de verificação de pagamentos e lançamentos em sistemas financeiros, por exemplo. Contato com áreas responsáveis pelos dados é essencial para garantir a integridade do universo e a completude dos esforços.
- Perícia de dispositivos: computadores e telefones celulares são os alvos mais frequentes desse tipo de atividade, útil para determinar se houve vazamento de informações, cópia indevida de documentos, ou mesmo visitas a *sites* não autorizados por políticas internas, em exemplo mais simples. Recomendável que não haja qualquer uso posterior àquele do custodiante, para evitar o apagamento automático de informações armazenadas em sistemas.

- Monitoramento de dispositivos: ferramenta hábil para apurar denúncias de irregularidades em andamento, permite acompanhar tudo o que um investigado faz em seu dispositivo corporativo em tempo real. Necessário ter apoio do setor de tecnologia da empresa para viabilizar a instalação e acompanhamento.

Feita essa síntese, reforçamos que medidas investigativas adicionais exigem preparação cuidadosa, com tempo adequado e planejamento, adotadas em parceria com outros atores envolvidos na investigação corporativa, sem que sejam consideradas um recurso de última hora e de resultados imediatos.

CAPÍTULO 8

Reporte de resultados da investigação

Eloy Rizzo

Sócio da área de Investigações Corporativas do Demarest Advogados. Master of Laws (LL.M.) em Direito Concorrencial e Arbitragem Internacional pela King's College London. Pós-graduação em Direito Civil Processual pela PUC-SP

Victoria Arcos

Advogada sênior da área de *Compliance* e Investigações Corporativas do Demarest Advogados. Graduada em Direito pela Pontifícia Universidade Católica de São Paulo (PUC-SP) e graduanda em Gestão de Políticas Públicas pela Universidade de São Paulo (USP-SP)

Gabriela Revoredo

Advogada da área de *Compliance* e Investigações Corporativas do Demarest Advogados. Pós-graduação em Direito Empresarial pelo Insper. Graduação pela Universidade Federal do Rio Grande do Norte (UFRN)

1. *OVERVIEW* E INTRODUÇÃO

Há o conhecimento que deriva do saber acerca de determinada matéria e há o conhecimento oriundo de saber onde buscar determinadas informações. Investigar é justamente o ato de se obter conhecimento não por conhecer a matéria, mas por diligentemente ter definido como buscar informações sobre o que se pretende esclarecer.

Na conclusão da investigação, geralmente é necessário e apropriado fornecer algum tipo de reporte à pessoa ou grupo/comitê que tenha demandado o trabalho – o que não significa que um relatório formal e escrito seja um elemento indissociável das investigações corporativas. As formas que se pode adotar para um relatório serão abordadas neste capítulo, mas há uma característica inerente ao relatório final de uma investigação corporativa que independe da modalidade de apresentação adotada: a conclusão do processo investigativo deve *evidenciar* o que foi revelado e não determinar o sentido dos acontecimentos.

No relatório final o investigador reunirá e administrará a explanação dos fatos obtidos. Nesse sentido, deve-se considerar como premissa que o reporte de um processo investigativo não consiste em uma interpretação dos achados, mas sim em uma *exposição objetiva e estritamente factual* dos resultados da investigação.

1.1. *Double-check* e diligências adicionais

Antes de definir a modalidade de relatório a ser adotada, o investigador deve considerar revisitar a sua metodologia e etapas percorridas. O processo investigativo é dinâmico, pode estar sujeito a fatos novos, limitações expressivas, intercorrências com as autoridades públicas, entre outros. Assim sendo, espera-se que o investigador tenha esgotado todos os meios de obtenção de informação disponíveis. Diante de um volume expressivo de informações, pode ser oportuno fazer uso de esquemas gráficos/ visuais, planilhas, linhas do tempo, fluxogramas e similares para ordenar e cruzar as descobertas da investigação. Recomenda-se, também, o uso das ferramentas de inteligência artificial (e.g. *clustering, concept searching e find similar documents*) contidas nas plataformas de revisão de documentos para fins de verificações adicionais e testes de qualidade das análises já realizadas.

Ordenar e esquematizar permitirá que o investigador se debruce sobre a relação entre os fatos, os custodiantes, eventuais terceiros envolvidos, o lapso temporal dos desvios para então responder as seguintes perguntas: *Há algo que ainda possa ser esclarecido? Há informações faltantes? Há alegações parcialmente conclusivas?*

É possível que haja alegações e elementos que não sejam passíveis de investigação, por inexistir evidência ou meios de apuração. Para os demais, o investigador deve buscar exaurir as apurações antes de redigir ou expor os seus resultados. Por conseguinte, ainda com relação às investigações que obtenham resultados inconclusivos, o investigador deve ter esgotado o potencial de apuração. Assim sendo, ao rever o processo investigativo pode surgir a necessidade de realização de nova entrevista, de análise de política ou procedimento, de levantamento de contrato, de verificação de registro financeiro ou qualquer outro documento corporativo, de realização de *background-checks* e *free searches*[1] no contexto da revisão de documentos eletrônicos ou ainda visita *in loco*.

Pode parecer atípico que se revisite o plano de trabalho e até mesmo se execute uma nova atividade em sede final de preparação para o relatório, mas, evocando a premissa de que a investigação deve pretender exaurir os meios de obtenção de prova e informação, não há enfraquecimento do plano ou metodologia de trabalho ao se realizar diligências adicionais, caso elas se mostrem necessárias para o amplo esclarecimento dos fatos sob investigação.

1.2. Robustez e registro das evidências digitais

As informações coletadas ao longo do processo investigativo buscam reconstruir determinado conjunto de fatos que, no contexto de eventual processo administrativo sancionador, se tornam provas ou evidências. O resultado, ou a efetividade probatória desses elementos, decorrerá da robustez da investigação, sendo certo que, atualmente, a prova digital (eletrônica ou *e-evidence*) tem predominado no conjunto probatório.

A prova digital consiste em qualquer dado ou informação que tenha sido produzido, editado, propagado ou armazenado por meios eletrônicos. Como exemplos de provas eletrônicas, Gustavo Badaró (2017) cita: *"o conteúdo de conversas telefônicas, ou de transmissão de e-mails, mensagens de voz, fotografias digitais, filmes armazenados na internet etc."*[2].

---

1 De maneira simplificada, "*free searches*" podem ser definidas como pesquisas avulsas, realizadas pelo investigador no âmbito da atividade de revisão de documentos eletrônicos, direcionadas a um tema específico, em geral identificado ao longo da própria revisão de documentos, com o intuito de complementar a lista de palavras-chave e condições de pesquisa aplicadas durante a etapa de filtragem dos documentos para revisão.

2 BADARÓ, G. H. R. I. A cadeia de custódia e sua relevância para a prova penal. Em: SIDI, R.; LOPES, A. B. (Orgs.). Temas Atuais da Investigação Preliminar no Processo Penal. Belo Horizonte: Editora D'Plácido, 2017. p. 522-523.

Visando atribuir segurança, integridade, regularidade e autenticidade da coleta de evidências digitais, criou-se no Direto estadunidense o conceito de *"chain of custody"*, traduzido para a língua portuguesa como "cadeia de custódia". Sobre este tema, Badaró[3] (2021) ensina que:

Importante destacar que, quando se fala em "cadeia de custódia", a expressão deve ser entendida como a elipse de "documentação da cadeia de custódia". A cadeia de custódia em si, deve ser entendida com a sucessão encadeada de pessoas que tiveram contato com a fonte de prova real, desde que foi colhida, até que seja apresentada em juízo.

Pode-se, assim, afirmar que o documento gerado ao se produzir a cadeia de custódia é uma "prova sobre a prova"[4]. Considerando que há na prova eletrônica uma insegurança congênita, decorrente não só da mutabilidade e potencial de contaminação que lhe é inerente, mas também à possibilidade de deleção, é imprescindível ao investigador que se busque garantir a integridade dos dados coletados e, consequentemente, a força probatória do seu reporte final.

Nesse sentido, quaisquer capturas de tela, extratos de conversas telefônicas oriundas de aplicativos de mensagens instantâneas, áudios, assinaturas, *logs*, extrações de bases financeiras e outras evidências digitais devem ter sido coletas e extraídas com auxílio de experts forenses. Explica-se,

---

3 BADARÓ, G.H.R.I.A. Os standards metodológicos de produção na prova digital e a importância da cadeia de custódia. Boletim IBCCRIM, ano 29, n. 343, jun. 2021, p. 7. https://www.badaroadvogados.com.br/download.php?f=da4c8bac620d07de60617d0463667f3c. Acesso em 23.jul.2023.

4 LIMA, P. G. C.; ROMANELLI, L. L. A cadeia de custódia a partir da reforma do CPP: atividade probatória de segundo grau. Revista do Ministério Público Militar, Brasília, 2021. https://revista.mpm.mp.br/artigo/tomo-ii-artigos-de-temas-variados-a-cadeia-de-custodia-a-partir-da-reforma-do-cpp-atividade-probatoria-de-segundo-grau/.Acesso em: 21.jul.2023.

ainda, que a mera retenção de um computador ou aparelho celular e espelhamento de seus dados não garante a integridade e autenticidade das comunicações eletrônicas. De fato, a coleta forense implica na adoção de métodos que consideram chaves de acesso a repositórios, realizam análise de deleções e preservam os dados com cópia espelho e função criptográfica HASH.

Não há ainda uma intervenção legislativa que trate da produção, admissão e valoração de provas digitais, mas as melhores práticas nacionais e internacionais são consistentes e contundentes no sentido de reconhecer sua importância.

Quando da elaboração do relatório final, a sensibilidade e problemática dos dados eletrônicos ganhará força se questionáveis os procedimentos utilizados para verificar a idoneidade do material coletado. Diante da não realização dos métodos de coleta, processamento e revisão de documentos eletrônicos de acordo com as melhores práticas, é recomendado que se retome o processo investigativo e se observe as melhores práticas na obtenção, registro, armazenamento e análise dos elementos de provas digitais.

Por fim, ainda não que seja objeto do presente capítulo, merece destaque o fato de que as demais evidências não digitais (análise de contratos, assinaturas, *logs* em sistema, atas de entrevistas) podem também ser objeto de métodos fiáveis como autenticidade grafotécnica, certificados cartoriais, cruzamento de dados, entre outros.

Resta, assim, evidente que o potencial probatório da investigação e consequentemente do relatório final está intrinsicamente relacionado ao emprego de um método adequado de coleta e análise das evidências.

2. ESPÉCIES DE RELATÓRIOS

Uma vez definitivamente concluídas as atividades de apuração, a equipe de investigação deverá compilar os achados das atividades investigativas no que se convencionou chamar de relatório final de investigação, a ser apresentado à instância supervisora, definida de acordo com a governança da investigação.

O objetivo fundamental do relatório final é apresentar informações relevantes para a investigação como: (i) atividades conduzidas pelos investigadores; (ii) limitações encontradas; e (iii) resultados das investigações. O relatório final pode ser usado para diversas finalidades no contexto de investigações corporativas, incluindo fornecer subsídios às empresas para o processo de tomada de decisões decorrente dos achados.

Embora no presente texto estejamos usando o termo *relatório* para fazer referência a esse material, deve-se ressaltar que o documento produzido não necessariamente tomará a forma de tradicional texto escrito, sendo certo que a legislação brasileira, notadamente a Lei 12.846/2013 ("Lei Anticorrupção") e o Decreto 11.129/2022 que a regulamenta, não estabelecem um formato único para a apresentação dos resultados de investigação.

De fato, além do formato textual, a depender do caso concreto, das necessidades da investigação e dos destinatários do produto da apuração, o relatório de investigação poderá tomar a forma de apresentação oral ou, ainda, de apresentação em formato visual ou resumido, como sumário executivo.

A seguir apresentaremos mais detalhes sobre cada um desses formatos de relatório de investigação, suas vantagens, desvantagens e quando são mais utilizados.

2.1. Relatórios orais

Embora aparentem ser informais, relatórios de investigação preparados sob a modalidade de apresentação oral devem ser revestidos de formalidade e cautela, bem como devem apresentar conteúdo mínimo.

Em geral, esse tipo de apresentação é feito nos casos de reporte de temas extremamente sensíveis e sigilosos, para os quais a produção de conteúdo escrito pode representar um risco à manutenção da confidencialidade da investigação ou à companhia.

Nesses casos, relatórios orais são preferíveis aos relatórios escritos[1], em especial porque o documento produzido pode ser usado como evidência *contra* as companhias em processos judiciais ou administrativos e, ainda, porque a palavra escrita pode ser interpretada de maneira distinta à originalmente pensada por quem a escreveu. Relatórios orais, a seu turno, limitam significativamente a exposição a estes riscos, desde que apresentados para público seleto, observando-se as melhores práticas para reserva e manutenção da confidencialidade.

Outro aspecto a se considerar quando da escolha de formato de relatório de investigação é o custo envolvido em sua elaboração, já que relatórios orais são menos custosos e de produção mais célere do que relatórios escritos, o que pode torná-los preferíveis em casos com menos recursos disponíveis ou que demandem respostas rápidas dos destinatários do reporte.

---

1 O'MELVENY & MYERS LLP (Estados Unidos). In-House Counsel's Guide to Conducting Internal Investigations. 2020. Disponível em: https://www.omm.com/omm_distribution/white_collar_defense/guide%20_to_conducting_internal_investigations_jan_2020.pdf. Acesso em: 30 jul. 2023.

Há, contudo, fragilidades com a adoção dos relatórios orais. O relato verbal pode deixar a companhia desprovida de um histórico futuro do caso, sobretudo, em situações em que há trocas de gestão ou dos responsáveis pelo departamento de *compliance*, sendo estes essencialmente os que recebem o produto intelectual da investigação compartilhado via apresentação oral. No mais, o relato verbal não permite que sejam explorados vínculos, traçadas conexões e explorados achados específicos com grande nível de detalhe.

Ressaltamos ainda, que em sede de negociações com as autoridades é extremamente remota a possibilidade de que apenas um relato verbal supra os requisitos para que se promova um acordo ou defesa.

Por fim, há de se considerar a utilização de relatórios orais nos casos em que não há evidências físicas, ou quando a maior parte das informações foi coletada por meio de relatos em entrevistas.

2.2. Apresentações visuais e sumários executivos

Apresentações visuais e sumários executivos são formatos de relatório que se apresentam como proposta intermediária[2], entre os relatórios escritos e orais, uma vez que apresentam conteúdo escrito, mas de modo resumido, materializado por meio de esquemas visuais e sem o detalhamento que se espera de um relatório escrito tradicional.

Apresentações visuais são usadas com frequência para apresentar conteúdo audiovisual coletado durante as apurações e, ainda, sempre que se entender necessária a utilização de recursos como árvores de relacionamento, teias

2 Idem.

evidenciando conexões e linhas do tempo para facilitar a compreensão de ideias complexas.

Sumários executivos, por sua vez, são resumos que sintetizam os pontos-chave identificados na apuração de maneira bastante objetiva e concisa.

Em conjunto com sumários executivos, apresentações visuais são usadas com frequência para reportes à Alta Administração das companhias e para subsidiar deliberações colegiadas, feitas a Comitês e outros órgãos de governança corporativa de maneira direta e sucinta.

2.3. Relatórios escritos

Embora, como visto, relatórios textuais não sejam sempre a opção preferível, em determinadas situações eles podem ser necessários e recomendados para fins de consolidação e apresentação dos resultados de uma investigação corporativa.

Nos casos em que haja solicitação expressa de entes públicos; quando os resultados das apurações podem ser utilizados para subsidiar processos judiciais e administrativos e documentar a aplicação de medidas disciplinares a colaboradores; ou, ainda, quando se quer formalizar a diligência tomada pela companhia e seus administradores para o integral e adequado esclarecimento dos fatos objeto da apuração, por exemplo, relatórios escritos e detalhados se apresentam como formato ideal de reporte.

Deve-se ainda, considerar que, tanto em negociações consensuais como em eventuais disputas nas esferas cível, criminal ou trabalhista, as autoridades podem tornar público o relatório escrito – seja o juntado aos autos ou solicitando a publicação do seu teor em anexos de colaboração. Neste sentido, o *waiver* da confidencialidade pois ser inevitável dada a existência de um relatório material/escrito.

Em qualquer formato de relatório que se adote, mas em especial em relatórios escritos, é importante que sejam tomados cuidados especiais no que se refere: (i) à linguagem utilizada para descrever fatos e alegações; (ii) ao grau de detalhamento apresentado e documentação suporte; (iii) aos destinatários do relatório; e (iv) ao arquivamento.

De fato, relatórios de investigação requerem a utilização de linguagem simples, clara e precisa para reporte dos fatos, de modo a minimizar quaisquer ambiguidades ou possíveis interpretações divergentes. Nesse sentido, recomenda-se parcimônia na utilização de adjetivos e advérbios, bem como verbos que possam carregar de subjetividade a narrativa, de modo que a descrição dos eventos identificados se mantenha pragmática, factual e objetiva, livre de juízos de valor e opiniões pessoais dos investigadores.

A atenção à linguagem utilizada, reforçada no contexto de relatórios escritos – mas presente em todos os tipos de relatórios – em especial ao se descrever aspectos comportamentais investigados, está diretamente relacionada à questão da imparcialidade, que deve permear toda a condução da investigação, aí inclusa a apresentação dos achados, para a manutenção da credibilidade do processo investigativo.

Nesse sentido, relatos, opiniões e suposições devem ser identificados e claramente diferenciados de fatos comprovados, ao mesmo tempo em que divergências entre documentos e relatos também devem ser ressaltadas[3].

Quanto ao grau de detalhamento e evidências apresentadas, é importante que o reporte se atenha ao que é relevante e estritamente necessário, sendo recomendada a não utilização de documentos com dados pessoais e/ou que sejam eventualmente protegidos por sigilo bancário ou fiscal como fontes de evidência em apurações, dando-se preferência a informações públicas ou de informações legitimamente obtidas no curso da apuração interna, sob pena de fragilização do arcabouço probatório e impossibilidade de utilização do material produzido no âmbito de processos judiciais. De acordo com Dianne Gibson Pereira, I. (2022), aliás, quaisquer documentos obtidos em violação a direitos fundamentais de investigados não poderão ser usados posteriormente em processos penais, de acordo com a teoria do fruto da árvore envenenada[4].

No que tange aos destinatários do relatório textual, conforme será abordado no tópico 4 a seguir, recomenda-se limitar a circulação ao estritamente necessário, em atenção à confidencialidade que deve permear todas as atividades de apuração, assim como acontece com a questão da imparcialidade.

A atenção à confidencialidade, aliás, deve permanecer mesmo após a conclusão dos procedimentos investigativos. De fato, considerando que relatórios, em especial relatórios escritos, consolidam materialmente informações sensíveis

---

3 O'MELVENY & MYERS LLP (Estados Unidos). In-House Counsel's Guide to Conducting Internal Investigations. 2020. Disponível em: https://www.omm.com/omm_distribution/white_collar_defense/guide%20_to_conducting_internal_investigations_jan_2020.pdf. Acesso em: 30 jul. 2023.

4 DIANNE GIBSON PEREIRA, I. *Compliance*, internal investigations e direitos dos investigados: reflexões sobre o direito de defesa nas investigações internas. Revista Científica do CPJM, [S. l.], v. 1, n. 02, p. 170-187, 2022. Disponível em: https://rcpjm.cpjm.uerj.br/revista/article/view/39. Acesso em: 31 jul. 2023.

relacionadas às atividades de investigação, é fundamental que sejam adotadas medidas para o adequado arquivamento dos documentos relacionados à apuração, seja internamente, seja se utilizando de consultores externos, para que não haja vazamento de informações e exposição inadequada dos indivíduos e entidades envolvidos.

Embora não haja previsão legal que trate expressamente do tempo mínimo para arquivamento dos dados provenientes da investigação, recomenda-se a manutenção do sigilo e confidencialidade durante todo o tempo em que a companhia esteja de posse das informações sensíveis. Ademais, recomenda-se que os dados utilizados em determinada investigação sejam mantidos pela empresa levando-se em consideração os prazos prescricionais a que ela eventualmente estiver sujeita. Por exemplo, em se tratando de uma investigação interna relativa a questão de natureza trabalhista, nos casos que culminem no encerramento de relação empregatícia, recomenda-se o arquivamento pelo mínimo de dois anos após a extinção do contrato de trabalho[5], diante do prazo de prescrição bianual previsto no art. 11 da Consolidação das Leis do Trabalho.

Ante o exposto, no tocante aos prós e contras, entre as espécies de relatório, pode-se considerar um misto entre os dois formatos. Adotar relatórios verbais para reportes à Companhia e relatórios sucintos para fins de negociações consensuais com as autoridades públicas, que se resumam a entrega dos achados e permitam a expansão/fomento da investigação pela autoridade leniente.

5 Artigo 11 do Decreto-Lei 5.452/1943 (CLT): "Art. 11. A *pretensão* quanto a créditos resultantes das relações de trabalho prescreve em cinco anos para os trabalhadores urbanos e rurais, *até o limite de dois anos após a extinção do contrato de trabalho*".

3. ELEMENTOS ESSENCIAIS DE UM RELATÓRIO DE INVESTIGAÇÃO

Independentemente do formato escolhido, todos os relatórios de investigação devem conter elementos mínimos, que permitam ao terceiro destinatário das informações compreender com clareza as alegações, atividades conduzidas e resultados identificados.

Nesse caminho, relatórios de apuração devem apresentar claramente a origem da denúncia, a contextualização dos fatos e alegações, o escopo da investigação, incluindo o lapso temporal relevante, indivíduos e entidades objeto da investigação. O relatório também deverá apresentar a metodologia adotada pela equipe de apuração e procedimentos realizados[6], indicando limitações e/ou dificuldades enfrentadas durante as atividades investigativas, a exemplo de inexistência de dados e documentos para o período analisado ou impossibilidade de realização de entrevista com indivíduo relevante.

Outro elemento essencial dos relatórios de investigação é o apontamento dos resultados identificados, que devem, sempre que possível, ser acompanhados das evidências que os subsidiem, incluindo relatos de entrevistas, documentos e comunicações eletrônicas, entre outros.

Para a indicação das conclusões, é de fundamental importância que sejam resgatadas as alegações iniciais e os fatos identificados, de modo que os resultados indiquem se as alegações iniciais são procedentes, parcialmente procedentes, improcedentes ou inconclusivas (isto é, se, a partir das informações disponíveis, não foi possível confirmar a ocorrência,

6 Exemplos de procedimentos realizados incluem entrevistas, coleta e revisão de documentos eletrônicos, análises financeiras, testes de transação e *background checks* de indivíduos e entidades de interesse.

ou não, dos eventos sob investigação). Investigações complexas que envolvem alegações de mais de uma natureza e/ou tipologia podem conter resultados de mais um tipo, sendo indicado, sempre que possível, segregar cada alegação para indicação de seu respectivo resultado (ex.: Alegação A é improcedente; alegação B é procedente; Alegação C é inconclusiva).

4. DISTRIBUIÇÃO DO RELATÓRIO

Seja oral ou escrito, o investigador deve cautelosamente considerar quem receberá o relatório. Comumente, plano de trabalho ou *planning memo* (etapa preliminar ou inicial do processo investigativo) estabelece a quem o investigador se reportará e quem receberá o relatório.

Sendo assim, a entrega do relatório deve seguir racional *need-to-know* e pode incluir uma única opção ou combinação das seguintes pessoas físicas e jurídicas: (i) o cliente do advogado externo que prepara o relatório; (ii) o executivo, preferencialmente do *c-level*, e em estrutura independente ao qual o advogado interno se reporte (ex.: *Chief Compliance Officer*); (iii) o Conselho e/ou certos comitês do Conselho (ex.: Comitê de Ética); (iv) auditores externos; (v) órgãos governamentais ou reguladores e; (vi) terceiros interessados, como em eventuais casos de responsabilidade sucessória/solidária.

Não é comum ou recomendado que o relatório final seja compartilhado com o denunciado, custodiantes, entrevistados e denunciante. Isso principalmente para que se evite divulgações fora da relação advogado-cliente (gozada apenas pelo cliente) e para que se preserve a identidade do denunciante de boa-fé, em atenção ao que estabelece o Art. 57, inc.

X, do Decreto 11.129/2022[7]. Mais ainda, eventual compartilhamento de informações privilegiadas sobre a investigação com membros não pertencentes aos destinatários pertinentes pode constituir renúncia tácita da aplicação de potenciais sanções disciplinares, caso os destinatários tenham sido implicados nas alegações que deram origem à investigação.

4.1. Implicações legais, recomendações e implementação das decisões

Essencialmente o relatório será um documento factual podendo também, a pedido do seu destinatário, incluir eventuais análises relacionadas a implicações legais e recomendações quanto as implementações de decisões, medidas disciplinares e de consequência. No entanto, estes não se tratam de elementos essenciais aos relatórios.

Tem-se como melhor prática que não deve recair sobre o investigador a responsabilidade pela implementação das medidas de remediação. Contudo, não há prejuízo, e há quem entenda que há benefício, que o investigador participe de eventuais interações com as autoridades públicas, se necessário. No que se refere a esse ponto, e a título de exemplo, em sede de negociação de acordos de leniência pode ser de extrema relevância que o investigador esteja apto a participar da apresentação metodológica e de evidências às autoridades envolvidas.

No que tange às implicações legais, as investigações são comumente multidisciplinares e ainda multijurisdicionais. Eventuais implicações referentes à esfera do direito criminal,

---

7 "Art. 57. Para fins do disposto no inc. VIII do caput do art. 7º da Lei 12.846, de 2013, o programa de integridade será avaliado, quanto a sua existência e aplicação, de acordo com os seguintes parâmetros: [...] X - canais de denúncia de irregularidades, abertos e amplamente divulgados a funcionários e terceiros, e *mecanismos destinados* ao tratamento das denúncias e à proteção de denunciantes de boa-fé".

concorrencial, civil, trabalhista, entre outras, devem ser traçadas por especialistas. Por conseguinte, o investigador deve recorrer a especialistas nas mais variadas e aplicáveis áreas do direito para comentar e traçar implicações haja vista o conjunto fático decorrente do processo investigativo.

As recomendações de medidas disciplinares devem refletir a Política de Gestão de Consequências do cliente e, ainda, a Matriz de Consequências, caso se disponha deste documento ou quaisquer outras diretrizes que estabeleçam *critérios objetivos* e proporcionais para definição de penalidades a serem aplicadas pela empresa a um colaborador ou terceiro, na hipótese de confirmação de desvio de conduta. Nessa lógica, dispõe o Decreto 11.129/2022 que é parâmetro de avaliação dos programas de integridade a aplicação de medidas disciplinares em caso de identificação de irregularidades:

> Art. 57. Para fins do disposto no inc. VIII do caput do art. 7º da Lei 12.846, de 2013, o programa de integridade será avaliado, quanto a sua existência e aplicação, de acordo com os seguintes parâmetros:
>
> [...]
>
> XI – medidas disciplinares em caso de violação do programa de integridade.[8]

Quando da recomendação de medidas disciplinares, deve-se atentar aos princípios da proporcionalidade, unicidade da penalidade, imediatidade e equidade. Almeja-se menos subjetividade e mais homogeneidade e consistência nas decisões. A inserção dos fatos apurados na Matriz de Consequências permitirá a classificação do nível de

---

8 BRASIL. Decreto n. 11.129, de 11 de julho de 2022. Regulamenta a Lei 12.846, de 1º de agosto de 2013, que dispõe sobre a responsabilização administrativa e civil de pessoas jurídicas pela prática de atos contra a administração pública, nacional ou estrangeira. Brasília: Presidência da República. https://www.in.gov.br/en/web/dou/-/decreto-n-11.129-de-11-de-julho-de-2022-414406006 .Acesso em 30 jul. 2023.

gravidade e poderá, ainda, considerar: (i) reincidência (no mesmo desvio de conduta ou não); (ii) histórico de comportamento; (iii) tempo exercido na função; (iv) grau lesivo do desvio de conduta; (v) nível hierárquico do infrator; (vi) grau de colaboração com a apuração do caso; (vii) consciência da irregularidade do ato cometido; entre outros.

Nota-se que, quando da redação das implicações legais, é recomendado ao investigador que consulte especialistas e ao traçar as recomendações de medidas disciplinares esteja alinhado com as diretrizes do programa de *Compliance* da companhia.

Ainda, o investigador poderá recomendar não só medidas disciplinares, como também aprimoramentos de processos e controles à luz dos achados da investigação corporativa, com indicação de prazos e responsáveis, se for o caso.

4.2. Eventual necessidade de reporte para a auditoria externa ou autoridades públicas

Em determinados casos, investigações corporativas conduzidas na esfera privada tratam de temas que podem ser do interesse de partes inicialmente estranhas à governança da investigação, como auditores externos e autoridades públicas, o que levanta questionamentos acerca da eventual necessidade de realizar reportes para tais *stakeholders* diante da confirmação de ocorrência de irregularidades.

Nesse sentido, cumpre resgatar o que a Lei Anticorrupção estabelece nos casos de atos lesivos à administração pública, dentre os quais corrupção ativa e fraude à licitação[9]. Em seu art. 7°, VII, o referido diploma legal

9 Art. 5°, inc.s I e IV, "a", Lei 12.846/2013.

estabelece que: " Serão levados em consideração na aplicação das sanções: [...] VII – a cooperação da pessoa jurídica para a apuração das infrações" e, em seu art. 16, que:

> Art. 16. A autoridade máxima de cada órgão ou entidade pública poderá celebrar acordo de leniência com as *pessoas jurídicas* responsáveis pela prática dos atos previstos nesta Lei *que colaborem efetivamente com as investigações* e o processo administrativo, sendo *que dessa colaboração resulte*: I – a *identificação dos demais envolvidos na infração*, quando couber; e II – a *obtenção célere de informações e documentos que comprovem o ilícito sob apuração.*
>
> [...]
>
> §2º A celebração do acordo de leniência isentará a pessoa jurídica das sanções previstas no inc. II do art. 6º e no inc. IV do art. 19 e reduzirá em até 2/3 (dois terços) o valor da multa aplicável. (grifos nossos)[10].

Ambos os dispositivos indicam claramente que, embora haja evidente incentivo à cooperação das pessoas jurídicas por meio de autodenúncia para autoridades públicas nos casos de ocorrência de atos lesivos à Administração Pública, trata-se de faculdade e não uma obrigação estabelecida no ordenamento jurídico brasileiro.

Tal cenário de faculdade da pessoa jurídica se mantém ainda que diante da contemporaneidade entre investigação privada (realizada por particulares no âmbito das empresas) e investigação governamental (conduzida por autoridades públicas) sobre os mesmos fatos, sendo certo que a cooperação com autoridades públicas, como visto, é prática que pode ser bastante benéfica às pessoas jurídicas.

---

10 BRASIL. Lei 12.846, de 01 de agosto de 2013. Dispõe sobre a responsabilização administrativa e civil de pessoas jurídicas pela prática de atos contra a administração pública, nacional ou estrangeira, e dá outras providências. Brasília: Presidência da República. https://www.planalto.gov.br/ccivil_03/_ato2011-2014/2013/lei/l12846.htm. Acesso em 30 jul. 2023.

Cumpre destacar que, caso a pessoa jurídica tenha interesse em realizar este tipo de comunicação aos entes públicos, seja no contexto de negociações com as autoridades em sede de acordos consensuais, seja em defesas de processos administrativos, será esperada outra forma de entrega por parte do investigador.

De fato, a experiência prática indica que, em mesas negociais acerca da ocorrência de atos de corrupção, há expectativa pelas autoridades competentes de que, para além de relatório final de investigação corporativa, o apurador concilie todas as evidências de pagamento de vantagem indevida – indicando a origem, a forma de distribuição, a forma de registro dos livros contábeis, a destinação, os detalhes físicos acerca da entrega e a contrapartida ofertada. É esperado, ainda, que se concatene todos os contratos contaminados com as alçadas de responsabilidade dos executivos e os lucros obtidos. Isso tudo para além da entrega dos resultados da investigação, que certamente já envolve extensa revisão de documentos eletrônicos, o que significa que as negociações com autoridades estrangeiras ou nacionais podem demandar do investigador entregas adicionais "não orgânicas", ou sob o formato tradicional de um relatório escrito.

A seu turno, em determinados casos, notadamente nos quais os eventos objeto da investigação corporativa possam impactar as demonstrações financeiras e registros contábeis da empresa, auditores externos deverão ser comunicados.

De fato, em atenção ao que estabelece o art. 176, *caput*, da Lei 6.404/1976 ("Lei das S.As")[11], os administradores

11 BRASIL. Lei 6.404, de 15 de dezembro de 1976. Dispõe sobre as Sociedades por Ações. Brasília: Presidência da República. https://www.planalto.gov.br/ccivil_03/leis/l6404consol.htm. Acesso em 31 jul. 2023.

possuem dever de prestação de contas que exprimam "com clareza a situação do patrimônio da companhia e as mutações ocorridas no exercício", sendo, portanto, sua obrigação assegurar a qualidade, suficiência e veracidade das informações disponibilizadas aos auditores independentes, que obrigatoriamente auditam as demonstrações financeiras no caso das companhias abertas (art. 177, §3º da Lei das S.As).

Sobre este tema, a Norma Brasileira de Contabilidade, CTA 30, de 17 de junho de 2021[12] estabelece que situações de suspeita de não conformidade com leis e regulamentos ou fraude que possam ter efeitos relevantes sobre as demonstrações contábeis são de interesse dos auditores independentes, e, ainda:

é provável que suspeitas de não conformidades cometidas por um membro da alta administração da entidade, ou que possa causar danos significativos reais ou potenciais a investidores, credores, funcionários ou público em geral (por exemplo, questões de interesse público) sejam assuntos "relevantes para a auditoria".

É o caso, por exemplo, de investigações nas quais reste comprovada a ocorrência de desvio significativo de recursos da empresa, fraudes, manipulação resultados e demonstrações financeiras ou, ainda, casos de corrupção, além de desvios de conduta que envolvam membros da alta direção, em especial se diretores estatutários, responsáveis por assinar as demonstrações financeiras das companhias[13], que deverão ser comunicadas aos auditores independentes.

12 Disponível em: https://cfc.org.br/wp-content/uploads/2021/06/CTA-30.pdf. Acesso em 31 jul. 2023.
13 Art. 177, § 4º, da Lei das SAs.

5. CONSIDERAÇÕES FINAIS

Em suma, a presente exposição teve por objetivo apresentar as principais atividades relacionadas à conclusão do processo investigativo, incluindo a verificação da suficiência das medidas de apuração adotadas e a robustez do arcabouço probatório, em especial aquele proveniente de provas digitais, que se mostram extremamente relevantes nas apurações corporativas atuais. Foram apresentados os principais formatos de relatórios, que não necessariamente deverão adotar o formato de texto escrito tradicional, bem como os cuidados que devem ser observados na formalização dos procedimentos e resultados da apuração, em especial no que se refere à confidencialidade e manutenção da imparcialidade.

Destacou-se os elementos essenciais que devem estar contidos em todos os relatórios de investigação, ainda que em formatos mais concisos de reporte, tendo sido igualmente abordada a questão dos destinatários dos relatórios de investigação, que deverão ser criteriosamente selecionados e estabelecidos, idealmente, em sede de plano de investigação.

O presente capítulo também trouxe como elemento complementar de relatórios de investigação a apresentação de implicações legais e recomendações, as quais deverão ser elaboradas por especialistas, sendo melhor prática recomendada a segregação de funções entre quem conduz as investigações e quem aplica as medidas de remediação.

Por fim, o trabalho se debruçou sobre as hipóteses de comunicação e reporte externo dos resultados da investigação para autoridades públicas e auditores independentes, tendo sido visto que, no Brasil, a autodenúncia não é uma obrigação legal, embora seja fortemente incentivada no que se refere aos atos lesivos à administração pública e, caso realizado pela pessoa jurídica, implica na apresentação de vasto conjunto de evidências, para além do relatório final de investigação corporativa. Em se tratando de reportes aos auditores, em determinados casos, notadamente quando os eventos investigados possam ter o condão de afetar de maneira relevante as demonstrações financeiras de companhias abertas, é obrigação dos administradores levar os achados a conhecimento dos auditores externos.

Há significativa liberdade que recai sobre o investigador ao conduzir uma investigação corporativa – tal autonomia em sua atuação se reflete no papel de trabalho final. Contudo, não se pode deixar de notar que a solidez do trabalho e consequentemente o convencimento acerca dos achados da investigação estão intrinsicamente atreladas ao esgotamento das possíveis diligências, ao registro das evidências e a exposição interligada dos achados.

REFERÊNCIAS

BADARÓ, G. H. R. I. A cadeia de custódia e sua relevância para a prova penal. Em: SIDI, R.; LOPES, A. B. (Orgs.). Temas Atuais da Investigação Preliminar no Processo Penal. Belo Horizonte: Editora D'Plácido, 2017. p. 522-523.

BADARÓ, G.H.R.I.A. Os standards metodológicos de produção na prova digital e a importância da cadeia de custódia. Boletim IBCCRIM, ano 29, n. 343, jun. 2021, p. 7. Disponível em: <https://www.badaroadvogados.com.br/download.php?f=da4c8bac620d07de60617d0463667f3c>. Acesso em 23.jul.2023.

BRASIL. Decreto n. 11.129, de 11 de julho de 2022. Regulamenta a Lei 12.846, de 1º de agosto de 2013, que dispõe sobre a responsabilização administrativa e civil de pessoas jurídicas pela prática de atos contra a administração pública, nacional ou estrangeira. Brasília: Presidência da República. <https://www.in.gov.br/en/web/dou/-/decreto-n-11.129-de-11-de-julho-de-2022-414406006>.Acesso em 30 jul. 2023.

BRASIL. Lei 6.404, de 15 de dezembro de 1976. Dispõe sobre as Sociedades por Ações. Brasília: Presidência da República. <https://www.planalto.gov.br/ccivil_03/leis/l6404consol.htm>. Acesso em 31 jul. 2023.

BRASIL. Lei 12.846, de 01 de agosto de 2013. Dispõe sobre a responsabilização administrativa e civil de pessoas jurídicas pela prática de atos contra a administração pública, nacional ou estrangeira, e dá outras providências. Brasília: Presidência da República. <https://www.planalto.gov.br/ccivil_03/_ato2011-2014/2013/lei/l12846.htm>. Acesso em 30 jul. 2023.

DIANNE GIBSON PEREIRA, I. *Compliance*, internal investigations e direitos dos investigados: reflexões sobre o direito de defesa nas investigações internas. Revista Científica do CPJM, *[S. l.]*, v. 1, n. 02, p. 170–187, 2022. Disponível em: <https://rcpjm.cpjm.uerj.br/revista/article/view/39>. Acesso em: 31 jul. 2023.

FARACO, Alexandre Ditzel; FORSMAN, Gabriela Costa Carvalho. INVESTIGAÇÕES INTERNAS: MELHORES PRÁTICAS INTERNACIONAIS E A EXPERIÊNCIA BRASILEIRA. Revista do IBRAC: Direito da Concorrência, Consumo e Comércio Internacional, São Paulo, v. 2, p. 300-315, 2021. Disponível em: <https://ibrac.org.br/UPLOADS/PDF/RevistadoIBRAC/Revista_do_IBRAC_2_2021.pdf>. Acesso em: 30 jul. 2023.

LIMA, P. G. C.; ROMANELLI, L. L. A cadeia de custódia a partir da reforma do CPP: atividade probatória de segundo grau. Revista do Ministério Público Militar, Brasília, 2021. <https://revista.mpm.mp.br/artigo/tomo-ii-artigos-de-temas-variados-a-cadeia-de-custodia-a-partir-da-reforma-do-cpp-atividade-probatoria-de-segundo-grau/>.Acesso em: 21.jul.2023.

LOPES JR., A.; DA ROSA, A. D. M. A importância da cadeia de custódia para preservar a prova penal., 2015. Disponível em: <https://www.conjur.com.br/2015-jan-16/limite-penal-importancia-cadeia-custodia-prova-penal>. Acesso em 30.jul.2023.

O'MELVENY & MYERS LLP (Estados Unidos). **In-House Counsel's Guide to Conducting Internal Investigations**. 2020. Disponível em: <https://www.omm.com/omm_distribution/white_collar_defense/guide%20_to_conducting_internal_investigations_jan_2020.pdf>. Acesso em: 30 jul. 2023.

TAMMAY, R.; MAURICIO, T. Provas no Direito Digital: conceito da prova digital, procedimentos e provas em espécie. São Paulo: Thomsom Reuters – Revista dos Tribunais, 2020. Edição de e-Book.

CAPÍTULO 9

Aspectos trabalhistas

Luciano Inácio de Souza

Sócio da prática de *Compliance*, Penal Econômico e Investigações do Cescon Barrieu Advogados. Master of Laws (LL.M.) pela Georgetown University Law Center. Especialista em Negócios Internacionais pela Fundação Dom Cabral. Graduado em Direito pela Faculdade de Direito Milton Campos

Viviane Rodrigues

Sócia da prática de Trabalhista, ESG e Remuneração de Executivos do Cescon Barrieu Advogados. Graduada em Direito pela Universidade Mackenzie. Pós-graduada em Direito Material e Processual do Trabalho pela Pontifícia Universidade Católica de São Paulo. Master of Laws (LL.M.) pela University of Chicago Law School

Victor Aversa

Associado sênior da prática de *Compliance*, Penal Econômico e Investigações do Cescon Barrieu Advogados. Pós-graduado em *Compliance* pela Fundação Getulio Vargas. Graduado em Direito pela Pontifícia Universidade Católica de São Paulo.

1. INTRODUÇÃO: ASPECTOS TRABALHISTAS EM UMA INVESTIGAÇÃO CORPORATIVA

Investigações corporativas podem ter diferentes origens e envolver inúmeros assuntos e alegações, como assédio, fraude, desvio, furto, corrupção, entre outros.

Cada investigação corporativa deve ser conduzida de acordo com metodologias distintas e conforme as particularidades do caso concreto e dos objetivos da pessoa jurídica, que pode realizar o procedimento internamente ou contratar assessores externos, como escritórios de advocacia e empresas de auditoria, para prestarem suporte ou coordenarem os trabalhos.

Em regra, uma investigação corporativa envolve a participação e interações com empregados da pessoa jurídica, contratados sob o regime celetista. Embora o objetivo principal de uma investigação corporativa seja identificar uma ou mais respostas para as perguntas (alegações) do caso, é imprescindível que o investigador considere e adote cuidados para mitigar riscos trabalhistas em razão das diferentes interações com empregados.

Neste capítulo, abordaremos cuidados gerais que devem ser observados em investigações corporativas sob a perspectiva trabalhista, bem como melhores práticas a serem adotadas pelo investigador em duas etapas que usualmente demandam maior atenção em razão de potenciais riscos trabalhistas envolvidos: condução de entrevistas com empregados e revisão de documentos coletados a partir de dispositivos corporativos.

2. CUIDADOS GERAIS SOB A PERSPECTIVA TRABALHISTA

2.1. Análise do contrato de trabalho de empregado investigado

Embora a grande maioria das obrigações de uma relação de emprego derivar da lei, não deixa de ser relevante verificar os termos do contrato de trabalho do empregado investigado, além de outros documentos que o empregado possa ter celebrado ou recebido, como termos de confidencialidade, políticas de integridade (como código de ética, política anticorrupção) etc.

A aplicação de sanções disciplinares aos empregados, especialmente as mais severas, como suspensão e dispensa por justa causa, demandam prova robusta sobre a ocorrência investigada. Se houver alguma área cinzenta sobre a razoabilidade ou não de determinada conduta, a definição dada pelo empregador ao que é admitido ou não durante o curso da relação empregatícia acaba por ser útil para que a empresa possa ter maior segurança jurídica na tomada de suas decisões, mitigando riscos de que não possa sustentá-las em juízo.

2.2. Expectativa de cooperação por parte dos empregados

De maneira geral, uma investigação corporativa tem como objetivo esclarecer determinada alegação de irregularidade ou ato ilícito que possa expor a pessoa jurídica a riscos, especialmente legais, financeiros e reputacionais. Muitas vezes, os empregados têm receio de ser envolvidos nesse tipo de procedimento, e as razões para tanto podem variar: o empregado pode estar diretamente envolvido na prática de determinada irregularidade ou ato ilícito, pode ter conhecimento da irregularidade ou ato ilícito e não ter reportado quando ou a quem deveria, pode ter falhado em cumprir suas funções para prevenir a ocorrência do ato, ou simplesmente pode ter medo das consequências de sua participação etc. Ou seja, no limite, o empregado pode ter receio de sofrer retaliações ou de estar sujeito a sanções legais em decorrência dos atos investigados.

Ao solicitar cooperação de um empregado no âmbito de uma investigação corporativa, o investigador deve ser capaz de apresentar o tema de maneira profissional e, ao mesmo tempo, com serenidade e tranquilidade, evitando potencializar possíveis sentimentos de preocupação e ansiedade (ainda que, a depender do caso, isso seja inevitável). Empregados preocupados ou mal instruídos pelo investigador a respeito da confidencialidade da investigação corporativa podem, por exemplo, avisar ou trocar informações indevidamente com outros empregados, ou compartilhar informações sensíveis com terceiros.

A pessoa jurídica pode (e deve) esperar cooperação por parte de seus empregados em uma investigação corporativa.

Embora este tipo de procedimento possa gerar desconforto e apreensão por parte dos envolvidos, ainda que não tenham qualquer participação nos fatos apurados, é importante ter em mente que a prestação de informações relacionadas às atividades desempenhadas no trabalho é parte das obrigações do empregado para com seu empregador.

Dentre os deveres inerentes de um trabalhador, em decorrência de seu contrato de trabalho, encontram-se os deveres de boa-fé, de lealdade e de colaboração. O empregador, por sua vez, recebe da Consolidação das Leis do Trabalho ("CLT") o chamado poder diretivo, que concede a faculdade de ditar regras de caráter técnico-administrativo, organizar, controlar e disciplinar a prestação de serviços de seus empregados ou subordinados. Assim, a solicitação do empregador para que um empregado participe de uma investigação corporativa é uma ordem a ser obedecida pelo trabalhador, exceto se essa ordem, de algum modo, extrapole os contornos legais.

Algumas pessoas jurídicas costumam incluir na minuta padrão de contrato de trabalho obrigação específica por parte do empregado de cooperar integralmente e de boa-fé com apurações internas, como as investigações corporativas. Embora a obrigação não dependa de sua inclusão no contrato de trabalho, a ciência plena do empregado sobre a expectativa do empregador pode mitigar o risco de negativa de colaboração ou prestação das informações no âmbito de uma investigação corporativa.

2.3. Assinatura de termo de confidencialidade

Antes de compartilhar informações com um empregado que será envolvido de alguma forma em uma investigação corporativa, a pessoa jurídica poderá solicitar que este assine um termo de confidencialidade. Para tanto, é recomendável entrar em contato com o empregado, explicar que a pessoa jurídica irá conduzir ou está conduzindo uma apuração interna – sem detalhar o escopo ou as alegações – e que espera contar com a cooperação do empregado em questão.

O termo de confidencialidade poderá prever: (i) o compromisso expresso do empregado de manter confidenciais todos e quaisquer documentos, informações ou dados compartilhados pela pessoa jurídica ou por seus assessores no âmbito da investigação corporativa; (ii) que o empregado somente tratará de assuntos relacionados à investigação corporativa com determinados indivíduos responsáveis na pessoa jurídica ou com determinados assessores externos, cujos contatos deverão ser expressamente indicados no termo; (iii) sanções em caso de descumprimento dos compromissos assumidos pelo empregado por meio do termo.

Caso o empregado não aceite assinar o termo de confidencialidade, pode ser necessário reforçar a legitimidade da expectativa da pessoa jurídica de contar com a sua colaboração em uma investigação corporativa envolvendo fatos relacionados ao seu trabalho. Nesse tipo de caso, a habilidade do investigador para apresentar os argumentos pode fazer diferença no processo de convencimento do empregado.

Vale notar que o termo de confidencialidade é apenas um reforço e seu envio não é imprescindível, pois a obrigação de manter a confidencialidade das informações também é inerente à relação de trabalho. Contudo, uma vez enviado o termo, caso o empregado se recuse a assinar, a atitude deve ser interpretada como um sinal de alerta pelo investigador, que deverá adotar cautelas adicionais no envio ou solicitação de informações sobre a investigação corporativa ao empregado em questão.

2.4. Não exposição dos empregados envolvidos

Quando tratamos de confidencialidade, é importante lembrar que o empregado, seja investigado ou testemunha, também tem direito de que suas informações sejam tratadas com sigilo no âmbito de uma investigação corporativa.

Ao iniciar um procedimento dessa natureza, a pessoa jurídica ainda não sabe quais serão seus desdobramentos e resultado. Qualquer exposição dos empregados participantes de uma investigação corporativa pode lhes acarretar danos, muitas vezes gerando à pessoa jurídica o dever de indenizá-los.

Assim, apenas as pessoas estritamente necessárias, assim entendidas aquelas diretamente envolvidas na investigação corporativa e na tomada de decisões depois de sua conclusão, devem ter conhecimento da identidade dos trabalhadores envolvidos no procedimento.

A adoção dessa postura cautelosa também minimiza a possibilidade de que determinado trabalhador seja retaliado por um superior hierárquico envolvido nos atos denunciados (ou que tenha simpatia pelo denunciado). Como atos reprováveis como esse nem sempre estão, na prática, sob o controle imediato da pessoa jurídica, todo cuidado é pouco.

3. ENTREVISTAS

3.1. Seleção de entrevistados e agendamento de entrevistas

A realização de entrevistas com empregados é etapa fundamental em boa parte das investigações corporativas, independentemente dos fatos apurados. Por meio das entrevistas, o investigador pode ser capaz de obter esclarecimentos sobre as alegações, contexto sobre documentos e e-mails identificados, entre outras informações que podem ser determinantes para a conclusão do procedimento.

Na seleção dos entrevistados, deve-se maximizar a possibilidade de efetiva colaboração dos empregados no procedimento. Ou seja, devem ser selecionados empregados que potencialmente tenham conhecimento ou presenciado os fatos, que trabalhem no mesmo local ou na mesma equipe, ou, ainda, que prestem serviços no mesmo turno do empregado denunciado.

Mas, há outras razões para avaliar o turno de trabalho do empregado. Em alguns casos, os turnos não são fixos, então a entrevista deve ser agendada para coincidir com determinado turno do trabalhador. Não se deve exigir que o empregado utilize parte do seu horário de descanso para participação nesse procedimento, pois isso pode gerar o direito à percepção de horas extras. Além disso, as entrevistas devem ser agendadas de acordo com os horários que sejam menos disruptivos ao trabalho do empregado, ou que gerem maior exposição perante seus colegas.

Além disso, alguns outros cuidados devem ser adotados para garantir a colaboração dos empregados.

Inicialmente, uma vez selecionado determinado empregado para ser entrevistado no âmbito de uma investigação corporativa, será necessário convidá-lo para a entrevista.

É recomendável formalizar o convite por meio de envio de e-mail ao empregado, mas, em regra, pode ser importante entrar em contato com o empregado por telefone ou pessoalmente antes de enviar o e-mail, para explicar o contexto da entrevista (no limite do que for possível, considerando a confidencialidade do procedimento). Isso mitiga o risco de que o empregado não compreenda o conteúdo do convite, fique preocupado e entre em contato com outros empregados para conversar sobre o tema ou até pedir esclarecimentos.

3.2. Local da entrevista

A depender da sensibilidade das alegações e do perfil do entrevistado, pode ser recomendável realizar a entrevista presencialmente.

A entrevista presencial permite que documentos físicos sejam apresentados ao entrevistado com maior segurança e costuma facilitar a conexão entre entrevistador e entrevistado. Nesses casos, é importante garantir que o entrevistado se sinta à vontade, e nunca intimidado a prestar informações.

É recomendável que o local da entrevista seja reservado, confortável e tenha temperatura adequada. Não é recomendável, por exemplo, agendar uma entrevista no escritório de trabalho do entrevistado, pois isso pode chamar atenção de seus colegas, ou em locais públicos, pois o entrevistado pode não se sentir confortável para prestar esclarecimentos ou fazer comentários. Se a investigação corporativa estiver sendo coordenada por um assessor externo, é sempre recomendável que a entrevista presencial seja realizada em seu escritório.

Também é possível realizar entrevistas por videochamada, especialmente para casos menos complexos. Embora seja uma forma mais prática, especialmente por conta de não haver deslocamento dos participantes, é importante considerar alguns riscos envolvidos nesse tipo condução, como a possibilidade de que o entrevistado salve capturas de tela de documentos projetados pelo entrevistador, que grave o áudio da entrevista, ou que outras pessoas estejam ouvindo a entrevista a convite do entrevistado (sem que o entrevistador tenha conhecimento).

3.3. Gravação da entrevista

A depender do caso, é recomendável que o entrevistador peça ao entrevistado que não grave a entrevista, embora exista o risco de que o entrevistado grave mesmo assim (esse risco aumenta se a entrevista for conduzida virtualmente). Em qualquer cenário, o entrevistador deve adotar postura profissional e respeitosa, e deve estar preparado para lidar com diferentes reações por parte do entrevistado, que nem sempre serão positivas – considerando sempre que pode estar sendo gravado, ainda que sem seu conhecimento.

A gravação da entrevista pelo investigador é lícita, mesmo que o entrevistado não tenha ciência da gravação. A jurisprudência trabalhista se posiciona no sentido de que, desde que a gravação seja realizada por um dos interlocutores, com a intenção de se defender de eventuais alegações, esta poderá ser utilizada como prova. Desse modo, se o investigador quiser se precaver, ou se tiver suspeita de que o entrevistado está gravando a entrevista, poderá também assim fazê-lo.

A pessoa jurídica também pode avaliar pedir ao entrevistado que assine uma ata preparada pelo time de investigação com as notas da entrevista, com o objetivo de formalizar aquilo que foi dito e declarado, projetando utilizar o documento como prova, se necessário. Contudo, é possível que o entrevistado se recuse a assinar a ata ou, ainda que assine, conteste a sua validade em juízo se a ata for utilizada pela pessoa jurídica como uma prova (por exemplo, o entrevistado pode alegar que foi coagido a assinar o documento por seu empregador).

3.4. *UpJohn Warning* e outros cuidados gerais na condução de entrevistas

No início da entrevista, é recomendável que o entrevistador se apresente formalmente e explique que o procedimento é confidencial, e que a pessoa jurídica espera que o entrevistado mantenha sigilo sobre a entrevista e sobre a própria existência da investigação corporativa.

Caso a entrevista seja conduzida por um advogado, seja ele interno ou externo, é importante que o entrevistador informe ao entrevistado que ele é advogado da pessoa jurídica, e que não foi contratado para assessorar o entrevistado. Este aviso é conhecido como *UpJohn Warning*: *"O aviso que o advogado interno ou externo faz a um empregado da empresa para informar que o advogado representa somente a empresa e não o empregado individualmente"*[1].

Além dos outros cuidados já mencionados acima, o investigador deve estar preparado para receber do entrevistado solicitação de que seu advogado pessoal acompanhe a entrevista.

Uma vez apresentada a solicitação, não é recomendável proibir que o entrevistado convide seu advogado para participar da entrevista. Nessa situação, o investigador deve avaliar a conveniência de realizar a entrevista e deve estar ciente de que a presença do advogado pode limitar a sua capacidade de obter informações e esclarecimentos mais abrangentes.

Para proteger a pessoa jurídica e os investigadores de reclamações por parte de empregados entrevistados no sentido de que as entrevistas foram conduzidas de forma

---

1 Thomson Reuters, Practical Law. Glossary: Upjohn Warning. *Tradução livre do inglês. Disponível em: <https://uk.practicallaw.thomsonreuters.com/5-501-8808?transitionType=Default&contextData=(sc.Default)&firstPage=true#:~:text=Also%20known%20as%20a%20corporate,to%20Give%20an%20Upjohn%20Warning>. Último acesso em: 03 de julho de 2023.*

inadequada, abusiva ou desrespeitosa, recomenda-se que: (i) o número de entrevistadores não seja demasiado, o que aumenta a pressão sobre o entrevistado; (ii) não sejam propostas ou aceitas acareações; (iii) não sejam utilizadas técnicas de confronto antes do momento apropriado ou sem que tenha havido necessidade; e (iv) mesmo durante as entrevistas de confronto, sejam mantidos o respeito e profissionalismo do investigador.

4. REVISÃO DE DOCUMENTOS

4.1. Notificação de preservação de documentos (*hold notice*)

Em regra, antes de coletar o dispositivo corporativo de um empregado, é recomendável que o investigador envie ao empregado uma notificação de preservação de documentos (também conhecida pela expressão em inglês *hold notice*).

A notificação deve informar que o empregado foi identificado como um indivíduo que pode ter a posse de documentos e informações relevantes para um procedimento interno de apuração conduzido pela pessoa jurídica (também chamado de custodiante), e que, a partir da notificação, o empregado está proibido de apagar, deletar ou excluir quaisquer dados ou informações do dispositivo corporativo que será coletado pela pessoa jurídica.

Essa medida formaliza a expectativa da pessoa jurídica de que o empregado deverá cooperar com o procedimento de coleta do dispositivo, e que qualquer exclusão de informações após a notificação pode ser considerado um descumprimento objetivo de uma determinação da pessoa jurídica enquanto empregadora, o que pode levar à aplicação de medidas administrativas sob a perspectiva trabalhista (ver Seção 5 abaixo).

A coleta deve ser preferencialmente realizada por uma empresa especializada em tecnologia forense, que irá realizar todo o procedimento de acordo com regras e melhores práticas de mercado, mitigando o risco de questionamento da integridade/validade das informações e possibilitando o seu uso em juízo, se necessário. Ainda que não seja possível recuperar determinados dados deletados, uma empresa de tecnologia forense qualificada pode ser capaz de identificar que isso aconteceu, o que permitirá que a pessoa jurídica demonstre, se entender necessário, que o empregado descumpriu uma ordem expressa de não deletar documentos.

Em nenhuma hipótese, a empresa deve solicitar a entrega de um equipamento pessoal do empregado[2].

4.2. Utilização de imagens do local de trabalho

O monitoramento do ambiente de trabalho por meio de aparelhos audiovisuais é admitido em nosso ordenamento jurídico, diante da inexistência de proibição específica na legislação brasileira, desde que esteja voltado primordialmente para situações ligadas à saúde e segurança pessoal do trabalhador. Também poderá servir ao controle dos empregados, para acompanhar os serviços prestados e visando resguardar o patrimônio do empregador.

É de suma importância que o trabalhador tenha prévia ciência da realização do monitoramento, da localização dos

2 Por favor, notem que a orientação acima considera as melhores práticas com base na legislação brasileira. A depender do caso concreto, o investigador também deverá considerar particularidades de leis estrangeiras.

aparelhos e da finalidade do monitoramento. Na prática, essa transparência pode ser implementada no regulamento da pessoa jurídica ou por meio de acordo ou convenção coletiva de trabalho.

Atendidos esses requisitos, o produto do monitoramento pode ser utilizado pelo empregador em investigações corporativas, bem como servir como prova em ações judiciais, sem que o empregado denunciado tenha embasamento para se opor.

4.3. Coleta de dispositivos corporativos em posse do empregado

A etapa de revisão de documentos também é determinante para uma investigação corporativa. Por meio dela, o investigador busca identificar e-mails e outros documentos que comprovem, afastem ou deem contexto às alegações sob investigação.

Em alguns casos, parte das informações que serão analisadas pode estar armazenada no servidor da pessoa jurídica, mas também pode ser necessário coletar dispositivos corporativos em posse de um ou mais empregados, como notebooks, celulares e tablets.

Esse tipo de procedimento naturalmente desperta desconforto por parte do empregado, ainda que não tenha cometido ou não esteja envolvido em qualquer irregularidade, mas do ponto de vista jurídico, é plenamente viável.

Embora não haja legislação específica, a doutrina e a jurisprudência trabalhistas aceitam a possibilidade de acesso e controle do empregador sobre as mensagens enviadas e recebidas pelo empregado, por meio de e-mail e aplicativos de mensagens corporativos.

Tal entendimento se justifica pelo fato de estes serem considerados ferramentas de trabalho, destinados a fins estritamente profissionais.

Pela mesma razão, entende-se não haver qualquer aspecto da intimidade do empregado a ser preservada, sendo válido o controle do empregador para evitar eventuais abusos que poderiam, inclusive, causar prejuízos ao empregador.

Pondera-se também que o empregador, assinante do provedor de acesso à internet, é proprietário e responsável pelo e-mail e aplicativos de mensagens corporativos, devendo garantir a devida utilização e observância das disposições legais aplicáveis.

Para evitar eventual violação ao sigilo de correspondência e à intimidade do empregado, recomenda-se ao empregador que comunique previamente ao empregado que as ferramentas da empresa são fiscalizadas (idealmente no momento da admissão), lembrando-lhe que seu uso é estritamente profissional. Assim, nenhuma comunicação adicional será necessária no momento da investigação corporativa, nesse particular.

O e-mail particular, desvinculado do empregador, ou o endereço eletrônico conferido ao empregado, autorizado também para fins particulares, não são passíveis de utilização em investigações corporativas.

4.4. Cuidados com informações, imagem e dados pessoais do empregado

Ao longo da revisão de documentos coletados a partir do dispositivo corporativo do empregado, é possível que o investigador se depare com informações de cunho pessoal e/ou protegidas por algum tipo de sigilo, como declarações de imposto de renda da pessoa física, mensagens e fotos pessoais, interações com advogados pessoais, entre outras.

De alguma maneira, é possível que essas informações sejam relevantes para o escopo da investigação corporativa. Independentemente disso, o investigador deverá classificar o documento como "confidencial" ou "sensível" na ferramenta de análise e, idealmente, não disponibilizar esse material à pessoa jurídica ou simplesmente desconsiderá-lo. A utilização desse tipo de informação para fins da investigação corporativa é objeto de discussão entre especialistas e atrai substanciais riscos trabalhistas para a pessoa jurídica.

5. MEDIDAS ADMINISTRATIVAS SOB A PERSPECTIVA TRABALHISTA

5.1. Afastamento durante a investigação corporativa

Em determinadas situações, pode ser recomendável ou necessário afastar o empregado denunciado durante a realização de uma investigação corporativa. Esse afastamento, no entanto, não se confunde com a aplicação de sanções disciplinares, que devem ser utilizadas apenas após a conclusão da investigação corporativa, sob pena de tornarem-se inaplicáveis (vide item 5.3.1 – Vedação de dupla sanção pelo mesmo fato, abaixo).

Desse modo, o afastamento do trabalhador não impactará sua remuneração, que deve permanecer sendo paga normalmente.

Além disso, esse afastamento não pode acontecer por período indefinido ou demasiadamente longo, sob pena de que o empregado sofra um dano moral indenizável.

Consequentemente, essa alternativa deve ser adotada apenas quando reputada imprescindível, com o procedimento de investigação corporativa já devidamente mapeado.

5.2. Dispensa antes da conclusão da investigação corporativa

Em certas situações, a empresa julga ter elementos suficientes para justificar um desligamento, com ou sem justa causa, antes do término da investigação corporativa. Sendo esse o caso, não há vedação legal para que a dispensa seja realizada, com continuação dos procedimentos de investigação por determinado período.

No entanto, do ponto de vista da aplicação de uma dispensa correta e justa, sempre é recomendado que se aguarde o término das apurações em curso antes da tomada de decisão.

Uma vez que a empresa opte por uma dispensa sem justa causa, sua conversão por justa causa, no curso do aviso prévio, seria possível apenas em caso de falta cometida/descoberta nesse período.

Por outro lado, uma justa causa com provas frágeis provavelmente atrairá litígios, que acarretam o aumento de custo com a contratação de advogados, aumento de valores provisionados e desgaste dos envolvidos na ação.

5.3. Sanções disciplinares

O poder disciplinar se refere à prerrogativa do empregador de punir as faltas que o empregado praticar em serviço, ao transgredir os deveres a que está sujeito por força de lei, instrumento coletivo ou pelo contrato de trabalho.

As sanções que o empregador poderá valer-se no exercício desse poder são: (i) advertência, escrita ou verbal; (ii) suspensão sem pagamento de salários, limitada a 30 (trinta) dias consecutivos; e (iii) dispensa por justa causa. Nesse cenário, não se permite a aplicação de multa, sanção vexatória, transferência para local que prejudique o empregado, rebaixamento funcional, redução salarial, ou de qualquer outra medida que vise prejudicar o empregado para puni-lo. Por favor, notem que, com relação ao pagamento de bônus, caso haja previsão expressa em contrato de bônus e o trabalhador em questão for empregado hipersuficiente (com diploma universitário e remuneração mensal mínima de R$ 15.014,98, nesta data), é possível sustentar a redução do valor do pagamento como consequência da investigação corporativa. Em qualquer outra hipótese, a redução do valor seria proibida.

Na aplicação das sanções disciplinares, o empregador deverá ater-se ao nexo de causalidade entre a falta e a punição. Além disso, a punição deverá ser imediata, sob pena de ser entendido que houve um perdão tácito, hipótese em que o empregador perderá seu direito de punir.

5.3.1. Vedação de dupla sanção pelo mesmo fato

A legislação trabalhista proíbe a aplicação de dupla penalidade pela mesma falta e a imprescindibilidade de aplicação de sanções iguais para empregados que praticarem a mesma falta.

Não se exige que as penalidades sejam aplicadas de forma gradual, pois uma falta de elevada gravidade justifica, por si só, a aplicação de medida mais drástica. Nesse caso, importante observar também a proporcionalidade entre a falta e a sanção.

A punição abusiva ou excessiva poderá ser questionada pelo empregado, acarretando, em alguns casos, o dever de indenizá-lo. Nesse caso, o Poder Judiciário poderá ser acionado para decidir se a sanção foi regular ou lícita, podendo mantê-la ou cancelá-la e, eventualmente, definir a indenização correspondente à lesão sofrida.

5.3.2. Dispensa por justa causa

A rescisão do contrato de trabalho pode ocorrer por falta grave cometida pelo empregado, apurada após a conclusão da investigação corporativa. As faltas graves estão previstas no art. 482 da CLT e são configuradas por dois elementos: (i) gravidade; e (ii) atualidade e imediação entre a falta e a rescisão.

Para ser passível de dispensa por justa causa, a gravidade da falta deve ser extrema, para que não se puna de maneira desproporcional em relação ao ato faltoso; a dispensa também deve ser atual e imediata em relação ao ato praticado (ou seja, ainda que se admita um tempo razoável para realização da investigação corporativa, essa não deve se arrastar indefinidamente), sob pena de configuração de perdão tácito.

Estas são as hipóteses de dispensa do empregado por justa causa:

> (i) **Improbidade do empregado:** A improbidade é a prática pelo empregado de atos contrários às regras morais ou jurídicas que disciplinam a vida em sociedade, revestidos de desonestidade e má-fé. Traduz-se na falta de honradez do empregado no modo de conduzir-se na vida;
>
> (ii) **Má conduta / mau procedimento:** A má conduta é o exercício, dentro ou fora do ambiente de trabalho, de procedimentos sem moderação, sem comedimento, caracterizando

um mau comportamento do empregado em relação à moral e aos costumes. A falta grave somente se caracteriza com a habitualidade. O mau procedimento, por sua vez, está relacionado ao comportamento incorreto, inadequado. A habitualidade e o cometimento dentro do ambiente de trabalho não são exigidos;

(iii) **Negociação habitual ou ato de concorrência:** Negociação reiterada, por conta própria ou alheia, sem permissão do empregador e que configure ato de concorrência contra esse ou que prejudique o serviço;

(iv) **Condenação criminal do empregado:** A condenação criminal deve ser transitada em julgado (contra a qual não se cabe mais recurso algum), desde que não haja suspensão da execução da pena (sursis);

(v) **Desídia:** Habitual preguiça, desleixo, negligência, inércia e descaso do empregado no exercício de suas funções;

(vi) **Embriaguez habitual ou em serviço:** A embriaguez está relacionada ao consumo de qualquer substância tóxica psicoativa (álcool, cocaína, maconha etc.). Apesar de a legislação prever esse motivo para dispensa por justa causa, a jurisprudência tem entendido a embriaguez como doença, portanto, dependente de tratamento médico. Sob essa ótica, a dispensa não é lícita, exceto se o empregado se recusar a ser submetido a tratamento médico;

(vii) **Violação de informação confidencial do empregador:** Em razão do cargo que assume na empresa, o empregado pode ter acesso a documentos confidenciais do empregador sobre os quais deve guardar sigilo. A quebra desse dever permite a dispensa por justa causa;

(viii) **Indisciplina ou insubordinação:** A indisciplina está relacionada ao descumprimento de ordem conveniente ao funcionamento regular da empresa, traduz-se na desobediência a normas de caráter geral. A insubordinação significa o descumprimento de ordens diretas do superior hierárquico. A ordem não pode ser para realização de serviços superiores às forças do empregado, contrários aos bons costumes, alheios ao contrato etc.;

(ix) **Abandono do emprego:** De acordo com a jurisprudência, o abandono é caracterizado pela ausência injustificada do empregado por mais de 30 (trinta) dias ou por circunstância fática que demonstre inequivocamente que houve o abandono do emprego (admissão em outro emprego com horário incompatível, por exemplo);

(x) **Ato lesivo da honra ou da integridade física praticado no serviço:** Prática de ato de lesão, física ou moral, contra qualquer pessoa, durante a jornada de trabalho, salvo se em legítima defesa própria ou de outrem;

(xi) **Ato lesivo da honra ou da integridade física do empregador:** Prática de ato de lesão, física ou moral, contra o empregador ou superior hierárquico, dentro ou fora do ambiente de trabalho, salvo se em legítima defesa própria ou de outrem;

(xii) **Prática constante de jogos de azar:** jogos de azar são definidos como aqueles em que se depende somente da sorte ou muito mais da sorte do que do raciocínio. A prática deve ser habitual e pode ocorrer fora ou dentro do ambiente de trabalho;

(xiii) **Perda da habilitação:** Perda dos requisitos estabelecidos em lei para o exercício da profissão, em decorrência de conduta dolosa do empregado;

(xiv) **Atos atentatórios:** Prática, devidamente comprovada em inquérito administrativo, de atos atentatórios à segurança nacional.

Dispensas por justa causa causam a perda de verbas rescisórias previstas em lei[3], de modo que, normalmente são

3 A rescisão do contrato de trabalho por justa causa gera o pagamento das seguintes verbas ao empregado: (i) saldo de salário; (ii) décimo terceiro salário vencido; (iii) férias vencidas; e (iv) um terço sobre as férias vencias.

objeto de ações judiciais buscando sua reversão. Para que sejam validadas em juízo, essas dispensas devem ser robustamente comprovadas.

Se o resultado da investigação corporativa for inconclusivo, a aplicação de uma dispensa por justa causa será arriscado. Cabe à pessoa jurídica optar entre correr esse risco ou optar pela medida mais conservadora de um desligamento sem justa causa. Nem sempre o senso de justiça da empresa será atendido por uma investigação corporativa, mas ainda que não se possa "punir o infrator", deve-se procurar a ação mais adequada para proteger a vítima.

5.4. Alteração de função ou local de trabalho

O resultado da investigação corporativa pode sugerir a necessidade de alterar a função de empregados, vítimas ou denunciados. Essa alteração será lícita desde que: (i) não seja utilizada como punição ou retaliação; (ii) a função seja compatível com a capacidade do empregado; e (iii) a alteração não cause prejuízos diretos ou indiretos ao empregado. É recomendável, ainda obter a anuência do empregado antes da movimentação, para mitigar riscos de litígios futuros.

CAPÍTULO 10

Shadow investigation

Erica Sellin Sarubbi

Sócia-fundadora de Maeda, Ayres & Sarubbi Advogados. Master of Laws (LL.M.) pela Northwestern University School of Law

Tomás Fezas Vital Mesquita

Gerente Sênior de Investigações Corporativas na Accenture. Master of Laws (LL.M.) em Direito dos Negócios pela Fundação Getulio Vargas (FGV)

1. INTRODUÇÃO

Determinadas investigações corporativas requerem a realização de um acompanhamento aprofundado de todas as etapas do processo investigativo e das condutas adotadas pela equipe de investigação. Este acompanhamento é conduzido pelos auditores externos independentes e é conhecido como "*shadow investigation*".

A *shadow investigation*, diferente do que o nome sugere, não é uma investigação paralela ou uma "investigação sombra", mas sim o acompanhamento, de forma independente, de investigação conduzida por terceiros[1]. É importante estabelecermos esta diferença, pois neste capítulo não pretendemos discorrer sobre as diferentes etapas de uma investigação corporativa, suas melhores práticas, ou como agir frente a determinados obstáculos. Entendemos que tais temas estão amplamente abarcados nos demais capítulos desta obra.

Buscaremos abordar, de forma prática, as particularidades da *shadow investigation*, principalmente: (i) as diretrizes e regulamentos que a norteiam; (ii) hipóteses em que é aplicável, (iii) seus principais objetivos, e (iv) o que as empresas devem esperar quando submetidas a este procedimento. Este capítulo não discorrerá em detalhes sobre as obrigações inerentes às atividades dos auditores independentes.

1 Sejam eles terceiros independentes contratados pela empresa, como escritórios de advocacia ou outras empresas especializadas ou funcionários de áreas internas encarregados de conduzir investigações corporativas.

2. COMUNICADO TÉCNICO DE AUDITORIA 30 ("CTA 30")

Conforme mencionado acima, a *shadow investigation* é conduzida por auditores externo independentes quando existirem elementos necessários para a aplicação da medida. É importante, então, entendermos qual o papel dos auditores independentes neste contexto e o motivo pelos quais eles, por vezes, iniciam uma *shadow investigation*.

A auditoria independente é fundamental para dar transparência aos registros contábeis e financeiros das empresas, identificar e apontar possíveis inconsistências e distorções materiais em relação aos resultados apresentados além de, também, fortalecer aspectos de governança referentes à adequação das demonstrações contábeis[2].

As Normas Brasileiras de Contabilidade de Auditoria Independente ("NBC TA") trazem em seus "Objetivos Gerais do Auditor Independente e a Condução da Auditoria em Conformidade com Normas de Auditoria"[3] que os objetivos gerais do auditor independente abarcam, dentre outros:

> "(i) obter segurança razoável de que as demonstrações contábeis como um todo estão livres de distorção relevante, independentemente se causadas por fraude ou erro, possibilitando assim que o auditor expresse sua opinião sobre se as demonstrações contábeis foram elaboradas, em todos os aspectos relevantes, em conformidade com a estrutura de relatório financeiro aplicável; e

---

2 De acordo com as Normas Brasileiras de Contabilidade de Auditoria Independente 250 ("NBC TA 250"), é de responsabilidade da Administração da empresa "*sob a supervisão dos responsáveis pela governança, assegurar que as operações da entidade sejam conduzidas em conformidade com as disposições de leis e regulamentos, inclusive a conformidade com as disposições de leis e regulamentos que determinam os valores e divulgações reportadas nas demonstrações contábeis da entidade.*" (Item 3). *Disponível em*: "https://www1.cfc.org.br/sisweb/SRE/docs/NBCTA250.pdf".

3 NBC TA 200 - Objetivos Gerais do Auditor Independente e a Condução da Auditoria em Conformidade com Normas de Auditoria. *Disponível em*: "https://www1.cfc.org.br/sisweb/SRE/docs/NBCTA200(R1).pdf".

(ii) apresentar relatório sobre as demonstrações contábeis e comunicar-se como exigido pelas NBCs TA, em conformidade com as constatações do auditor."[4]

Logo, é prerrogativa do auditor independente obter informações adequadas sobre os dados e informações recebidas da empresa a fim de divulgar sua opinião especializada ao mercado. É com base em tal opinião que diversos *stakeholders* tomarão decisões informadas sobre como agir em relação a determinada empresa e/ou a seus ativos.

Isso posto, em determinadas situações em que os auditores independentes recebem informações de que as empresas que auditam estão ou estiveram sujeitas a determinada investigação corporativa cujo escopo e/ou resultados podem ser relevantes para fins da auditoria, eles determinam o início do procedimento de *shadow investigation*, a fim de prover segurança razoável em relação à matéria objeto da investigação.

Em 17 de junho de 2021 foi divulgado pelo Conselho Federal de Contabilidade ("CFC") o Comunicado Técnico de Auditoria 30 ("CTA 30") criado com objetivo de dispor orientações sobre "*a abordagem e impactos na auditoria de demonstrações contábeis de entidades envolvidas em assuntos relacionados a não conformidade ou suspeitas de não conformidade com leis e regulamentos, incluindo atos ilegais ou fraude.*"[5], O CTA 30 foi publicado em 1º de julho do mesmo ano no Diário Oficial da União.

O CTA 30 resultou de amplo debate técnico, decorrente de audiência pública realizada pelo CFC entre 29 de abril e 29 de maio de 2021 para discussões sobre a minuta inicial

4 NBC TA 200, Pg. 3. *Disponível em*: "https://www1.cfc.org.br/sisweb/SRE/docs/NBCTA200(R1).pdf".
5 CTA 30, Preâmbulo. *Disponível em*: "https://cfc.org.br/wp-content/uploads/2021/06/CTA-30.pdf".

do comunicado técnico. A minuta foi amplamente discutida tendo recebido sugestões e comentários relevantes[6].

Mais especificamente, o CTA 30 formalmente reconhece a prática da *shadow investigation*, provendo-a de diretrizes que devem ser observadas nos casos concretos. Neste sentido, o item 63 do CTA 30 indica que a *shadow investigation* servirá para acompanhar os trabalhos conduzidos pela equipe de investigação ou, nos casos em que a investigação corporativa já foi encerrada, avaliará o trabalho conduzido.

O CTA 30 é relevante pois traz, formalmente, os requisitos técnicos e parâmetros necessários para a condução da *shadow investigation*, uma atividade que embora já fosse praticada no contexto de investigações corporativas, não dispunha de orientações do CFC.

Aos auditores independentes é facultado o início de uma *shadow investigation* de forma bastante ampla, sempre que existirem suspeitas de não conformidade que não sejam claramente inconsequentes. No âmbito da *shadow investigation*, os auditores independentes devem receber da equipe de investigação evidências para que tenham condições de avaliar os impactos nas demonstrações contábeis, sendo tais evidências obtidas por uma avaliação independente e objetiva.

Para fins do CTA 30, é importante separarmos resultados "relevantes para a auditoria" de "resultados materiais". Neste sentido, o Comunicado Técnico de Auditoria 30 ("CTA 30") indica que:

"O termo 'relevante para a auditoria' no contexto de suspeita de não conformidade não é equivalente a 'material',

6 *Disponível em*: "https://cfc.org.br/noticias/cfc-aceita-sugestoes-e-comentarios-sobre-comunicado-tecnico-de-auditoria-30/".

especialmente em relação ao aspecto quantitativo. Uma suspeita de não conformidade pode ser relevante para a auditoria devido à sua natureza, mas pode não ser material para as demonstrações contábeis e, portanto, pode não resultar em distorção. Por exemplo, é provável que suspeitas de não conformidades cometidas por um membro da alta administração da entidade, ou que possa causar danos significativos reais ou potenciais a investidores, credores, funcionários ou público em geral (por exemplo, questões de interesse público) sejam assuntos 'relevantes para a auditoria', mesmo que os valores envolvidos sejam imateriais para as demonstrações contábeis."[7]

A *shadow investigation* não é usualmente iniciada em razão de desconfiança dos auditores independentes sobre a empresa auditada, seus administradores, o objeto da investigação ou da equipe que conduz a investigação, seja ela interna ou externa à empresa; mas sim, visa garantir que a metodologia aplicada, o escopo adotado, as atividades desempenhadas e os achados identificados conseguem garantir, aos auditores, a segurança razoável a eles exigida para atestar sobre as demonstrações contábeis do ente jurídico.

Neste sentido, o escopo da investigação conduzida pela equipe de investigação e da *shadow investigation* são semelhantes, mas não idênticos, considerando que os auditores independentes podem realizar análises mais amplas sob alguns aspectos e buscar também entender não apenas o objeto da investigação, mas também outros aspectos relevantes, como suporte da administração, colaboração dos empregados, e o eventual envolvimento de empregados que prestam algum

7 CTA 30, Item 42. *Disponível em*: "https://cfc.org.br/wp-content/uploads/2021/06/CTA-30.pdf".

tipo de certificação, ainda que informais, aos auditores independentes (genericamente chamados de "certificadores" de informações relevantes). Os prazos de conclusão das atividades são também, por vezes, distintos, considerando as diferentes obrigações inerentes a cada grupo de profissionais.

3. CONDUÇÃO DA *SHADOW INVESTIGATION*

Os auditores independentes deverão revisar, no âmbito da *shadow investigation*, não só os procedimentos adotados pela equipe de investigação, mas também a metodologia do trabalho e o racional pelo qual determinada equipe interna e/ou assessor externo foi selecionado para condução dos trabalhos.

Em relação ao último ponto, é imperativo que os auditores independentes tenham confiança de que o exercício de apuração seja dotado da autonomia e independência necessários para elucidação dos fatos, de forma completa e adequada. Desta forma, um dos primeiros procedimentos realizados pelos auditores independentes durante o processo de *shadow investigation* compreende na revisão dos termos de contratação e histórico entre a companhia e os assessores externos, incluindo escritórios de advocacia que eventualmente realizem os trabalhos de investigação, bem como dos demais assessores contratados para realização de atividades complementares, como *eDiscovery*, análise financeira, *background checks*, etc., bem como a independência e adequação da linha de reporte da equipe de investigação.

É comum, neste sentido, que, caso não seja possível às empresas garantirem que uma equipe interna responsável por investigações corporativas possa agir com a autonomia e independência necessárias, assessores externos sejam contratados para conduzir os trabalhos investigativos, reportando a órgãos colegiados da alta administração, sejam eles já institucionalizados ou formados para este fim específico (*i.e.*, comitês *ad hoc*).

Uma vez garantida a adequação da equipe que fará a apuração dos fatos e o canal de reporte apropriado, é comum aos auditores independentes revisarem as alegações/denúncias iniciais e todos os documentos a elas anexadas, a fim de determinar se o escopo determinado pela equipe de investigação (no âmbito do plano de investigação específico) abrange todos os fatos e riscos trazidos ao conhecimento da empresa.

Os planos de ação, neste contexto, configuram peça essencial do exercício investigativo, vez que não só regem as atividades a serem desempenhadas pela equipe de investigação, como também garantem a não extrapolação do mandato conferido pela empresa, devendo o trabalho da equipe de investigação ser delimitado ao escopo de sua contratação.

Se confortáveis com a linha de reporte e o escopo apresentado e revisado, os auditores independentes então revisam a metodologia da investigação corporativa, ou seja, o racional e as atividades desenvolvidas para elucidação dos fatos. Durante o processo de análise da metodologia, é comum que os auditores independentes contem com o auxílio de especialistas forenses[8] para validar, também, as fontes dos dados

8 CTA 30, Item 40: "As suspeitas de não conformidade, que não sejam consideradas como claramente inconsequentes, geralmente requerem o envolvimento de especialistas de forensic pelos auditores, quando da avaliação para fins de auditoria." Disponível em: "https://cfc.org.br/wp-content/uploads/2021/06/CTA-30.pdf".

utilizadas para obtenção de informações relevantes durante a investigação. Os auditores independentes normalmente solicitarão informações sobre as medidas tomadas para resguardar a completude das informações coletadas durante o processo de preservação e coleta de dados relevantes.

Ao avaliar a metodologia da investigação corporativa, os auditores independentes buscarão entender, dentre outras coisas, (i) as fontes de informações físicas e eletrônicas coletadas, (ii) dados estruturados e não-estruturados processados, (iii) se sistemas foram testados, (iv) transações revisadas e critérios de seleção das mesmas, (v) comunicações analisadas, (vi) termos de pesquisa e critérios de revisão aplicados aos dados eletrônicos para revisão de documentos, (vii) colaboradores entrevistados, e (viii) se análises de antecedentes em relação a indivíduos relevantes foram realizadas (*background checks*)[9].

---

9 CTA 30, Item 64: "Os procedimentos de auditoria executados pelo auditor com o auxílio dos seus especialistas de forensic, em relação à condução da investigação estruturada pelo cliente de auditoria, podem envolver:
(a) revisão dos processos de coleta, processamento e análise de dados, incluindo dados eletrônicos;
(b) revisão forensic da documentação preparada pelos investigadores;
(c) revisão da avaliação feita pelos investigadores dos antecedentes (background check) dos indivíduos que fornecem representação sobre as demonstrações contábeis ao auditor;
(d) leitura de documentação objeto da investigação, incluindo e-mails com base nos termos de pesquisa (palavras-chaves) determinados, por exemplo a totalidade dos documentos considerados críticos (hot e/ou relevant) e por amostragem da documentação não considerada crítica pela investigação;
(e) revisão dos testes de transações relacionados com a investigação, como, por exemplo, o processo de compras, vendas, gestão de estoque e outros, conforme aplicável, bem como efetivação de testes independentes, a fim de concluir sobre a adequação das conclusões obtidas ao longo da investigação;
(f) leitura e discussão de acordos (de leniência, de colaboração, por exemplo) com órgãos governamentais, como o Ministério Público, CGU, CADE e outros, se aplicável;
(g) discussão, a partir das evidências que se tornaram disponíveis, sobre se a lista de entrevistados deve ou não ser objeto de extensão;
(h) revisão e discussão dos resultados das entrevistas realizadas com os investigados e demais profissionais, inclusive dos indivíduos que fornecem representação sobre as demonstrações contábeis ao auditor;
(i) determinação se há circunstâncias sugerindo a participação do auditor e seu especialista de forensic nas entrevistas ou, alternativamente, disponibilização, para a equipe de auditoria, da transcrição ou das notas dessas entrevistas;
(j) monitoramento das mídias relacionadas à entidade e, inclusive, mas não só, ao objeto da suspeita de não conformidade; e
(k) entendimento da estrutura do departamento de *compliance* e correspondentes políticas e processos, dos relatórios da área de ética e independência da entidade, análises feitas em relação às ocorrências registradas em canais de denúncia, também denominados de hotline ou canal de ética e independência." Disponível em: "https://cfc.org.br/wp-content/uploads/2021/06/CTA-30.pdf".

A depender do estágio da investigação corporativa, os auditores independentes poderão solicitar à equipe de investigação que revisite critérios, ações ou etapas desenvolvidas ou a desenvolver, de forma que os esforços envidados pelos investigadores possam, também, auxiliar os auditores a alcançarem os seus próprios objetivos no âmbito da *shadow investigation*.

Um exemplo comum neste contexto é o pedido de revisão ou complementação de termos de pesquisa no âmbito da revisão de comunicações eletrônicas. A equipe de investigação elabora palavras-chave com base nas denúncias e informações pertinentes ao caso em tela, com o objetivo de capturar comunicações eletrônicas que contenham aqueles termos definidos. Os auditores independentes, então, podem solicitar a inclusão de novas palavras-chave específicas ou, ainda, a edição de palavras-chave existentes para deixá-las mais abrangentes, portanto, expandindo o universo da revisão de comunicações eletrônicas.

Outro exemplo é a solicitação para que a equipe de investigação entreviste determinados colaboradores da empresa ou, caso a investigação tenha sido concluída, o questionamento do motivo pelo qual não o fizeram ao longo da investigação corporativa. Como é sabido, as entrevistas são uma valiosa fonte de informações e as percepções de colaboradores são bastante importantes para os auditores independentes basearem suas conclusões, especialmente se tais colaboradores são certificadores ou estão envolvidos na elaboração/divulgação dos resultados contábeis da empresa.

Tão importante quanto a definição do escopo abrangido pela equipe de investigação, é também o escopo da *shadow investigation*. Os auditores independentes deverão estabelecer, de início, um escopo condizente com os objetivos e informações que necessitam identificar, a fim de obterem segurança razoável para continuidade do exercício regular da auditoria independente. Neste contexto, não é apropriado que os auditores independentes exijam da equipe de investigação a revisão de informações e fatos que não se comuniquem e/ou não sejam relevantes para o escopo da investigação corporativa ou, alternativamente, que não sejam materiais ou relevantes para fins da auditoria.

É comum aos auditores independentes revisarem as informações identificadas como relevantes e, também, uma amostra daquelas tidas como não relevantes para o propósito da investigação corporativa. No âmbito da revisão de tais dados, é ainda mais relevante aos auditores independentes que possam ter acesso aos resultados das análises referentes aos certificadores da companhia. Considerando o risco de que tais pessoas pudessem estar envolvidas em potencial conduta ilícita. Este eventual cenário poderia, inclusive, ocasionar uma solicitação dos auditores independentes para revisitar demonstrações financeiras aprovadas caso perca a confiança nos agentes certificadores.

Neste sentido, é importante que a equipe de investigação apresente os principais achados da investigação e o porquê de eventuais documentos/informações terem sido considerados relevantes para o propósito da investigação corporativa.

A análise desses procedimentos inerentes às investigações corporativas é relevante para demonstrar aos auditores independentes a adequação da metodologia de investigação adotada. Logo, é fundamental que todas as atividades desenvolvidas no contexto da investigação corporativa sejam devidamente registradas pela equipe de investigação, a fim de conseguir demonstrar aos auditores independentes a metodologia, racional e as etapas desenvolvidas.

Por fim, e após a revisão pormenorizada e acompanhamento das atividades da investigação corporativa, o auditor solicitará acesso as conclusões da investigação, incluindo, mas não se limitando a detalhamento sobre escopo, metodologia, principais achados e recomendações da investigação corporativa. Tais informações servirão de base para os auditores independentes prepararem relatório interno com suas próprias conclusões, seja pela suficiência do que foi realizado ou, ao contrário, pela necessidade de realização de atividades/informações adicionais. Neste sentido:

> "O auditor deve avaliar a investigação, no contexto da auditoria das demonstrações contábeis, especialmente em relação aos itens de 42 a 65, que envolvem a avaliação da estrutura de governança da investigação, o alcance, os procedimentos executados e a conclusão da investigação. Caso o auditor não concorde com determinados aspectos da investigação, ele deve avaliar os impactos disso na obtenção de evidência de auditoria apropriada e suficiente para que possa opinar sobre as demonstrações contábeis como um todo."[10]

No contexto do compartilhamento de informações entre equipe de investigação e auditores independentes, é importante notar que a confidencialidade da investigação corporativa deve ser discutida, protegida e respeitada pelas

10 CTA 30, Item 66. *Disponível em*: "https://cfc.org.br/wp-content/uploads/2021/06/CTA-30.pdf".

partes, a fim de que informações confidenciais ou sejam indevidamente compartilhadas sem a expressa anuência do detentor legal do sigilo, a companhia sob investigação. Em se tratando de investigações corporativas conduzidas por advogados, o sigilo e confidencialidade das informações é protegido pela prerrogativa da profissão, estando amparado pela Constituição Federal[11], pelo Estatuto da Ordem dos Advogados do Brasil ("OAB")[12] e pelo Código de Ética da OAB[13] e ainda por outras doutrinas eventualmente aplicáveis e igualmente relevantes como as doutrinas norte-americanas do "Attorney-client privilege" e "Attorney-work product".

A empresa investigada e a equipe de investigação poderão realizar tarefas adicionais sobre eventuais novos questionamentos apresentados pelos auditores independentes ou, estes mesmos podem solicitar dados que julguem necessários para a finalização da *shadow investigation* e divulgação de sua opinião especializada.

---

11 CF, Art. 133: "Art. 133 O advogado é indispensável à administração da justiça, sendo inviolável por seus atos e manifestações no exercício da profissão, nos limites da lei."

12 Lei Federal 8.906/1994, Art. 7°, II: "Art. 7° São direitos do advogado: (...) II – a inviolabilidade de seu escritório ou local de trabalho, bem como de seus instrumentos de trabalho, de sua correspondência escrita, eletrônica, telefônica e telemática, desde que relativas ao exercício da advocacia"
(...)
Art. 7°, XIX: "Art. 7° São direitos do advogado: (...) XIX – recusar-se a depor como testemunha em processo no qual funcionou ou deva funcionar, ou sobre fato relacionado com pessoa de quem seja ou foi advogado, mesmo quando autorizado ou solicitado pelo constituinte, bem como sobre fato que constitua sigilo profissional"
(...)
Art. 34, VII: "Art. 34. Constitui infração disciplinar: (...) VII – violar, sem justa causa, sigilo profissional"

13 Resolução 02/2015 – Código de Ética e Disciplina da OAB, Art. 35: "Art. 35. O advogado tem o dever de guardar sigilo dos fatos de que tome conhecimento no exercício da profissão.
(...)
Art. 36: "Art. 36 O sigilo profissional é de ordem pública, independendo de solicitação de reserva que lhe seja feita pelo cliente. (...)
§ 1° Presumem-se confidenciais as comunicações de qualquer natureza entre advogado e cliente."
(...)
Art. 38: "Art. 38. O advogado não é obrigado a depor, em processo ou procedimento judicial, administrativo ou arbitral, sobre fatos a cujo respeito deva guardar sigilo profissional."

4. CONCLUSÃO

A *shadow investigation* é ferramenta fundamental para que os auditores independentes tenham segurança de que as informações auditáveis são, de fato, reais e baseadas em fatos averiguáveis. A cooperação e o bom relacionamento entre auditores independentes, equipe de investigação corporativa e a própria empresa é imperativa para que as informações necessárias sejam identificadas e comunicadas de forma responsável e transparente a todos os *stakeholders* interessados.

Logo, este importante trabalho conduzido por auditores independentes não deve ser interpretado como um obstáculo ao trabalho investigativo, mas sim como uma salvaguarda da empresa e um instrumento utilizado pelos auditores independentes para que realizem seus trabalhos visando maior transparência ao mercado, respeitados os mandatos de todos os envolvidos no complexo contexto de investigações internas independentes.

CAPÍTULO 11

Investigações em múltiplas jurisdições: principais desafios e cuidados

Rafaela Pozzi de Cálcena

Advogada qualificada em Nova York e São Paulo. Associada do King & Spalding LLP. Master of Laws (LL.M.) pela New York University (NYU). Bacharel em Direito pela Universidade Presbiteriana Mackenzie

1. INTRODUÇÃO

Cada investigação tem suas particularidades e complexidades. Como abordado nos capítulos anteriores, investigações corporativas se iniciam de diferentes formas e se desenvolvem com base na análise de fatos.[1] Investigações abrangendo múltiplas jurisdições são aquelas em que a conduta sob investigação ocorreu em mais de um país, bem como investigações em que a conduta é doméstica, mas há efeitos em outros países.

Algumas investigações têm escopo internacional mesmo quando a conduta em si ocorreu em apenas um país, uma vez que há riscos de a conduta ser investigada pelas autoridades reguladoras de um outro país. Esse é o caso, por exemplo, de uma conduta ocorrida no Brasil sujeita ao *Foreign Corrupt Practices Act* ("FCPA") dos Estados Unidos. Há, contudo, situações menos explícitas. Por exemplo, uma investigação envolvendo fraude contábil afetando os resultados de uma companhia aberta poderia desencadear uma ação indenizatória (*class action*) nos Estados Unidos caso a companhia tenha comercializado ações ou dívidas neste país.

Investigações que abrangem mais de um país são, por si só, mais complexas do que investigações domésticas, tendo em vista que é necessário ponderar uma série de fatores que normalmente não fazem parte de uma investigação doméstica. Alguns desses fatores são: a análise da lei local de todos os países envolvidos, planejamento da logística da investigação (incluindo, por exemplo, planejamento e execução da coleta e processamento de dados, tradução de documentos, planejamento das entrevistas das testemunhas), a

1 Para maiores informações sobre os diferentes eventos que ensejam uma investigação vide Capítulo 1.

coordenação e alinhamento dos trabalhos de investigação entre os diferentes países, e a coordenação e conciliação dos interesses da empresa controladora e suas subsidiárias. Esses fatores são usualmente analisados no começo dos trabalhos de investigação, mas como a investigação é dinâmica, a análise evolui conforme o seu desenvolvimento.

2. A ESTRUTURA DA INVESTIGAÇÃO EM MÚLTIPLAS JURISDIÇÕES

Uma vez tomada a decisão de conduzir uma investigação corporativa, um dos primeiros passos, seja a investigação internacional ou doméstica, é definir o escopo e objetivo da investigação, bem como quem será responsável por liderar os trabalhos.[2]

2.1. Definição de escopo e estratégia

O escopo será definido com base nas alegações a serem investigadas. Como já discutido neste Manual, o escopo da investigação inclui a definição do período temporal a ser investigado, identificação das possíveis testemunhas (indivíduos que potencialmente podem ter conhecimento sobre as alegações, ou que tenham conhecimento sobre a área de negócios afetada), a sua delimitação geográfica, bem como o assunto a ser investigado.

É de fundamental importância que o escopo seja definido de forma apropriada,[3] isto é, que o escopo em

---

2 King & Spalding (Estados Unidos), General Counsel's decision tree, Internal Investigations, (setembro de 2023), disponível em: https://www.kslaw.com/attachments/000/011/155/original/GC_Decision_Tree.pdf?1695330646, pp. 8, 14. Acesso em 15 de novembro de 2023.

3 Vide, por exemplo, U.S. Department of Justice (Estados Unidos), Criminal Division, Evaluation of Corporate *Compliance* Programs, (março de 2023), disponível em https://www.justice.gov/

investigação possibilite a completa apuração das alegações. Uma investigação com um escopo muito restrito pode não alcançar o seu objetivo, por outro lado, uma investigação muito abrangente pode ser improdutiva e excessivamente custosa. Investigações internacionais demandam muitos recursos, porém, é preciso considerar que eventuais prejuízos financeiros, consequências legais e reputacionais são significativamente muito maiores. Portanto, embora o investimento com a investigação pareça alto, a investigação bem conduzida pode mitigar gastos muito maiores. Contudo, vale evitar buscas extremamente abrangentes e desnecessárias mantendo o foco da investigação na sua causa raiz (*root cause*) e nos fatores que podem ter contribuído para o ocorrido.[4] Por isso, o objetivo e o escopo da investigação devem estar claros (e preferencialmente documentados) antes do começo dos trabalhos, pois servirão como um guia que orientará a investigação.

Com a definição do escopo investigatório, será definido quais os países e as unidades de negócios abrangidos, quem são as testemunhas e onde elas estão baseadas, assim como, quem são as pessoas do jurídico/*compliance* da companhia que apoiarão a investigação nas diversas localidades, entre outros pontos. A equipe de investigação, nessa ocasião, avalia as prioridades e analisa quais são as áreas de negócio e os países que apresentam um risco maior para a companhia, definindo-se assim a estratégia e alocação dos recursos de forma mais eficiente. Tal avaliação de riscos considera diversos fatores,

criminal-fraud/page/file/937501/download, p. 6. Acesso em 15 de novembro de 2023.

4 King & Spalding (Estados Unidos), General Counsel's decision tree, Internal Investigations, p. 8.

dentre eles: quais são os potenciais reguladores que a companhia terá que lidar caso essa investigação chegue ao conhecimento das autoridades governamentais, quais as obrigações, eventuais violações, e consequências em cada região. A partir dessa análise, a equipe de investigação decide, por exemplo, qual região ou área de negócio será priorizada pela investigação.

Embora a definição do escopo no começo dos trabalhos seja imprescindível, é importante ter em mente que na medida em que a investigação avança, é possível que o escopo e objetivos iniciais mudem. Uma investigação inicialmente delimitada a uma região específica pode ter seu escopo expandido para outras regiões caso surjam fatos que suportem essa decisão. Os fatos apurados podem revelar a necessidade de incluir outras testemunhas no escopo. Ademais, caso a investigação revele fatos não relacionados ao escopo inicial que podem trazer riscos para a companhia, estes não devem ser ignorados, e a equipe de investigação deve avaliar se é pertinente uma nova frente de investigação ou a expansão do escopo inicial.[5]

2.2. Quem conduzirá a investigação

A decisão sobre quem conduzirá a investigação costuma depender do escopo a ser investigado. Investigações simples que ocorrem frequentemente podem ser (e geralmente são) conduzidas internamente pela companhia, porém investigações em que a alegação pode acarretar consequências graves para a companhia devem, em regra, ser conduzidas por advogados externos.

5 King & Spalding, General Counsel's decision tree, Internal Investigations, p. 8.

Um dos principais motivos para a contratação de advogado especializado em investigações internacionais é necessidade de analisar e entender a legislação dos diferentes países incluídos no escopo investigatório. Tal análise deve compreender as possíveis violações legais e consequências para a companhia e indivíduos. Por exemplo, se estivermos diante de uma investigação envolvendo corrupção, é importante que a companhia tenha conhecimento sobre as possíveis consequências em cada país o quanto antes para poder antecipar, avaliar e deliberar sobre os caminhos a serem tomados.

Nesses casos, é comum a contratação de um escritório de advocacia para liderar a investigação internacional, o qual conduz a investigação nos países em que tiver atuação e coordena a atuação de advogados locais nos demais países. Em geral, o escritório que lidera os trabalhos é aquele que possui maior expertise para o caso concreto (*e.g.*, possui mais experiência em liderar esse tipo de investigação, está baseado na jurisdição onde os riscos são maiores, ou possui escritório em vários países abrangidos pelo escopo investigatório). Desse modo, o líder da investigação é responsável por coordenar o trabalho dos escritórios locais e conduzir a investigação com o apoio da equipe jurídica e/ou de *compliance* da companhia,[6] a qual assegurará que os investigadores tenham acesso aos documentos e testemunhas relevantes para apuração dos fatos. É fundamental que a investigação seja conduzida por equipe com qualificação

6 A equipe interna que apoia o escritório de advocacia na condução da investigação varia conforme a estrutura de governança da companhia e o assunto sob investigação. Note-se que é comum a contratação pelo escritório de advocacia de prestadores de serviços para apoiar a investigação.

adequada,[7] a qual tenha acesso a todos os recursos necessários para condução eficaz de seu trabalho.

Para a definição dos membros da equipe de investigação é importante considerar a multiplicidade de culturas e idiomas abrangidos pela investigação. Assim, os seguintes questionamentos normalmente são feitos: Quais os idiomas falados pelas principais testemunhas? Onde elas estão baseadas? Há documentos em língua estrangeira? Há alguma questão cultural relevante? São questões enfrentadas na fase inicial da investigação e que podem afetar sua eficiência.

Se a investigação envolver potencial violação de leis ou regulações, ou se houver alguma possibilidade de a investigação desencadear uma investigação do governo ou litígio, a companhia precisa tomar medidas para assegurar a proteção do privilégio legal.[8] Essa é mais uma razão que justifica a contratação de advogados externos para conduzir investigações corporativas tendo em vista que investigações conduzidas por advogados externos asseguram maior proteção do privilégio advogado-cliente do que investigações conduzidas internamente pelo jurídico. Como abordado no item a seguir, em certas jurisdições a proteção do privilégio é mais limitada para advogados *in-house*.

Ademais, outro benefício em se contratar advogados externos para condução da investigação é assegurar a independência da apuração. Uma investigação independente desfruta de maior credibilidade,[9] fator que é muito

---

7 Vide, por exemplo, U.S. Department of Justice, Criminal Division, Evaluation of Corporate *Compliance* Programs, pp. 6, 16.

8 King & Spalding, General Counsel's decision tree, Internal Investigations, p. 14.

9 Vide, por exemplo, discurso do ex-diretor de *enforcement* do Financial Conduct Authority (FCA) afirmando que o grau de independência do investigador é um fator relevante para a avaliação da credibilidade de uma investigação interna. U.K. Financial Conduct Authority, discurso de Jamie Symington,

importante para que terceiros, como por exemplo, auditores externos, investidores, ou autoridades governamentais, confiem que a investigação foi conduzida de maneira apropriada. Por isso, em casos em que as alegações trazem potencial exposição para companhia, é essencial que a investigação seja conduzida por um investigador independente e com credibilidade, para que a companhia possa se apoiar no relatório preparado pelo investigador ao final dos trabalhos caso, no futuro, as alegações se tornem públicas.

3. ANÁLISE E ENTENDIMENTO DAS JURISDIÇÕES ENVOLVIDAS

3.1. Leis locais

Uma investigação que abrange diferentes áreas geográficas demanda a análise das diferentes leis e regulações aplicáveis para a obtenção de entendimento sobre as potenciais violações e o mapeamento dos riscos. Por isso, antes de iniciar a investigação em si, é necessário avaliar as leis tendo em vista que podem – e comumente existem – diferentes restrições e regulações a depender das jurisdições envolvidas.

Diante dessas peculiaridades, é recomendada a consulta de advogado especialista nas regiões abrangidas pela investigação para mapear riscos e recomendar a melhor estratégia para a investigação.[10] Além da aná-

(5 de novembro de 2015), disponível em, https://www.fca.org.uk/news/speeches/internal-investigations-firms. Acesso em 15 de novembro de 2023.

10 O'Melveny & Myers LLP (Estados Unidos), In-House Counsel's Guide to Conducting Internal Investigations, (janeiro de 2020), disponível em https://www.omm.com/omm_distribution/white_collar_defense/guide%20_to_conducting_internal_investigations_jan_2020.pdf, p. 19. Acesso em 15 de novembro de 2023.

lise das condutas alegadas e potenciais violações legais, outras questões que costumam ser analisadas são o privilégio advogado-cliente, leis trabalhistas, privacidade de dados, dentre outras.

No que diz respeito ao privilégio legal, assunto tratado no capítulo 2 deste Manual,[11] a proteção às comunicações com advogados, bem como aos documentos produzidos pelos advogados ou por solicitação de advogados para suporte da investigação, varia em cada país. Por exemplo, a depender do país, o privilégio advogado-cliente pode não se aplicar aos advogados da empresa. Nos Estados Unidos o privilégio advogado-cliente é aplicável tanto às comunicações com advogados externos, assim como advogados *in-house*.[12] Por outro lado, em alguns países europeus o privilégio se aplica apenas às comunicações entre o cliente e os advogados externos, comunicações com advogados *in-house* não desfrutam da mesma proteção.[13]

A área trabalhista também costuma demandar a análise das leis locais.[14] Em certos países, empregados possuem mais direitos do que em outros, o que pode incluir, por exemplo: a limitação sobre os documentos que podem ser coletados para a investigação, o direito a um advogado ou

---

11 Vide Capítulo 2, Confidencialidade e Privilégio Legal, por Gustavo Oliva Galizzi.

12 RAAD, Amanda, et al., Individuals in Cross-Border Investigations or Proceedings: The US Perspective, The Practioners's Guide to Global Investigations, Volume I, Seventh Edition, (2023), p. 879. Note-se há um risco de que as comunicações com advogados *in-house* sejam consideradas "business communications" as quais não são cobertas pelo privilégio, vide O'Melveny & Myers LLP, In-House Counsel's Guide to Conducting Internal Investigations.

13 RAAD, Amanda, et al., Individuals in Cross-Border Investigations or Proceedings: The US Perspective, The Practioners's Guide to Global Investigations, Volume I, Seventh Edition, (2023), p. 879. O'Melveny & Myers LLP, In-House Counsel's Guide to Conducting Internal Investigations, p. 17. Vide também, *Akzo Nobel Chems. Ltd. v. European Comm'n*, Case C-550/07 P, Judgment of the Court at 9-11 (ECJ 14 de setembro de 2010), disponível em http://curia.europa.eu/juris/document/document.jsf?text=&docid=82839&pageIndex=0&doclang=EN&mode=lst&dir=&occ=first&part=1&cid=3515879. Acesso em 20 de novembro de 2023.

14 Para maiores informações sobre aspectos trabalhistas em investigações corporativas no Brasil, vide Capítulo 9.

representante sindical para assistir o empregado na investigação, a obrigação do empregador de notificar certos indivíduos ou entidades sobre a investigação que será conduzida, dentre outros.[15]

Outra área que demanda uma análise por jurisdição é privacidade de dados. Certos países possuem leis mais rigorosas que podem afetar a coleta de documentos e informações, assim como o processo de entrevistas. Há países que cujas leis de privacidade de dados proíbem a coleta e revisão de dados pessoais sem o consentimento dos empregados, impõem tratamento diferenciado para o processamento de dados pessoais identificáveis, proíbem perguntas sobre determinados assuntos particulares, bem como restringem a transferência de dados para outros países.[16]

Um exemplo que ilustra diferentes regras entre o Brasil e os Estados Unidos envolve a coleta de celular pessoal de empregado que o utiliza para fins relacionados ao seu emprego. Nos Estados Unidos o uso de aparelho celular pessoal para condução de negócios pode ensejar a coleta e processamento dos dados no aparelho pessoal do funcionário, a depender da política da empresa e do caso concreto. Note-se que isso é mais comum em empresas reguladas pela SEC – *Securities and Exchange Commission*.[17] Já no Brasil, a Lei Geral de Proteção de Dados, Lei 13.709/2018,

---

15 O'Melveny & Myers LLP, In-House Counsel's Guide to Conducting Internal Investigations, p. 17.

16 *Id.*, pp. 17-18.

17 WILLIAMS, Milton, et al., Employees Rights: The U.S. Perspective, The Practioners's Guide to Global Investigations, Volume I, Seventh Edition, (2023), p. 809. Vide, U.S. Department of Justice, Criminal Division, Evaluation of Corporate *Compliance* Programs, pp. 17-18. Por exemplo, em 2022, a SEC anunciou resoluções com pelo menos 16 instituições financeiras por violações de obrigações de armazenamento de comunicações, as quais estavam armazenadas em telefones pessoais de funcionários, vide U.S. SECURITIES AND EXCHANGE COMMISSION, Enforcement Division, SEC Charges 16 Wall Street Firms with Widespread Recordkeeping Failures, https://www.sec.gov/news/press-release/2022-174, acesso em 5 de maio de 2024.

(LGPD) concede uma proteção maior aos dados pessoais do empregado, o que dificulta a coleta dos dados no aparelho pessoal demandando uma análise minuciosa das circunstâncias do caso concreto.[18]

3.2. Múltiplas autoridades governamentais

No caso de investigações sobre alegações que possam causar danos significativos para a companhia, ainda que a companhia não tenha conhecimento de qualquer investigação governamental sobre tais alegações, é crucial a análise e entendimento sobre quem são as autoridades governamentais competentes em cada país e quais são as consequências de uma potencial investigação.

Assumindo que a investigação interna tenha concluído que houve uma conduta ilegal, é preciso considerar como seria o diálogo com tais autoridades, se há mais de uma autoridade competente em cada região (por exemplo, Controladoria Geral da União – CGU, Comissão de Valores Mobiliários – CVM, Ministério Público, no caso do Brasil, e *Department of Justice* – DoJ, *Securities and Exchange Commission* – SEC, no caso dos Estados Unidos), como seria a eventual negociação de uma resolução com diversas autoridades, se seria possível a celebração de um acordo global com todas as jurisdições envolvidas, quais são os critérios para alcançar crédito de cooperação, quais as expectativas em relação à remediação das condutas, quais são os precedentes recentemente investigados por essas autoridades que se assemelham às alegações em apreço e quais foram as consequências para a companhia (por exemplo, valores

---

18 Vide também Capítulo 9 sobre Aspectos Trabalhistas.

da multa pecuniária, obrigações de reporte ao regulador, obrigação contínua de cooperação, contratação de consultoria para aprimorar o programa de *compliance*, monitoramento, etc.), dentre outras questões.

Essa análise é importante pois a companhia precisa dimensionar quais os riscos que eventual investigação pode trazer, e se preparar para comunicar e deliberar sobre isso com os órgãos de governança relevantes (por exemplo, conselho de administração, comitê de auditoria). Ademais, essa análise também é pertinente caso a companhia decida fazer uma autodenúncia para as autoridades governamentais, ou se existir uma obrigação de reporte em alguma jurisdição. Importante lembrar que mesmo que a companhia não tenha conhecimento sobre uma investigação conduzida pelas autoridades governamentais, não se pode descartar essa possibilidade porque as alegações podem chegar ao conhecimento das autoridades por terceiros – como, por exemplo, um prestador de serviço, funcionário, ou ex-funcionário da companhia (*whistleblower*). Por isso, a companhia precisa estar preparada para esse cenário.

4. CONDUÇÃO DA INVESTIGAÇÃO

Como já abordado neste Manual, em geral, a condução de investigações corporativas envolve a coleta de evidências, a análise de documentos, a condução de entrevistas com testemunhas e com o alvo da investigação, a conclusão da apuração, e o reporte dos resultados. Existem algumas considerações específicas no caso de investigações internacionais no que diz respeito à logística, estratégia, e execução da investigação.

4.1. Preservação e coleta de dados

Assim que a companhia determinar necessidade de investigar, é fundamental a preservação de todos os dados eventualmente relevantes para o período em análise. Para tanto, a companhia envia aos seus funcionários uma notificação para preservação de documentos, a qual requer que todos os documentos (e-mails, arquivos físico ou eletrônico, mensagens de texto, etc.) referentes ao período objeto da investigação sejam mantidos no sistema ou em arquivo físico.[19] Nessa etapa, os responsáveis pela condução da investigação avaliam onde as informações relevantes para investigação estão armazenadas, ou seja, onde e como os custodiantes arquivaram documentos, bem como quais as principais formas de comunicação utilizadas. Possíveis fontes de dados incluem arquivos físicos, servidores da companhia, *hard drives*, *laptops*, *shared drives*, *home offices*, celulares corporativos, dispositivos pessoais, entre outros.

É prudente o questionamento em entrevistas preliminares com os custodiantes sobre como as comunicações foram feitas e onde os documentos estão armazenados para que a investigação tenha o conforto de que a coleta de documentos está completa.[20] É preciso levar em conta que a depender do país, a forma de comunicação mais comum pode variar. Por exemplo, no Brasil é muito comum o uso do aplicativo WhatsApp, enquanto nos Estados Unidos seu uso é consideravelmente mais limitado e o uso de mensagens de texto (SMS e iMessage) é mais comum.

---

19 King & Spalding, General Counsel's decision tree, Internal Investigations, p. 9.
20 *Id.*

Além disso, como já discutido, as regras sobre quais documentos podem ser coletados do funcionário costumam variar de acordo com a jurisdição, por isso esse é um ponto de atenção em investigações internacionais. Ademais, é importante que a equipe de investigação analise o código de conduta e as políticas e procedimentos da empresa, em particular, políticas sobre o uso de equipamentos eletrônicos de propriedade da empresa, bem como as leis da jurisdição em questão.

4.2. Apuração dos fatos

Em seguida, será feito o processamento dos e-mails e arquivos físicos dos custodiantes. A etapa subsequente consiste na revisão e análise desses documentos. Comumente, essa é uma etapa da investigação que demanda tempo na medida em que o volume de dados pode ser muito grande. O tempo de revisão pode ser ainda mais longo em investigações internacionais tendo em vista que é comum a existência de documentos em diversos idiomas os quais precisarão ser traduzidos.

Para tornar a revisão mais eficiente, é recomendado que se faça uma análise inicial sobre quais são os potenciais documentos chave que devem ser priorizados na revisão.[21] O representante do departamento jurídico e/ou de *compliance* responsável por apoiar a investigação costuma fornecer informações relevantes para auxiliar os investigadores nesse primeiro momento de identificação dos documentos. Em alguns casos, é recomendada a realização de entrevista preliminar com alguns custodiantes para obter entendimento sobre quais são os documentos chave que devem ser priorizados.

---

21 *Id.* p. 7.

O próximo passo costuma ser a condução de buscas eletrônicas por documentos relevantes com base em palavras-chave, assim como buscas por comunicações com determinadas pessoas em períodos específicos. Uma vez analisados os fatos levantados, geralmente inicia-se a fase de preparação para as entrevistas dos custodiantes.

As entrevistas são uma etapa muito importante na fase de apuração dos fatos, em especial em casos em que não há muita evidência documental (*e.g.*, casos de corrupção).[22] A entrevista pode ter diferentes objetivos dependendo do momento em que for realizada e do caso concreto. Entrevistas realizadas no começo da investigação geralmente tem o objetivo de auxiliar os investigadores a definição do escopo e na coleta dos documentos. Já as entrevistas focadas nas alegações em investigação têm o objetivo de ajudar o investigador no entendimento dos fatos, na análise sobre potencial envolvimento de indivíduos e de possíveis argumentos de defesa da companhia.

Em geral, a estratégia para a condução das entrevistas varia conforme o caso. Em muitas situações é mais eficiente completar a revisão de documentos para que se tenha maior conhecimento sobre os fatos e, em seguida, conduzir a entrevista. Por outro lado, há situações em que é importante falar rapidamente com a testemunha, no caso de, por exemplo, existir o risco desse indivíduo deixar a companhia e decidir não colaborar com a investigação. É possível também que seja feita uma entrevista inicial antes da conclusão da revisão dos documentos, e uma nova entrevista após a conclusão da análise documental. A ordem em que

22 Maiores detalhes sobre a fase de entrevistas são abordados no Capítulo 6 deste Manual.

as entrevistas serão conduzidas também varia conforme o caso. Normalmente, a estratégia é iniciar as entrevistas com os funcionários com um nível de senioridade mais baixo e seguir progressivamente. No entanto, não há regras absolutas e a análise deve ser feita caso a caso.[23]

No caso específico de uma investigação internacional, a equipe de investigação deve considerar se as entrevistas serão presenciais mesmo para as testemunhas baseadas em outros países, quem estará presente nas entrevistas, como será feito o transporte dos documentos para a entrevista, se há algum risco em transportar informações sensíveis para outro país (que pode demandar o uso de um *laptop* sem documentos e informações sensíveis para viagens), entre outras questões.

Embora seja preferível realizar entrevistas presenciais, os custos podem ser impeditivos. Nesse caso, uma saída é realizar entrevistas virtuais com testemunhas menos relevantes e realizar entrevistas presenciais apenas com as testemunhas principais. No caso de as entrevistas serem virtuais, para mitigar o risco de compartilhamento indevido de informação, é preferível que os documentos sejam compartilhados por meio da plataforma de videoconferência durante a entrevista, a não ser que o documento seja muito complexo e impossibilite a análise durante a entrevista. Nesse caso, o investigador pode enviar o documento antes da entrevista por meio de plataforma que permita a transferência segura de arquivos (*e.g.*, sites FTP), mas deve reforçar a importância da confidencialidade.

Ademais, especialmente quando houver a necessidade de viagem para execução de entrevistas, é preciso considerar

23 King & Spalding, General Counsel's decision tree, Internal Investigations, pp. 17-18.

cuidadosamente quem participará da entrevista. É sempre recomendável ter mais de uma pessoa participando da entrevista para que haja uma testemunha sobre os fatos relatados.[24] Contudo, como o objetivo da entrevista é obter informações do entrevistado, a equipe de investigação deve pensar em como tornar o ambiente menos intimidador. É natural que o entrevistado se sinta desconfortável e não tenha familiaridade com o processo de entrevistas em investigações corporativas, principalmente quando há advogados estrangeiros envolvidos. Lembre-se que, na maioria das vezes, o entrevistado nunca passou por uma entrevista desse tipo e naturalmente se sentirá desconfortável em falar sobre colegas e fatos ocorridos no ambiente de trabalho. Por isso, costuma ser apropriado fornecer informações sobre o processo investigatório ao entrevistado, esclarecendo que a participação do entrevistado tem o objetivo de ajudar a companhia a obter um entendimento sobre os fatos.

Além disso, se possível, é recomendado que a entrevista seja realizada no idioma nativo do entrevistado para evitar desentendimento entre as partes. Uma estratégia é deixar os advogados locais conduzirem as entrevistas das testemunhas baseadas na sua jurisdição. Se isso não for possível, o entrevistador pode considerar se é pertinente contratar um tradutor para participar da entrevista. Da mesma forma, os documentos a serem apresentados para a testemunha precisam ser traduzidos. De todo modo, no momento do agendamento da entrevista, uma boa prática é perguntar ao entrevistado se ele prefere que a entrevista seja realizada em seu idioma nativo.

---

24 *Id.* p. 18.

5. CONCLUSÃO DA INVESTIGAÇÃO: REPORTE E POSSÍVEIS CONSEQUÊNCIAS

Ao final da apuração dos fatos, é apropriado que o responsável pela investigação reporte os resultados para o órgão de governança, ou pessoa que autorizou a investigação. Para quem esse reporte será dirigido depende da estrutura de governança da empresa e, normalmente, do assunto objeto da investigação. No caso de investigações em múltiplas jurisdições, muitas vezes, a empresa global (controladora) é o cliente e recebe o reporte ainda que a conduta tenha acontecido em outra localidade geográfica.

A decisão sobre como documentar a investigação interna dependerá das circunstâncias do caso concreto.[25] Um relatório por escrito detalhando todas as etapas da investigação é necessário em algumas situações, por exemplo, nos casos em que existem obrigações regulatórias de reporte às autoridades, bem como em casos em que a empresa tornará a investigação pública.[26] Por outro lado, nos casos em que a investigação não demande reporte às autoridades, muitas vezes é preferível que o reporte seja feito de forma verbal.[27]

Alguns pontos levados em consideração na decisão sobre o formato do reporte incluem: a proteção do reporte pelo privilégio advogado-cliente, as obrigações da companhia para com o conselho de administração e seus acionistas, o risco de uma ação judicial promovida por acionistas da empresa, a existência de investigação relacionada conduzida por autoridades governamentais,

25 Vide Capítulo 8 sobre reporte da investigação.
26 As companhias também devem avaliar suas obrigações de reporte aos auditores independentes.
27 King & Spalding, General Counsel's decision tree, Internal Investigations, p. 23.

a decisão de fazer uma autodenúncia para as autoridades governamentais, dentre outros pontos.[28]

Ao final da investigação, assumindo que a investigação tenha identificado infrações legais, a companhia deve ponderar e deliberar com os seus órgãos de governança sobre os benefícios de fazer uma autodenúncia às autoridades competentes e os riscos de não fazer. A decisão de reportar uma conduta às autoridades envolve uma análise complexa da qual participam diversos *stakeholders*, incluindo o conselho de administração. O fato de existirem múltiplas jurisdições envolvidas na investigação torna essa decisão ainda mais complexa pois a negociação com múltiplas entidades traz maior insegurança. Isso porque o benefício de fazer a autodenúncia pode ser incerto em alguns países. No caso dos Estados Unidos, por exemplo, o DoJ incentiva fortemente o reporte voluntário de condutas identificadas pelas companhias e considera esse o melhor caminho para que a companhia obtenha uma resolução mais benéfica. Além disso, com o objetivo de dar mais segurança e transparência sobre os benefícios do reporte, todas as autoridades criminais de *enforcement* dos Estados Unidos possuem políticas de autodenúncia que apresentam as expectativas do governo e os benefícios que as companhias podem esperar.[29-30]

Independentemente da decisão da companhia sobre fazer a autodenúncia, uma vez concluída a investigação,

---

28 Id.

29 Vide, discurso da Deputy Attorney Lisa Monaco na American Bar Association National Institute on White Collar Crime, (2 de março de 2023), disponível em: https://www.justice.gov/opa/speech/deputy-attorney-general-lisa-monaco-delivers-remarks-american-bar-association-national. U.S. DEPARTMENT OF JUSTICE, Voluntary Self Disclosure and Monitor Selection Policies, disponível em, https://www.justice.gov/corporate-crime/voluntary-self-disclosure-and-monitor-selection-policies. Acesso em 10 de novembro de 2023.

30 Vide Capítulo 8 Reporte de Resultados que aborda alguns aspectos da autodenúncia no Brasil.

a companhia deve tomar as medidas cabíveis em virtude das conclusões dos trabalhos. Essas medidas podem incluir tanto a remediação do programa de *compliance*, como também a aplicação de medidas disciplinares. Muitas vezes investigações internas revelam falhas no programa de *compliance* da companhia que deve ser aperfeiçoado para evitar que outras situações similares ocorram. A remediação pode incluir a criação ou revisão de políticas e procedimentos, controles internos adicionais, reforço de comunicação e treinamento de *compliance*, dentre outras medidas.

No caso de a investigação abranger os Estados Unidos, algumas considerações são relevantes. Primeiramente, é pertinente considerar que a expectativa do DoJ é de que as companhias aprendam com esses incidentes e documentem quais medidas foram tomadas em resposta aos achados da investigação.[31] Além disso, a companhia deve tomar medidas disciplinares contra aqueles que violaram suas políticas e procedimentos internos, as quais dever ser aplicadas de forma consistente pela companhia. Ademais, o DoJ entende que um dos pilares de um programa efetivo de *compliance* é o estabelecimento de incentivos e desincentivos no caso de violações às políticas internas e/ou às leis.[32] Dentre os incentivos e desincentivos esperados, a expectativa é de que as empresas implementem políticas de remuneração que permitam que a companhia obtenha restituição de compensação paga ao empregado em casos em que ele foi o responsável pela violação legal. Por outro lado, espera-se que a companhia crie incentivos financeiros para

31 U.S. Department of Justice, Criminal Division, Evaluation of Corporate *Compliance* Programs, pp. 15-18.
32 *Id.*, p. 12.

premiar o comportamento ético.[33] Por fim, é pertinente mapear os dados relacionados às violações disciplinares para mensurar a eficácia das funções de investigação e gestão de consequências, como, por exemplo, o monitoramento da eficácia e consistência das medidas disciplinares nos diferentes níveis de senioridade, regiões geográficas, e departamentos da organização.[34]

6. CONSIDERAÇÕES FINAIS

Em síntese, investigações envolvendo múltiplos países são complexas e muitas vezes tratam de temas que podem trazer grandes prejuízos financeiros e reputacionais para a companhia. Por isso, antes de se iniciar uma investigação internacional, é necessário deixar claro qual o seu objetivo e planejar como será a condução dos trabalhos. Em virtude da necessidade de entender a legislação de diferentes jurisdições e para assegurar a independência da investigação, é recomendada a contratação de advogados especializados para desenvolver a estratégia da investigação, análise de riscos, coordenação e condução da investigação com o apoio da equipe jurídica e/ou de *compliance* da companhia.

33 *Id.*, pp. 12-13.
34 *Id.*, p. 12.

CAPÍTULO 12

Investigações concorrenciais

Marcos Drummond Malvar

Sócio das áreas concorrencial, anticorrupção e *compliance* de Levy & Salomão Advogados. Bacharel em Direito pela Universidade de Brasília (UnB) e MBA em Direito da Economia e da Empresa pela Fundação Getulio Vargas (FGV)

Gabriela Costa Carvalho Forsman

Integrante das áreas concorrencial, anticorrupção e *compliance* de Levy & Salomão Advogados. Mestrado em Direito Penal Econômico na Fundação Getulio Vargas de São Paulo. Master of Laws (LL.M.) em Stanford University

1. INTRODUÇÃO

No Brasil, uma categoria de ilícitos empresariais ganhou destaque nas últimas duas décadas, em razão da crescente atuação da autoridade responsável pela sua persecução. São as infrações da ordem econômica, tipificadas atualmente pela Lei 12.529/11, e cuja persecução no âmbito administrativo é de responsabilidade do Conselho Administrativo de Defesa Econômica – CADE. Em âmbito administrativo, as sanções pecuniárias pela prática desses ilícitos podem chegar a 20% do faturamento bruto anual no ramo de atividade afetado pela conduta.

Além de constituírem ilícito administrativo, algumas infrações da ordem econômica, também chamadas de infrações concorrenciais, são tipificadas também criminalmente pela Lei 8.137/90. Podem, portanto, gerar consequências penais para as pessoas físicas envolvidas, com previsão de pena de reclusão de dois a cinco anos e multa.

Além da responsabilização administrativa e criminal, como qualquer outro ato ilícito, as infrações concorrenciais sujeitam os infratores ao dever de indenizar eventuais prejuízos causados a terceiros. No caso de carteis[1], a Lei 14.770/22 prevê que a indenização seja paga em dobro, salvo cooperação do infrator com as autoridades.

---

1 O §3°, do art. 36, da Lei 12.529/11 define como cartel:
"I – acordar, combinar, manipular ou ajustar com concorrente, sob qualquer forma:
a) os preços de bens ou serviços ofertados individualmente;
b) a produção ou a comercialização de uma quantidade restrita ou limitada de bens ou a prestação de um número, volume ou frequência restrita ou limitada de serviços;
c) a divisão de partes ou segmentos de um mercado atual ou potencial de bens ou serviços, mediante, dentre outros, a distribuição de clientes, fornecedores, regiões ou períodos;
d) preços, condições, vantagens ou abstenção em licitação pública;
II – promover, obter ou influenciar a adoção de conduta comercial uniforme ou concertada entre concorrentes;"

A relevância das sanções pecuniárias que podem ser impostas pelo CADE, a possibilidade de responsabilização criminal e os vultosos valores de indenização que podem ser cobrados já justificariam extrema cautela de qualquer empresa para evitar a prática de infrações concorrenciais. Há, ainda, uma peculiaridade adicional nesse tipo de infração que recomenda cautela: a tipificação aberta. Exceto pelo cartel, que é tipificado como um ilícito *per se*, segundo entendimento jurisprudencial e doutrinário majoritário, as infrações da ordem econômica dependem da demonstração de efeitos negativos sobre a livre concorrência para que configurem ilícitos. Essa definição não é trivial e, por vezes, não pode ser respondida pela tradicional técnica jurídica de simples verificação de materialidade, autoria e subsunção do fato ao tipo infracional.

Mesmo as condutas listadas no §3º do art. 36 da Lei 12.529/11 como exemplos de possíveis ilícitos concorrenciais podem não configurar infração da ordem econômica se não tiverem por efeito a redução da livre concorrência ou o abuso de posição dominante. De fato, diversas das condutas listadas no referido dispositivo legal são praticadas todos os dias por empresas, inclusive com efeitos pró-competitivos, sem que haja nisso qualquer infração à lei.

O contrário também é verdade, isto é, mesmo condutas que não estão expressamente descritas no rol exemplificativo da lei podem configurar infração da ordem econômica se tiverem por efeito a redução da livre concorrência ou o abuso de posição dominante. Trata-se, portanto, de um tipo infracional aberto, em que o ilícito está mais relacionado aos efeitos potencialmente produzidos pelos atos da empresa que à natureza dos atos em si.

Isso traz uma dificuldade adicional para as empresas, que é identificar quando que uma mesma conduta será considerada lícita ou ilícita, a depender dos efeitos que produza. Tal identificação depende, muitas vezes, de análises econômicas desses efeitos sobre os mercados potencialmente afetados, o que potencialmente traz elevado grau de incerteza.

Se a própria definição do que é ou não ilícito é complexa, também o será a investigação corporativa da ocorrência dessas práticas. Casos de cartel podem não ter essa dificuldade, dada a sua caracterização de ilícito *per se*, mas casos que envolvam (i) apenas trocas de informação com concorrentes, (ii) acordos com concorrentes, distribuidores, clientes ou fornecedores ou (iii) condutas unilaterais trazem grau mais elevado de complexidade para a investigação corporativa. Afinal, demandam, para cada atitude dos prepostos da empresa, análise do efeito sobre o mercado, para além da simples identificação de materialidade e autoria.

2. ILÍCITOS CONCORRENCIAIS

O primeiro passo ao se organizar uma investigação corporativa é saber o que se busca encontrar na investigação, quais são os potenciais achados. Apesar da natureza ampla da tipificação, a maioria das infrações da ordem econômica se materializa através de alguns poucos tipos de conduta, que podem ser objeto de um escrutínio mais detalhado durante a investigação. Abaixo, comenta-se alguns desses tipos de conduta e as suas peculiaridades.

Cartel

Pela ampla ciência da tipificação penal do cartel, trata-se de conduta de mais difícil detecção. Os envolvidos na prática tendem a esconder sua ocorrência, temendo não apenas as sanções corporativas, mas principalmente as consequências penais.

Disso resulta a necessidade de, em uma investigação de cartel, mais que em outras investigações concorrenciais, agir rápido para garantir a retenção de documentos e outras provas.

Também é útil avaliar desde o primeiro momento a abordagem que a empresa terá em relação às pessoas envolvidas. Se (i) buscará sancionar os envolvidos ou se (ii) oferecerá aconselhamento legal, manutenção de emprego ou remuneração e, em alguns casos, indenizações rescisórias suplementares aos que decidirem cooperar.

A primeira abordagem tende a criar, no longo prazo, efeito dissuasório da prática, porque passa a mensagem que nem mesmo o emprego está garantido a quem se envolve em ato ilícito dessa gravidade. Por outro lado, desincentiva a pessoa a colaborar com a empresa na descoberta do ocorrido e de suas evidências. Essa colaboração, por vezes, é o que determina a viabilidade ou não de celebração de um bom acordo pela pessoa jurídica. Muitas vezes, sem a colaboração das pessoas, a colaboração que a própria empresa pode ofertar às autoridades para gerar alavancagem investigativa contra terceiros é mínima, o que torna o acordo pouco conveniente e oportuno para o Poder Público.

Já na segunda abordagem, corre-se o risco de se passar uma imagem de leniência com a conduta criminosa por parte dos envolvidos, fazendo atuais e futuros colaboradores crerem que a prática de cartel é tolerada pela empresa. Por outro lado, ao compartilhar com a pessoa física os benefícios de um acordo de leniência, por exemplo, especialmente a imunidade criminal, a disposição em colaborar é estimulada. Ao fazê-lo, o empregado pode ajudar a própria empresa, com a identificação de provas que podem gerar vantagens substantivas na negociação de acordos, além de permitir a rápida e precisa identificação dos demais envolvidos e da extensão da conduta.

Independentemente da abordagem que se tenha em relação a pessoas físicas, nos casos de cartel, é sempre útil que as investigações busquem não apenas pela conduta assim denominada, mas também por expressões que buscam suavizar o caráter criminoso frequentemente atribuído ao cartel. Expressões como "Acordo de Cavalheiros", "Respeito", "Clube", "Combate à predação", "Preservação do Mercado", dentre outras tantas são frequentemente usadas para se referir a acordo anticompetitivos entre concorrentes sem mencionar a palavra cartel.

Troca de informações entre concorrentes

A troca de informações entre concorrentes, ao contrário do cartel, não é um ilícito per se, o que dificulta a distinção do que configura e não configura ilícito. A legalidade ou ilegalidade da conduta dependerá da sensibilidade comercial da informação trocada, da historicidade e agregação da informação, bem como da sua capacidade para gerar uma coordenação, ainda que tácita, na oferta de produtos e serviços, dentre outros fatores.

Dada essa ausência de objetividade na determinação da licitude ou não da troca de informação, no âmbito de uma investigação corporativa, há uma inversão de padrão de análise. No lugar de definir o que é lícito, define-se primeiro quais seriam os possíveis propósitos lícitos para se tratar com um concorrente para, em seguida, remeter a uma segunda análise, mais aprofundada, tudo o que não se restringir estritamente às hipóteses de contato lícito previamente definidos.

A investigação desse tipo de conduta depende, quase sempre, de entrevistas com as pessoas envolvidas nas trocas de informações eventualmente identificadas, para saber seu real propósito e o que foi discutido em cada encontro ou reunião. Nesse particular, é útil também conhecer a dinâmica competitiva do mercado em que atua a empresa, para saber classificar a sensibilidade de cada tipo de informação. Uma boa análise da conduta de troca de informações depende de saber se o tipo de informação trocada é um elemento de assimetria entre competidores, cuja compartilhamento pode afetar a dinâmica competitiva dos mercados.

Além disso, a investigação de conduta de troca de informações pode se confundir com a investigação de um possível cartel, dado que, como regra, carteis também demandam troca intensa de informações entre os participantes. Nem sempre é clara a linha divisória entre uma conduta e outra e o momento em que uma troca de informações evolui para se tornar um acordo entre concorrentes, ainda que tácito. Por isso, a depender do contexto em que se dá a troca de informações, a investigação corporativa deve tratar a conduta como possível cartel até que reúna elementos suficientes para descartar a existência de um acordo anticompetitivo entre concorrentes.

Por fim, investigações corporativas de troca de informações devem se ocupar dos limites de atividades de *benchmarking*, em que se buscam informações do mercado como um todo para subsidiar tomada de decisões internas. Há poucos precedentes acerca do tema que permitam delinear uma linha clara sobre o que a autoridade antitruste considera aceitável em termos de *benchmarking* e o que teria o potencial de uniformizar as condutas dos agentes de mercado e afetar a concorrência. Nesse particular, a postura recomendável para a investigação corporativa é focar nas práticas de *benchmarking* com o objetivo de entender quais informações foram trocadas, sua historicidade e sua agregação, de forma a produzir recomendações de como reduzir o risco antitruste envolvido nessa prática.

Condutas unilaterais

Dado que não configuram crime, é menos frequente que condutas unilaterais nos mais variados tipos sejam levadas a cabo de forma sigilosa ou sem que os fatos a ela relacionados sejam amplamente conhecidos, ao menos dentro da organização. Por esse motivo, é também muito menos frequente que condutas unilaterais sejam objeto de investigações corporativas.

Em geral, processos em que se investigam condutas unilaterais comportam muito mais discussão sobre efeitos da conduta sobre o mercado que sobre a ocorrência ou não da conduta em si. Outro fator que desestimula a realização de investigações corporativas de condutas unilaterais é o fato de que há menos incentivos para colaboração quando ocorrem esse tipo de infração, pois, em se tratando de ato unilateral, não há quem o autor da conduta possa delatar.

Ainda assim, não se pode descartar a necessidade de se promover investigações internas para apurar condutas como restrição de produção ou oferta, imposição de exclusividade ou outas formas de abuso de posição dominante para impedir ou dificultar a entrada ou a atuação de concorrentes.

Nesses casos, o foco da investigação tende a ser a motivação para a adoção da prática, a existência ou não de justificativas econômicas para a sua adoção diversas da lesão à concorrência e a ciência dos potenciais efeitos exclusionários pelas pessoas envolvidas.

Dada a responsabilidade objetiva instituída pela Lei 12.529/11 para as empresas, tal ciência dos efeitos da conduta pelas pessoas envolvidas não afeta a conclusão acerca da sua licitude ou ilicitude. Pode, no entanto, ser importante fator para demonstração de boa-fé da conduta do agente econômico, o que pode ser levado em conta pela autoridade antitruste no âmbito de eventual dosimetria da pena a ser aplicada. Também pode ser útil na determinação das consequências internas da conduta para as pessoas envolvidas. Sem comprovação da ciência clara do caráter ilícito, por exemplo, não se pode punir as pessoas envolvidas no âmbito trabalhista, inviabilizando demissões por justa causa.

Assim, não é incomum que a principal utilidade da investigação interna de condutas unilaterais seja o fornecimento de elementos para a tomada de decisão interna quanto às atitudes a serem tomadas em relação às pessoas envolvidas. Nesses casos, o resultado da investigação tende a ser menos relevante para a definição da conduta das empresas em relação a agentes externos a ela, como as autoridades antitrustes.

Mercados em que há crescente escrutínio das autoridades antitrustes e mapeamento de riscos

Nas últimas duas décadas, as investigações de cartel foram prioridade na pauta das autoridades antitrustes globais e no Brasil não foi diferente. Houve uma crescente mobilização de esforços e aprimoramento legislativo voltados à persecução dos carteis, tendo como resultado a abertura de inúmeras investigações, seja de ofício, seja na esteira da celebração de acordos de leniência.

Mais recentemente, por razões que ainda são objeto de debate entre acadêmicos e outros profissionais da área, uma queda na celebração de acordos de leniência teve como consequência uma redução também no número de investigações de cartel. Com isso, o foco de atuação das autoridades antitrustes vem gradualmente mudando. No Brasil, há uma maior preocupação com a investigação de condutas unilaterais e, também, com dois mercados que antes não eram objeto de atuação do CADE: mercados digitais e mercado de trabalho.

Recentemente, em março de 2021, o CADE instaurou processo administrativo contra empresas do setor de saúde para apurar possível cartel e troca de informações "*no mercado de trabalho empregado na indústria de produtos, equipamentos e serviços correlatos para cuidados com a saúde (healthcare)*"[2]. A ação segue uma diretriz de maior persecução de práticas

2 Processo Administrativo 08700.004548/2019-61

antitrustes no mercado de trabalho adotada pelas autoridades antitrustes estadunidenses, publicada em 2016[3].

A expectativa é que, dada a pouca percepção de que ações da área de recursos humanos das empresas poderiam suscitar preocupações antitrustes, um número maior de casos seja levado ao CADE e que diversas práticas de empresas sejam revistas. Assim, eventuais investigações corporativas nessa área devem ter como foco não apenas a produção de material para eventual elucidação de fatos e defesa ou colaboração com autoridades, mas principalmente a revisão de práticas internas de forma a mitigar o risco de sanções antitrustes.

Outros mercados em que há crescente escrutínio antitruste são os mercados digitais. Essa maior preocupação do CADE e de outras autoridades antitrustes se deve ao crescente papel que as big techs e outras plataformas digitais vêm desempenhando na sociedade.

O desafio para investigações internas nesses mercados é que a configuração de ilícitos antitrustes é ainda mais complexa, em razão de características peculiares, como: a) condutas não focadas em preço; b) propensão a *tipping* (migração de um mercado com vários concorrentes para um dominado por um único *player*); c) mercados de múltiplos lados; d) rápida alteração da dinâmica competitiva; etc.

Apesar da complexidade da análise de efeitos em mercados com características tão diversas daquelas usualmente encontradas pelas autoridades antitrustes ao investigar outros mercados, é crescente o número de investigações

3 Disponível em https://www.justice.gov/atr/file/903511/download, acesso em 30 de julho de 2023.

envolvendo mercados digitais. Também se verifica que, dado o dinamismo dos mercados digitais, há uma tendência maior à adoção de medidas preventivas pelas autoridades antitrustes, o que pode causar impactos significativos para as empresas investigadas.

O desafio para a investigação corporativa dessas condutas é justamente mapear os riscos de produção de efeitos anticompetitivos que ensejam atuação das autoridades, assim minimizando os riscos para a empresa. Mais que punir e encontrar culpados, a investigação corporativa, nesse particular, busca mapear riscos e direcionar a empresa para uma atuação preventiva da infração da ordem econômica.

Embora o efeito reputacional de uma condenação por conduta unilateral não seja tão negativo quanto o de uma condenação por cartel, por exemplo, as sanções de ordem pecuniária e obrigações de alteração de práticas comerciais podem impactar significativamente a vida da empresa.

Como já afirmado, a Lei de Defesa da Concorrência prevê multas de 0,1 a 20% do faturamento bruto anual da empresa no ramo de atividade afetada. Já se uma possível conduta unilateral é precocemente identificada pela empresa, uma solução negociada com a autoridade antitruste pode ser alcançada até mesmo sem o pagamento de multa, com o oferecimento apenas da cessação da conduta, por vezes de forma que seja menos disruptiva aos negócios e aos mercados[4].

4 O artigo 184 do Regimento Interno do CADE prevê que a contribuição pecuniária só é obrigatória nos Termos de Compromisso de Cessação – TCCs celebrados em *"investigação de acordo, combinação, manipulação ou ajuste entre concorrentes, ou ainda de promoção, obtenção ou influência a adoção de conduta comercial uniformeou concertada entre concorrentes"*.

Assim, é fundamental que empresas tenham mecanismos de monitoramento de riscos a que a companhia está mais exposta, passando por:

- identificação dos setores ou mercados de atuação da empresa com maior exposição à concorrência pública e/ou privada, para monitoramento e investigação de condutas colusivas;
- identificação dos setores ou mercados em que a empresa pode ser considerada dominante[5], para monitoramento e investigação de condutas unilaterais;
- mapeamento dos pontos sensíveis relações com fornecedores e clientes;
- monitoramento da participação em associações de classe, da contratação de pesquisas de mercado, de grupos de benchmarking com concorrentes e de contratos e políticas comerciais; e
- constante revisão ou análise do histórico de reclamações ou denúncias.

3. ETAPAS DA INVESTIGAÇÃO CONCORRENCIAL

Uma vez constatado um risco concorrencial, passa-se à investigação corporativa. O objetivo da investigação é apurar fatos e circunstâncias relacionados aos riscos concorrenciais ou indícios de ilícitos detectados na etapa anterior, buscando esclarecer as causas, os responsáveis, beneficiários, prejuízos e impactos de tais práticas.

A investigação corporativa costuma envolver, ao menos, as seguintes etapas de obtenção de provas e informações:

5 O §2° do artigo 36 da Lei de Defesa da Concorrência estabelece uma presunção de dominância para participações de mercado de 20% ou mais, que pode ser adotada como ponto de partida para esse mapeamento de riscos.

revisão documental, verificação de antecedentes e entrevistas. As referidas etapas podem ser concomitantes ou não e se retroalimentam. Isto é, resultados parciais de cada etapa costumam ser úteis às demais etapas. Por exemplo, documentos identificados durante a revisão documental podem ser úteis à fase de entrevistas enquanto informações obtidas em entrevistas podem subsidiar buscas adicionais por documentos.

A etapa de revisão documental é iniciada mediante a definição das fontes de dados; das pessoas relevantes,[6] chamados de custodiantes; e do período temporal relevante. Passa-se, então, à coleta, ao processamento e armazenamento de tais dados, que serão revistos por uma equipe de revisores.[7]

De modo a tornar a revisão documental mais eficiente, costuma-se elaborar uma lista de palavras-chave, limitando-a aos documentos potencialmente relevantes. Por exemplo, em casos envolvendo cartéis em licitações, essa costuma contemplar palavras relacionadas ao órgão licitante, ao projeto em licitação, a eventuais agentes públicos envolvidos, aos concorrentes envolvidos e seus representantes e termos frequentemente utilizados em conluios e outras práticas anticompetitivas (*e.g.*, "nossos amigos", "estratégico", "divisão" e "mesa", além dos já mencionados acima). A equipe de revisão também deve prestar atenção especial à comunicação codificada, que é comum em casos concorrenciais, especialmente envolvendo cartéis, dada a ampla ciência da caracterização dessa prática como crime.

Tem-se como métodos alternativos e/ou complementares de otimização que vêm sendo empregados em casos de

---

6 Esses podem incluir, por exemplo, as pessoas diretamente envolvidas na suposta prática anticompetitiva, que teriam sido copiados em e-mails relevantes ou de contexto.

7 Os dados costumam ser deduplicados e inseridos em plataforma eletrônica de revisão documental.

maior robustez e complexidade, as ferramentas de busca baseadas em *machine* learning e inteligência artificial. É o caso de ferramentas que identificam desvios de comportamento de remetentes e/ou destinatários de mensagens e buscas conceituais (*concept search*) que mapeiam documentos conceitualmente similares aos documentos relevantes.

A etapa de verificação de antecedentes, por sua vez, consiste na realização de buscas independentes sobre as empresas e as pessoas alvo da investigação corporativa em fontes públicas pela equipe de investigação ou terceiros contratados. Em investigações concorrenciais, costuma-se consultar notícias, situações cadastrais e processos administrativos e judiciais e verificar o histórico das pessoas relevantes com clientes, fornecedores e associações de classe.

Na etapa de entrevistas, busca-se ouvir as pessoas potencialmente relevantes à investigação, isto é, que tenham acesso a informações de contexto (*e.g.*, sobre as políticas de *compliance*, a linha de reporte interna ou práticas usuais de determinada área) ou relacionadas aos fatos sob apuração. A depender do caso, funcionários, gestores e/ou terceiros envolvidos nas atividades da empresa são entrevistados.[8]

A escolha dos entrevistados costuma envolver uma análise de utilidade do relato e dos riscos de confidencialidade. Isso porque quanto mais pessoas forem entrevistados, maior a chance de vazamento de informações, especialmente se esses forem terceiros. Além disso, a equipe de investigação deve observar os direitos e garantias dos

8 Entende-se haver um dever de colaboração de empregados no que tange a fatos relacionados à relação de emprego à luz do princípio da boa-fé objetiva, que rege os contratos dessa natureza. O princípio da boa-fé objetiva se aplica, inclusive, nas fases pré e pós contratuais. Vide, por exemplo, BRASIL. Tribunal Superior do Trabalho. Recurso de Revista 20563420115200003. Relator: Ministro Alexandre de Souza Agra Belmonte. Data do julgamento: 19/12/2016.

entrevistados[9] de modo a mitigar a exposição da empresa alvo a riscos jurídicos e reputacionais.

Além disso, é importante preservar e documentar as evidências coletadas durante todas as fases de investigação. Essas poderão ser úteis à empresa em eventuais processos administrativos ou judiciais e negociações de acordos do gênero colaboração com autoridades.

Se a investigação corporativa estiver relacionada a fatos sob apuração do CADE, deve-se buscar identificar quais evidências a autoridade já possui (*e.g.*, em razão de celebração de acordo de leniência ou Termo de Compromisso de Cessação ["TCC"] com as representadas), quais são complementares a essas (*e.g.*, cadeias de e-mails mais completas) e quais são novas (*e.g.*, novos documentos ou temas). A referida classificação será útil à análise de conveniência de estratégia de auto reporte[10].

A partir dos achados das etapas acima mencionadas, deve-se analisar a conveniência e necessidade de ampliação da investigação nos aspectos subjetivo (*e.g.*, novos participantes da conduta), objetivo (*e.g.*, ampliação de escopo da conduta identificada ou nova conduta) e temporal (*e.g.*, ampliação da duração já identificada da conduta).

A investigação corporativa é concluída mediante a apresentação de resultados à instância corporativa ou

---

9 Por exemplo, o direito à intimidade, vida privada, honra, imagem e à dignidade da pessoa humana. Para discussão sobre os limites à obrigação de cooperação, vide FORSMAN, Gabriela. A prática das investigações internas no Brasil e a aplicabilidade do direito à não autoincriminação. Fundação Getulio Vargas, Escola de Direito de São Paulo. 2022. Disponível em: https://bibliotecadigital.fgv.br/dspace;commle/handle/10438/32786.
Além disso, Recomenda-se a realização de *UpJohn Warnings* aos entrevistados, de modo que esses sejam alertados de que o entrevistador não os representam. Vide ESTADOS UNIDOS DA AMÉRICA. United States Court of Appeals for the Sixth Circuit. Upjohn Co. et. al. v. United States et. al., 1981. Disponível em: U.S. Reports: Upjohn Co. v. United States, 449 U.S. 383 (1981). (loc.gov).

10 Por exemplo, ao CADE e à CGU em casos de cartéis em licitação envolvendo recursos federais.

externa designada para a avaliação, tal como a diretoria, conselho de administração, área de integridade e/ou comitê de apuração independente.

O formato (oral e/ou escrito) e completude do relatório final dependerão da situação de cada caso, incluindo a sensibilidade e relevância do tema, o risco de solicitação do relatório por autoridades públicas e o perfil e necessidade da empresa. De qualquer modo, é importante assegurar a confidencialidade do relatório, a proteção do privilégio da comunicação advogado-cliente e a integridade das informações.

Sempre que possível, a apresentação deve contemplar: a descrição dos fatos apurados; análise das provas obtidas; identificação dos ilícitos concorrenciais praticados; atribuição de responsabilidades; estimativa dos danos causados; as recomendações para a adoção de medidas corretivas e preventivas; e a identificação de próximos passos.

Tem-se como exemplos de possíveis próximos passos a busca por ressarcimento de valores desviados; aplicação de medidas disciplinares a funcionários, incluindo demissão por justa causa ou outras medidas no âmbito da relação laboral; e indicação da necessidade ou conveniência de reportar os achados às autoridades competentes ou celebrar acordos do gênero colaboração.

4. INTERSEÇÃO ENTRE ACORDOS DE LENIÊNCIA, TCCS E INVESTIGAÇÕES CORPORATIVAS

Preenchidos os requisitos,[11] pessoas jurídicas e físicas que incorrem em práticas anticompetitivas podem fazer jus

11 Vide artigos 86, I, II, e §1°, I, II, III e IV da LDC com relação a Acordos de Leniência e artigo 85, §1°, I, II e III e §2° da LDC com relação a TCCs.

à redução ou mesmo isenção de sanções caso decidam firmar um Acordo de Leniência ou TCC com o CADE; e, no caso de cartéis em licitação, com as entidades responsáveis pela aplicação da Lei Anticorrupção, como a Controladoria-Geral da União (CGU), no âmbito federal.[12]

No CADE, signatárias de Acordos de Leniência podem ser beneficiadas com a redução de um a dois terços da multa administrativa aplicável se a Superintendência-Geral do CADE – SG/CADE tiver conhecimento prévio da infração reportada ou com a extinção da ação punitiva da Administração Pública se a SG/CADE não tiver conhecimento prévio.[13]

No âmbito criminal[14], essas podem ser beneficiadas com a suspensão do prazo prescricional e o impedimento de oferecimento de denúncia contra esse no que tange aos crimes reportados e a eles diretamente relacionados. Após o cumprimento do acordo de leniência, extingue-se automaticamente a punibilidade de referidos crimes em relação aos signatários.

No âmbito da Lei Anticorrupção, apenas empresas podem celebrar acordo de leniência e não é possível obter a extinção da ação punitiva, podendo a multa aplicável ser reduzida em até dois terços.

Quanto às compromissárias de TCCs com o CADE, essas podem fazer jus à redução de até 50% da multa administrativa aplicável.[15] Tanto na leniência quanto no TCC, empresas e pessoas devem colaborar com a investigação, fornecendo dados e esclarecendo fatos à autoridade.

---

12 Ainda que práticas anticompetitivas possam ser objeto de acordos do gênero colaboração perante a CGU e o juízo criminal, este item se restringirá à prática da autoridade antitruste, o CADE, em matéria de acordos e a sua interseção com Acordos de Leniência e TCCs.

13 Vide artigos 86, 87 e seu parágrafo único da LDC.

14 Acordos de Leniência são celebrados em conjunto com o Ministério Público Federal ou Estadual.

15 Vide artigo 86, §1°, III da LDC e o Guia de Termo de Compromisso de Cessação para casos de cartel, disponível em: guia-tcc-versao-atual.pdf (cade.gov.br).

Para tal, muitas vezes é necessário iniciar ou aprofundar investigações corporativas.

Tanto o CADE quanto a CGU costumam incluir cláusula genérica voltada às atividades de investigação corporativa ao prever a obrigação de "cooperação ampla" de entidades e pessoas físicas celebrantes, incluindo a apuração pela empresa de potenciais fatos novos e relevantes.[16] Assim, os documentos e as informações obtidas em investigações corporativas concorrenciais costumam ser apresentados às autoridades no âmbito de negociações e aproveitadas nos respectivos processos administrativos.

Há, no entanto, uma diferença relevante entre as práticas da CGU e do CADE na negociação dos acordos: a CGU exige que a empresa reporte todos os ilícitos que tiver conhecimento, sob pena de perder os benefícios do acordo, enquanto o CADE permite acordo relacionado exclusivamente a uma conduta, ainda que a companhia tenha conhecimento do seu envolvimento em outros ilícitos antitrustes. À cláusula usualmente inserida nos acordos com a CGU deu-se o nome de "Cláusula de Confessionário", em analogia ao dogma católico de que o perdão divino só é dado na confissão se todos os pecados forem confessados ao sacerdote.

Assim, ao se celebrar um acordo com a CGU, a investigação corporativa tem ainda mais relevância. Tem o papel adicional de reduzir o risco de que a companhia esteja envolvida em outros ilícitos dos quais algum administrador

---

16 Vide, por exemplo, cláusula prevista no modelo de acordo de leniência disponibilizado pelo Cade: "Cláusula 20. Tendo em vista que a Infração Relatada permanece sujeita a uma investigação interna contínua pel(a/o)s Signatários, eles poderão identificar funcionários ou ex-funcionários cujo envolvimento era desconhecido ao tempo da assinatura do acordo e que possam querer tornar-se signatários deste Acordo de Leniência. [...]." Disponível em: <https://cdn.cade.gov.br/Portal/assuntos/programa-de-leniencia/modelo-de-acordo-e-documentos-relacionados/MODELO_Acordo-de-Leniencia.pdf>.

tinha conhecimento, não tê-lo reportado à CGU e, consequentemente, vir a perder os benefícios do acordo.

De modo geral, as autoridades costumam solicitar um relatório do resultado da investigação corporativa adaptado (*e.g.*, oral e/ou com apresentação de *slides*), documentos relevantes (*i.e.*, provas) e respectivo certificado de autenticidade.[17] Não é comum a solicitação de memorandos de entrevistas produzidos no âmbito de investigações corporativas, mas as autoridades podem solicitar a realização de entrevistas adicionais pelas entidades celebrantes ou buscar entrevistar as pessoas relevantes diretamente, se estas também forem colaboradoras.

A solicitação de todo e qualquer documento em posse da empresa e a integralidade das caixas de e-mail não é prevista em acordos, mas esses costumam prever a entrega de todas as provas e indicação de fatos ilícitos relacionados a aquela conduta especificamente.[18]

Além disso, as autoridades costumam solicitar o aprofundamento de investigações corporativas sobre fatos e pessoas relevantes e enviar listas de palavras-chave a serem buscadas na base de revisão documental às entidades e às pessoas celebrantes.

Como resultado da cooperação, além da apresentação de provas, a empresa e/ou pessoa física celebrante

17 As conclusões deste item estão baseadas na experiência dos autores na matéria e em entrevistas de campo com advogados e autoridades públicas (i.e., membros do Cade, da CGU e MPF), legislação, doutrina e jurisprudência brasileira e estrangeira. Vide FORSMAN, Gabriela, op. cit.

18 Vide, por exemplo, cláusula prevista no modelo de acordo de leniência disponibilizado pelo Cade: "Cláusula 8. 8. Para fazer jus aos benefícios enumerados nos arts. 86, §4°, I, e 87, da Lei 12.529/2011, (as/os) Signatári(as/os) concordam em colaborar efetivamente com as investigações e o processo administrativo, cumprindo as seguintes obrigações: [...] 8.5. Apresentar todas e quaisquer informações, documentos ou materiais relacionados à infração de que detenham a posse, custódia ou controle, sempre que solicitado pela SG-CADE e/ou pelo (MPF ou MPE), no curso da investigação." Disponível em: <https://cdn.cade.gov.br/Portal/assuntos/programa-de-leniencia/modelo-de-acordo-e-documentos-relacionados/MODELO_Acordo-de-Leniencia.pdf>.

deve elaborar um relato detalhado dos fatos, usualmente denominado "Histórico de Conduta" ou "Formulário de Coleta de Informações", que detalha a conduta reportada, o seu envolvimento na referida conduta e a participação de outras pessoas físicas e jurídicas envolvidas.[19]

Quando há acordo nesse sentido entre signatários do acordo e as autoridades celebrantes, os referidos documentos e informações costumam ser compartilhados entre autoridades públicas nacionais e estrangeiras, entidades lesionadas pelos atos sob investigação e entes federados. Por exemplo, o CADE já compartilhou e/ou costuma compartilhar dados com a CGU, a Advocacia-Geral da União (AGU), o Banco Central, o Ministério Público Estadual, o Ministério Público Federal, o Ministério da Justiça e Segurança Pública, a Polícia Federal e o Tribunal de Contas da União (TCU). Nesse tipo de compartilhamento, a entidade receptora deve, usualmente, se comprometer a manter o sigilo de informações e documentos confidenciais e não utilizá-los em desfavor da pessoa ou da entidade celebrante.

Por fim, recomendações gerais acerca de cuidados com manutenção do sigilo advogado-cliente, constantes dos demais capítulos deste livro também são, em geral, aplicáveis a investigações concorrenciais, especialmente quando envolvem múltiplas jurisdições.

19 As empresas e pessoas celebrantes devem se atentar ao padrão de prova exigido pelo CADE e tomar cuidado ao selecionar as pessoas participantes, identificando aquelas que tiveram participação efetiva na conduta e aquelas que apenas parecem ter sido incluídas em e-mails relevantes, mas sem participação efetiva.

CAPÍTULO 13

Investigações de corrupção

Carolina Fonti

Sócia fundadora do Pimentel e Fonti Advogados. Formada pela Faculdade de Direito da USP. Especializada em Direito Penal Econômico pelo IDPEE

Débora Pimentel

Sócia fundadora do Pimentel e Fonti Advogados. Especializada em Direito Penal Econômico pelo IDPEE (Universidade de Coimbra) e em Direto Processual Penal pela Escola de Magistratura

Verônica Carvalho Rahal Brown

Sócia do Pimentel e Fonti Advogados. Formada pela Faculdade de Direito da USP. Especializada em Direito Penal e Direito Processual Penal pela PUC-SP

Victor Ferreira Arichiello

Advogado no Pimentel e Fonti Advogados. Formado pela PUC-SP. Pós-graduando em Neurociência Aplicada ao Direito e Comportamento Humano pela ESMAFE-PR

1. INTRODUÇÃO

Este capítulo abordará as particularidades relacionadas a investigações corporativas que apuram possível prática de atos de corrupção envolvendo empresas e seus integrantes. Inicialmente, traremos as definições legais que amparam o tratamento da corrupção na legislação brasileira e internacional. Em seguida, analisaremos a importância da fase inicial de definição de escopo e seus reflexos nos objetivos e resultados. Partindo para questões mais práticas, discutiremos temas como colaboração de pessoas físicas e obtenção de provas. Ao final, faremos um balanço geral dos efeitos legais decorrentes da realização de uma investigação de corrupção e traremos o debate a respeito das dificuldades de quantificação do dano.

2. DEFINIÇÕES LEGAIS: CORRUPÇÃO NO BRASIL E NO EXTERIOR

A atual definição de corrupção no Direito Brasileiro surgiu com a edição do Código Penal em 1940, ainda que tipos penais similares existissem na legislação anterior. Os delitos de corrupção passiva e corrupção ativa foram tipificados nos arts. 317[1] e 333[2], e suas penas foram

---

1 "Corrupção passiva
Art. 317. Solicitar ou receber, para si ou para outrem, direta ou indiretamente, ainda que fora da função ou antes de assumi-la, mas em razão dela, vantagem indevida, ou aceitar promessa de tal vantagem:
Pena – reclusão, de um a oito anos, e multa, de três contos a quinze contos de réis.
§ 1° A pena é aumentada de um terço, se, em consequência da vantagem ou promessa, o funcionário retarda ou deixa de praticar qualquer ato de ofício ou o pratica infringindo dever funcional.
§ 2° Se o funcionário pratica, deixa de praticar ou retarda ato de ofício, com infração de dever funcional, cedendo a pedido ou influência de outrem:
Pena – detenção, de três meses a um ano, ou multa, de quatrocentos mil réis a dois contos de réis".

2 "Corrupção ativa
Art. 333. Oferecer ou prometer vantagem indevida a funcionário público, para determiná-lo a praticar, omitir ou retardar ato de ofício:
Pena – reclusão, de um a oito anos, e multa, de um conto a quinze contos de réis.
Parágrafo único. A pena é aumentada de um terço, se, em razão da vantagem ou promessa, o funcionário retarda ou omite ato de ofício, ou o pratica infringindo dever funcional".

alteradas em 2003, com a edição da Lei 10.763, passando a ser de dois a 12 anos.

Em 2002, em um cenário de globalização cada vez maior das negociações, foi editada a Lei 10.467, que tipificou o crime de corrupção ativa em transação comercial internacional, punindo a corrupção de funcionário público estrangeiro[3].

Em 2013, a edição da chamada Lei Anticorrupção (Lei 12.846) permitiu a responsabilização objetiva administrativa e civil de pessoas jurídicas por, dentre outras coisas, atos de corrupção, em especial em seu art. 5º, inc. I[4].

Mais recentemente, em 2023, foi promulgada a Lei Geral do Esporte (Lei 14.597/2023), que pela primeira vez criou um tipo penal para coibir a corrupção privada, ainda que apenas no âmbito de organização esportiva privada (art. 165)[5].

Assim, pode-se considerar que, pela atual definição, corrupção, no direito brasileiro, é (1) o oferecimento, a promessa, o pagamento, a solicitação, ou o recebimento (2) de qualquer vantagem indevida, (3) com a intenção de

---

3 "Corrupção ativa em transação comercial internacional
Art. 337-B. Prometer, oferecer ou dar, direta ou indiretamente, vantagem indevida a funcionário público estrangeiro, ou a terceira pessoa, para determiná-lo a praticar, omitir ou retardar ato de ofício relacionado à transação comercial internacional:
Pena – reclusão, de 1 (um) a 8 (oito) anos, e multa.
Parágrafo único. A pena é aumentada de 1/3 (um terço), se, em razão da vantagem ou promessa, o funcionário público estrangeiro retarda ou omite o ato de ofício, ou o pratica infringindo dever funcional".

4 "Art. 5º Constituem atos lesivos à administração pública, nacional ou estrangeira, para os fins desta Lei, todos aqueles praticados pelas pessoas jurídicas mencionadas no parágrafo único do art. 1º , que atentem contra o patrimônio público nacional ou estrangeiro, contra princípios da administração pública ou contra os compromissos internacionais assumidos pelo Brasil, assim definidos:
I – prometer, oferecer ou dar, direta ou indiretamente, vantagem indevida a agente público, ou a terceira pessoa a ele relacionada".

5 "Art. 165. Exigir, solicitar, aceitar ou receber vantagem indevida, como representante de organização esportiva privada, para favorecer a si ou a terceiros, direta ou indiretamente, ou aceitar promessa de vantagem indevida, a fim de realizar ou de omitir ato inerente às suas atribuições:
Pena – reclusão, de 2 (dois) a 4 (quatro) anos, e multa.
Parágrafo único. Nas mesmas penas incorre quem oferece, promete, entrega ou paga, direta ou indiretamente, ao representante da organização esportiva privada, vantagem indevida".

influenciar agente público, nacional ou estrangeiro, ou representante de organização esportiva privada (4) para que (i) o agente público se omita, pratique ato ou tome decisão, garanta algum benefício impróprio, ou use sua influência perante a administração pública; ou para que (ii) o representante de organização esportiva privada realize ou omita algum ato inerente às suas atribuições (5) com a finalidade de obter, para si ou para terceiro, algum tipo de vantagem ou favorecimento.

A vantagem indevida pode ser em dinheiro ou de outra forma, como brindes, hospitalidades, viagens, presentes ou cargos, por exemplo. Já a vantagem obtida pode ser um benefício tributário, a obtenção de uma licença ou autorização, vitórias em processos de concorrência, acesso a informações sigilosas, ou resultados favoráveis em eventos esportivos.

Para fins penais, o art. 327 do Código Penal define funcionário público como aquele que exerce cargo, emprego ou função pública, ainda que transitoriamente ou sem remuneração, sendo equiparado quem "exerce cargo, emprego ou função em entidade paraestatal, e quem trabalha para empresa prestadora de serviço contratada ou conveniada para a execução de atividade típica da Administração Pública"[6].Já para fins da Lei Anticorrupção, aplica-se o conceito previsto no art. 2° da Lei 8.429/1992 (Lei de Improbidade Administrativa), sendo agente público "o agente político, o

6 "Art. 327 - Considera-se funcionário público, para os efeitos penais, quem, embora transitoriamente ou sem remuneração, exerce cargo, emprego ou função pública.
§ 1° - Equipara-se a funcionário público quem exerce cargo, emprego ou função em entidade paraestatal, e quem trabalha para empresa prestadora de serviço contratada ou conveniada para a execução de atividade típica da Administração Pública.
§ 2° - A pena será aumentada da terça parte quando os autores dos crimes previstos neste Capítulo forem ocupantes de cargos em comissão ou de função de direção ou assessoramento de órgão da administração direta, sociedade de economia mista, empresa pública ou fundação instituída pelo poder público.

servidor público e todo aquele que exerce, ainda que transitoriamente ou sem remuneração, por eleição, nomeação, designação, contratação ou qualquer outra forma de investidura ou vínculo, mandato, cargo, emprego ou função" nas entidades referidas naquela lei[7].

As sanções para atos lesivos previstas na Lei Anticorrupção podem ser aplicadas tanto administrativamente (art. 6º)[8] quanto judicialmente (art. 19)[9], e incluem:

---

7 "Art. 2º Para os efeitos desta Lei, consideram-se agente público o agente político, o servidor público e todo aquele que exerce, ainda que transitoriamente ou sem remuneração, por eleição, nomeação, designação, contratação ou qualquer outra forma de investidura ou vínculo, mandato, cargo, emprego ou função nas entidades referidas no art. 1º desta Lei.
Parágrafo único. No que se refere a recursos de origem pública, sujeita-se às sanções previstas nesta Lei o particular, pessoa física ou jurídica, que celebra com a administração pública convênio, contrato de repasse, contrato de gestão, termo de parceria, termo de cooperação ou ajuste administrativo equivalente".

8 "Art. 6º Na esfera administrativa, serão aplicadas às pessoas jurídicas consideradas responsáveis pelos atos lesivos previstos nesta Lei as seguintes sanções: I - multa, no valor de 0,1% (um décimo por cento) a 20% (vinte por cento) do faturamento bruto do último exercício anterior ao da instauração do processo administrativo, excluídos os tributos, a qual nunca será inferior à vantagem auferida, quando for possível sua estimação; e II - publicação extraordinária da decisão condenatória. § 1º As sanções serão aplicadas fundamentadamente, isolada ou cumulativamente, de acordo com as peculiaridades do caso concreto e com a gravidade e natureza das infrações. § 2º A aplicação das sanções previstas neste artigo será precedida da manifestação jurídica elaborada pela Advocacia Pública ou pelo órgão de assistência jurídica, ou equivalente, do ente público. § 3º A aplicação das sanções previstas neste artigo não exclui, em qualquer hipótese, a obrigação da reparação integral do dano causado. § 4º Na hipótese do inc. I do caput , caso não seja possível utilizar o critério do valor do faturamento bruto da pessoa jurídica, a multa será de R$ 6.000,00 (seis mil reais) a R$ 60.000.000,00 (sessenta milhões de reais). § 5º A publicação extraordinária da decisão condenatória ocorrerá na forma de extrato de sentença, a expensas da pessoa jurídica, em meios de comunicação de grande circulação na área da prática da infração e de atuação da pessoa jurídica ou, na sua falta, em publicação de circulação nacional, bem como por meio de afixação de edital, pelo prazo mínimo de 30 (trinta) dias, no próprio estabelecimento ou no local de exercício da atividade, de modo visível ao público, e no sítio eletrônico na rede mundial de computadores".

9 "Art. 19. Em razão da prática de atos previstos no art. 5º desta Lei, a União, os Estados, o Distrito Federal e os Municípios, por meio das respectivas Advocacias Públicas ou órgãos de representação judicial, ou equivalentes, e o Ministério Público, poderão ajuizar ação com vistas à aplicação das seguintes sanções às pessoas jurídicas infratoras: I - perdimento dos bens, direitos ou valores que representem vantagem ou proveito direta ou indiretamente obtidos da infração, ressalvado o direito do lesado ou de terceiro de boa-fé; II - suspensão ou interdição parcial de suas atividades; III - dissolução compulsória da pessoa jurídica; IV - proibição de receber incentivos, subsídios, subvenções, doações ou empréstimos de órgãos ou entidades públicas e de instituições financeiras públicas ou controladas pelo poder público, pelo prazo mínimo de 1 (um) e máximo de 5 (cinco) anos. § 1º A dissolução compulsória da pessoa jurídica será determinada quando comprovado: I - ter sido a personalidade jurídica utilizada de forma habitual para facilitar ou promover a prática de atos ilícitos; ou II - ter sido constituída para ocultar ou dissimular interesses ilícitos ou a identidade dos beneficiários dos atos praticados. § 2º (VETADO). § 3º As sanções poderão ser aplicadas de forma isolada ou cumulativa. § 4º O Ministério Público ou a Advocacia Pública ou órgão de representação judicial, ou equivalente, do ente público poderá requerer a indisponibilidade de bens, direitos ou valores necessários à garantia do pagamento da multa ou da reparação integral do dano causado, conforme previsto no art. 7º, ressalvado o direito do terceiro de boa-fé".

- Multa de 0,1% a 20% do faturamento bruto (art. 6º, I);
- Publicação extraordinária da decisão condenatória (art. 6º, II);
- Perdimento dos bens, direitos ou valores que representem vantagem ou proveito direta ou indiretamente obtidos da infração (art. 19, I);
- Suspensão ou interdição parcial das atividades (art. 19, II);
- Dissolução compulsória da pessoa jurídica (art. 19, III); e
- Proibição de receber incentivos, subsídios, subvenções, doações ou empréstimos de órgãos ou entidades públicas e de instituições financeiras públicas ou controladas pelo poder público pelo prazo de um a cinco anos (art. 19, IV).

Tanto no âmbito criminal como no administrativo, as penas podem ser reduzidas no caso da existência de programas de *Compliance* e na hipótese de colaboração com as investigações, ainda que não seja firmado acordo de leniência ou de colaboração premiada, seja por força do Código Penal[10], seja pelas regras previstas no decreto regulamentador da Lei Anticorrupção[11].

---

10 "Art. 65 - São circunstâncias que sempre atenuam a pena: I - ser o agente menor de 21 (vinte e um), na data do fato, ou maior de 70 (setenta) anos, na data da sentença; II - o desconhecimento da lei; (Redação dada pela Lei 7.209, de 11.7.1984) III - ter o agente: a) cometido o crime por motivo de relevante valor social ou moral; b) procurado, por sua espontânea vontade e com eficiência, logo após o crime, evitar-lhe ou minorar-lhe as conseqüências, ou ter, antes do julgamento, reparado o dano; c) cometido o crime sob coação a que podia resistir, ou em cumprimento de ordem de autoridade superior, ou sob a influência de violenta emoção, provocada por ato injusto da vítima; d) confessado espontaneamente, perante a autoridade, a autoria do crime; e) cometido o crime sob a influência de multidão em tumulto, se não o provocou. Art. 66 - A pena poderá ser ainda atenuada em razão de circunstância relevante, anterior ou posterior ao crime, embora não prevista expressamente em lei".

11 Decreto 11.129/2022: "Art. 23. Do resultado da soma dos fatores previstos no art. 22 serão subtraídos os valores correspondentes aos seguintes percentuais da base de cálculo: I - até meio por cento no caso de não consumação da infração; II - até um por cento no caso de: a) comprovação da devolução espontânea pela pessoa jurídica da vantagem auferida e do ressarcimento dos danos resultantes do ato

No âmbito internacional, diversas são as normas relacionadas à corrupção, destacando-se a Convenção das Nações Unidas contra a Corrupção, da Organização das Nações Unidas (ONU), a Convenção Interamericana contra a Corrupção, da Organização dos Estados Americanos (OEA), a Convenção sobre o Combate à Corrupção de Funcionários Públicos Estrangeiros em Transações Comerciais Internacionais, da Organização para a Cooperação e Desenvolvimento Econômico (OCDE), e o *UK Bribery Act*, do Reino Unido.

A legislação mais conhecida, até em razão de seu longo alcance, é o *Foreign Corrupt Practices Act* (FCPA), lei dos Estados Unidos promulgada em 1977 que visa combater a corrupção transnacional e a violação dos livros e registros de companhias com o objetivo de ocultar corrupção e outras fraudes. O FCPA contém duas principais provisões: a anticorrupção e a de contabilidade.

A primeira pune (1) o oferecimento, o pagamento, a promessa, e a autorização de pagamento (2) de qualquer soma em dinheiro ou de coisa de valor (3) a funcionário público estrangeiro, partido político, seus dirigentes e candidatos, (4) direta ou indiretamente, (5) com a intenção de corrompê-los, (6) a fim de obter novos negócios, manter os existentes, ou direcioná-los a terceiros.

lesivo; ou b) inexistência ou falta de comprovação de vantagem auferida e de danos resultantes do ato lesivo; III - até um e meio por cento para o grau de colaboração da pessoa jurídica com a investigação ou a apuração do ato lesivo, independentemente do acordo de leniência; IV - até dois por cento no caso de admissão voluntária pela pessoa jurídica da responsabilidade objetiva pelo ato lesivo; e V - até cinco por cento no caso de comprovação de a pessoa jurídica possuir e aplicar um programa de integridade, conforme os parâmetros estabelecidos no Capítulo V. Parágrafo único. Somente poderão ser atribuídos os percentuais máximos, quando observadas as seguintes condições: I - na hipótese prevista na alínea "a" do inc. II do caput, quando ocorrer a devolução integral dos valores ali referidos; II - na hipótese prevista no inc. IV do caput, quando a admissão ocorrer antes da instauração do PAR; e III - na hipótese prevista no inc. V do caput, quando o plano de integridade for anterior à prática do ato lesivo".

Já a segunda proíbe a contabilidade extraoficial, devendo as empresas sujeitas ao FCPA (i) elaborar e manter livros, registros e contas que reflitam, de forma razoavelmente detalhada, suas transações e bens; e (ii) criar e manter um sistema de controle contábil interno suficiente para garantir o controle gerencial, a autoridade, e a responsabilidade sobre o bem das companhias.

Ao FCPA se sujeitam os *Issuers*, os *Domestic Concerns*, e aqueles subordinados à jurisdição territorial (*Territorial Jurisdiction*):

Issuers são as empresas de capital aberto registradas na SEC, companhias com *American Depositary Receipts* (recibos de ações não norte-americanas negociados na bolsa dos EUA), e empresas que tenham obrigação de apresentar relatórios periódicos à SEC, independentemente de serem norte-americanas, bem como seus dirigentes, diretores, acionistas, funcionários ou agentes (terceiros);

Domestic Concerns são os nascidos ou residentes nos Estados Unidos, além de sociedades cujo principal local de negócios seja aquele país ou que estejam organizadas sob as leis norte-americanas, bem como seus dirigentes, diretores, acionistas, funcionários ou agentes (terceiros); e

Sujeitos à *Territorial Jurisdiction* são as pessoas físicas ou jurídicas que violem a provisão anticorrupção do FCPA, diretamente ou por meio de terceiros, enquanto em território dos Estados Unidos, bem como seus dirigentes, diretores, acionistas, funcionários ou agentes (terceiros).

À provisão anticorrupção estão sujeitos os chamados *issuers*, os *domestic concerns*, e aqueles subordinados à jurisdição territorial (*Territorial Jurisdiction*). Já à provisão de contabilidade estão submetidos apenas os *issuers*, incluindo suas subsidiárias, afiliadas, e *joint ventures*, inclusive estrangeiras, bem como seus dirigentes, diretores, acionistas, funcionários ou agentes (terceiros). Para fins desta última provisão, companhias privadas – aquelas que não possuem ações negociadas em bolsa nem originárias de IPO – não são consideradas *issuers*, não estando sujeitas ao FCPA.

3. A DEFINIÇÃO DO ESCOPO

O escopo em uma investigação corporativa refere-se ao conjunto de objetivos, limites, abrangência e áreas a serem investigadas dentro de uma organização ou empresa. É um documento ou plano que estabelece claramente o propósito e os parâmetros da investigação, fornecendo uma orientação clara para a equipe responsável.

Sua definição está entre os principais aspectos determinantes do sucesso de uma investigação. Se for muito restrito, há risco de a investigação gerar resultados limitados e insuficientes. Em contraponto, se o escopo for vago e muito abrangente, a investigação pode se tornar improdutiva, arrastando-se por um longo período e desperdiçando recursos.

O escopo deve conter os fatos que serão investigados, período a ser analisado, entre outros detalhes e ele pode variar significativamente dependendo da natureza do problema ou das suspeitas que estão sendo investigadas, bem como das regulamentações e políticas internas da organização.

Para defini-lo, é necessário estabelecer os objetivos da investigação. Isso envolve identificar claramente o seu propósito e o que se espera alcançar com ela. Identificar práticas corruptas, apurar violações de políticas internas, descobrir fraudes, entre outros.

Não há investigação padrão para crimes de corrupção e cada caso deve ser analisado individualmente, a fim de ser adotada a melhor estratégia, considerando, ainda, os objetivos primordiais da empresa.

Em uma investigação de corrupção, os objetivos em geral podem incluir:

- Levantamento de evidências que demonstrem a existência do crime de corrupção;
- Obtenção de elementos que indiquem os envolvidos na prática ilegal;
- Estabelecer conexões entre os envolvidos e os benefícios obtidos;
- Levantamento de evidências para ações disciplinares, administrativas, civis e penais (demissão por justa causa, requerimento de instauração de inquérito policial etc.);
- Recuperar prejuízos ou minimizar as perdas;
- Identificar eventuais falhas no sistema;
- Rastrear o fluxo de recursos financeiros ilícitos;
- Prevenir novas práticas ilegais;
- Aprimorar política de *Compliance*, entre outros.

Com base nos objetivos, é necessário definir o quão abrangente será a investigação, determinando (i) se o limite será por assunto, por departamento ou territorial, (ii) qual será o recorte temporal abrangido pela investigação, (iii) as áreas a serem investigadas, podendo incluir departamentos específicos, projetos, contratos, operações financeiras e (iv) se o fato é isolado ou recorrente.

A identificação das áreas de foco auxiliará na alocação adequada de recursos e permitirá uma investigação mais direcionada. Ao estabelecer a abrangência, é necessário considerar a disponibilidade de recursos necessários para conduzir a investigação, como o tamanho e qualificação da equipe, tecnologia, acesso a documentos, especialistas externos, entre outros.

As limitações que podem afetar a investigação, como restrições legais, acesso a informações confidenciais ou dados sensíveis também precisam estar presentes no plano.

A definição clara do escopo em uma investigação de corrupção é essencial para o sucesso do trabalho investigativo e ajuda a garantir a sua credibilidade. Garante a confiabilidade na medida em que justifica a inserção ou exclusão de dados, pessoas e pesquisas. Estabelecer os objetivos, fixar as limitações, identificar as áreas de foco e estabelecer a abrangência são etapas cruciais nesse processo.

Uma investigação de corrupção bem-sucedida requer, portanto, um planejamento cuidadoso, uma análise criteriosa das informações disponíveis e a utilização de recursos de forma eficiente.

O escopo ajuda as empresas a justificarem a governança, independência da equipe de investigação, abrangência e metodologia adotadas, proporcionando, assim, a devida sustentação e confiabilidade dos resultados alcançados na investigação corporativa.

Por fim, importante observar que durante a investigação outras descobertas poderão acontecer e, portanto, é necessário que haja uma atualização constante do escopo.

4. COLABORAÇÃO DE PESSOAS FÍSICAS

As investigações sobre corrupção em geral, sejam elas corporativas ou governamentais, apresentam dificuldades práticas para sua completa apuração, que derivam, inicialmente, da própria natureza e dinâmica dos atos de corrupção. As condutas são veladas, as operações escamoteadas, e os resultados mascarados.

Nesse cenário se torna valiosa a contribuição de pessoas físicas para ajudar tanto na deflagração, quanto na condução de investigações. Como diz a máxima, a empresa pode ter dados e documentos, mas as pessoas contam a história. E as duas coisas se complementam.

Assim, não é raro o início de uma investigação se basear na denúncia feita por um indivíduo ou conjunto de indivíduos sobre algum desvio de conduta. Esses denunciantes iniciais podem vir de diferentes lugares. Comumente se trata de empregados ou executivos internos das companhias em que o desvio ocorreu ou está ocorrendo. Podem, ainda, ser fornecedores, prestadores de serviços, parceiros, clientes ou ex-integrantes, para citar alguns exemplos.

Nesse ponto, um *Compliance* interno efetivo é essencial à investigação. Primeiro, deixando claro que a empresa e a alta administração rechaçam condutas corruptas, bem como estimulando a colaboração de pessoas que tomem conhecimento de atos ilícitos. Segundo, ao prever e implementar canais de denúncia disponíveis a todos, como número de telefone de contato direto com o setor de ética ou integridade corporativa, e-mail especialmente designado para isso, caixa de sugestões.

Para que as pessoas se sintam seguras e estimuladas a colaborar, é necessário que esse procedimento seja cercado de algumas garantias, como possibilidade de anonimato, não-retaliação, linhas de reporte que não passem pelas pessoas denunciadas, tratamento adequado das denúncias, *feedback* de que a empresa levou à sério a colaboração.

Confirmando a importância da denúncia de pessoas físicas para início das investigações corporativas, o relatório de 2022 da *Association of Certified Fraud Examiners*[12] verificou que, apesar do desenvolvimento de novas técnicas de detecção de fraudes internas disponíveis para as corporações, as denúncias (*tips*) ainda permanecem como o principal meio para descobrir os desvios, sendo responsável por 42% dos casos – quase três vezes mais efetivo do que o segundo método mais comum para detecção (auditoria interna). O relatório aponta também que mais da metade das *tips* vêm de funcionários internos, enquanto quase um terço vêm de terceiros fora da organização. Por fim, dentre todos os casos de fraude interna analisados no cenário global, o relatório registra um aumento na porcentagem dos esquemas envolvendo corrupção, que saltou de 33% em 2012 para 50% em 2022.

Tão importante quanto a recepção adequada das denúncias, é a condução justa e objetiva da investigação corporativa envolvendo a colaboração das pessoas físicas. Uma vez bem estabelecidos seu escopo e objetivo, é necessário identificar todos os possíveis envolvidos, pessoas-chave, indivíduos relacionados e os custodiantes, sejam eles colaboradores ou

12 ASSOCIATION OF CERTIFIED FRAUD EXAMINERS. Occupational Fraud 2022: A Report to the nations. Disponível em https://legacy.acfe.com/report-to-the-nations/2022/?_ga=2.141159858.1243176016.1690315102-1115164268.1690315101. Acesso em 26 de julho de 2023.

não. A partir daí, a coleta de todas as informações relevantes se inicia, fase em que os colaboradores poderão fornecer explicações sobre os atos de corrupção, indicando o tempo e lugar, *modus operandi*, pessoas e setores implicados, valores, evidências físicas e eletrônicas, relatórios, declarações, comunicações e quaisquer outros meios de prova.

O ideal é que a colaboração seja plena e permanente, durante todo o curso da investigação, na medida em que se fizer necessária, pois os achados podem ser dinâmicos, dúvidas podem surgir e confirmações ou complementações dos relatos podem ser úteis. A empresa pode solicitar ao colaborador, por exemplo, que assine um termo de compromisso de colaboração contínua que assegure a ele a privacidade nesse processo, visando garantir a confidencialidade das informações reveladas, que deverão ser divididas apenas com a equipe designada para a investigação corporativa. Nesse passo, normalmente são conduzidas as entrevistas, incluindo as conversas formais com os colaboradores, que podem ser chamados a fornecer explicações adicionais, contrapor versões apresentadas por outros investigados, franquear acesso a documentos ou indicar como acessá-los.

Especialmente nos grandes casos de corrupção nos últimos anos no Brasil, se popularizou o procedimento de angariar colaboradores dentre executivos e empregados envolvidos nos atos de corrupção que não foram denunciantes iniciais, mas que podem ser chamados a ajudar a companhia em troca de algum benefício. Sobretudo nos casos em que a empresa visa, ao término da sua investigação corporativa, firmar acordo com as autoridades, pode ser bastante vantajoso para as pessoas físicas colaborarem com essa apuração.

Por um lado, o resultado produzido pode ser muito melhor no relatório final que será levado aos órgãos oficiais competentes, pois, com a ajuda de pessoas que efetivamente participaram dos atos de corrupção, a descoberta de todo o ilícito costuma ser muito mais profícua e a produção de provas muito mais efetiva. Com isso, as chances de as autoridades negociarem um bom acordo com a empresa crescem sobremaneira. Um acordo completo, com evidências mais robustas e melhor descrição das condutas ilegais, desperta o interesse das autoridades, podendo então oferecer cláusulas mais favoráveis às pessoas jurídicas.

Por outro lado, as pessoas físicas que colaboraram na investigação corporativa, na prática, aderem aos acordos de leniência firmados pelas companhias com as instituições celebrantes, assinando sob a rubrica de 'interveniente anuente' ou variações semelhantes desse termo.

Apesar de ser prática comum a aderência ou anuência das pessoas físicas aos acordos firmados pelas empresas com o Estado, esse ato em si não confere proteção efetiva tecnicamente aos colaboradores. Com a entrada em vigor da Lei 12.850, que completa 10 anos em 2023[13], as pessoas físicas passam a lançar mão do instituto da colaboração premiada a fim de assinarem acordos diretamente com as autoridades para obter benefícios, inclusive criminais, com maior segurança jurídica, mediante compromisso de efetiva contribuição com a apuração – que pode ter se iniciado junto à empresa na investigação corporativa e depois segue na investigação e processo governamentais.

13 Alterada e complementada pelo chamado Pacote Anticrime (Lei 13.964, de 2019).

5. PROVAS: DIFICULDADES RELACIONADAS À DINÂMICA PRÓPRIA DOS ATOS DE CORRUPÇÃO E POSSIBILIDADE DE OBTENÇÃO DE ELEMENTOS CIRCUNSTANCIAIS

Pelas próprias circunstâncias em que atos de corrupção costumam ser cometidos, é raro encontrar provas que demonstrem, por si só, a existência de um vínculo entre uma vantagem indevida, um agente público e um ato (ou omissão) decorrente da função pública.

No Brasil, embora os órgãos do Poder Judiciário, após o julgamento da AP 470 pelo STF em 2012[14], já tenham se manifestado, em inúmeras ocasiões, flexibilizando a interpretação dos conceitos legais relacionados aos atos de corrupção e dispensando maiores rigores na demonstração dos atos ou omissões decorrentes do ofício público, a comprovação inequívoca do fato ainda esbarra em diversos obstáculos.

Atos de corrupção são comumente praticados em locais privados e não necessariamente monitorados, por meio de pessoas – físicas ou jurídicas – interpostas, exatamente para afastar o vínculo, com a utilização de linguagem camuflada e de forma não linear. Nem sempre há uma solicitação ou oferecimento de vantagem, seguida da obtenção do proveito pretendido, e finalizada com o acerto do valor; por vezes essa linha do tempo se confunde e se altera, se prolongando no tempo, com pagamentos sendo feitos antes da obtenção do benefício, ou muito tempo depois, ou com diversos pagamentos sendo feitos simultaneamente, relacionados a vantagens indevidas diversas.

---

14 As decisões proferidas pelo Supremo Tribunal Federal, em 2012, durante o julgamento da Ação Penal 470, processo em que foi apurado o caso conhecido como "Mensalão", representam um marco para o direito brasileiro em diversos aspectos. Para o direito penal e processo penal, este julgamento trouxe paradigmas relevantes no que diz respeito aos elementos de configuração dos crimes de corrupção e ao *standard* probatório para este tipo de criminalidade.

Esses são apenas alguns exemplos de circunstâncias que tornam o ato de corrupção real muito distinto daquele que imaginamos e que encontramos na ficção. Nesse contexto, é muito comum que se busque, na ausência de evidências diretas da ocorrência da corrupção em si, a existência de provas indiciárias do fato.

O indício é conceituado pela doutrina brasileira como sendo "todo rastro, vestígio, sinal e, em geral, todo fato conhecido, devidamente provado, suscetível de conduzir ao conhecimento de outro fato desconhecido, a ele relacionado, por meio de um raciocínio indutivo-dedutivo"[15]. O Código de Processo Penal Brasileiro, por sua vez, define indício como "a circunstância conhecida e provada, que, tendo relação com o fato, autorize, por indução, concluir-se a existência de outra ou outras circunstâncias"[16].

Não se pode esquecer, por fim, que, diferentemente das investigações criminais oficiais, que são conduzidas por autoridades dotadas de amplos poderes investigativos, a investigação corporativa esbarra em questões de reserva legal e se limita, assim, à obtenção de elementos de prova que estejam disponíveis sem a indevida violação das garantias constitucionais e legais de privacidade e intimidade[17].

---

15 ASSIS MOURA, Maria Thereza Rocha de. A Prova por indícios no Processo Penal. São Paulo: Saraiva, 1994, p. 38.

16 "Art. 239. Considera-se indício a circunstância conhecida e provada, que, tendo relação com o fato, autorize, por indução, concluir-se a existência de outra ou outras circunstâncias".

17 No Brasil, o Provimento . 188/2018, do Conselho Federal da Ordem dos Advogados do Brasil, que regulamenta o exercício da prerrogativa profissional do advogado de realização de diligências investigatórias para instrução em procedimentos administrativos e judiciais, prevê que: "Art. 4º Poderá o advogado, na condução da investigação defensiva, promover diretamente todas as diligências investigatórias necessárias ao esclarecimento do fato, em especial a colheita de depoimentos, pesquisa e obtenção de dados e informações disponíveis em órgãos públicos ou privados, determinar a elaboração de laudos e exames periciais, e realizar reconstituições, ressalvadas as hipóteses de reserva de jurisdição. Parágrafo único. Na realização da investigação defensiva, o advogado poderá valer-se de colaboradores, como detetives particulares, peritos, técnicos e auxiliares de trabalhos de campo.
Art. 5º Durante a realização da investigação, o advogado deve preservar o sigilo das informações colhidas, a dignidade, privacidade, intimidade e demais direitos e garantias individuais das pessoas envolvidas".

Não é possível, por exemplo, a realização de quebra de sigilo bancário ou de interceptações telefônicas.

Consideradas todas essas premissas, passa-se à questão crucial das investigações corporativas de corrupção: quais são os elementos circunstanciais passíveis de serem encontrados e validados como evidências da prática de atos de corrupção. Para responder a esse questionamento, é necessário pensar nos pressupostos dos atos de corrupção.

A existência de alguma forma de contato, direto ou indireto, entre os envolvidos na prática de corrupção é algo inerente aos atos de oferecimento, promessa, pagamento, solicitação ou recebimento, direto ou indireto, de uma vantagem indevida por um agente público. Assim, a busca por registros que indiquem a ocorrência dessa comunicação é uma forma de demonstrar, circunstancialmente, a probabilidade da existência de um contato. Esses registros podem ser:

- Telefônicos: ligações efetuadas e recebidas diretamente ou por terceiros (funcionários subordinados, por exemplo);
- Telemáticos: e-mails, mensagens e agendamentos de compromissos (viagens, almoços, jantares, eventos oficiais, reuniões, festas etc.);
- Geográficos: geolocalização;
- Físicos: informações escritas em papel ou impressas em documentos;
- Veiculares: comprovantes de pagamento de pedágios e estacionamentos, por exemplo, que demonstrem os locais por onde o veículo circulou;
- Pessoais: identificação de entrada e saída de pessoas e veículos de prédios públicos e privados;

- Comerciais: aquisições de passagens aéreas, aluguéis de veículos, pagamentos de contas em restaurantes.

Atos de corrupção, por sua vez, costumam envolver também a operacionalização de saída de valores de entes privados por meio de prestadores de serviços e contratos fictícios. Pela própria natureza e finalidade dos pagamentos destinados à corrupção, não é possível registrar e justificar a saída de valores com a sua verdadeira destinação, uma vez que os registros financeiros e contábeis e as movimentações bancárias de pessoas físicas e jurídicas estarão sujeitos, invariavelmente, a algum nível de fiscalização, seja ela privado ou público[18].

Neste caso, além das evidências de comunicações – que também ocorrerão neste outro núcleo de atos ligados à operacionalização da corrupção -, deve ser verificada a formalização de contratações que, por suas características, indiquem algum nível de simulação. A análise comparativa de diversas contratações efetivadas por uma corporação (testes de transação) é uma das maneiras de se identificar estes indícios, já que poderá demonstrar: (1) não conformidades nos processos de contratação; (2) escopos de contratação não definidos ou definidos em termos vagos; (3) incompatibilidade entre o escopo e o valor da contratação; (4) incompatibilidade entre o escopo e o prazo ou a data da contratação; (5) formas de pagamento não usuais para o padrão da empresa; e (6) inconsistências na comprovação da prestação do serviço.

---

18 A Lei de Lavagem de Capitais (Lei . 9.613/1998), com as suas diversas alterações, é uma das grandes responsáveis pela dificuldade cada vez maior em se ocultar a prática de ilícitos que envolvam atividade financeira.

As hipóteses de obtenção de elementos de prova circunstanciais aqui elencadas são meramente exemplificativas e não dispensam a necessidade de se buscar provas diretas da prática ilícita, embora estas sejam de difícil obtenção diante das limitações legais que regem as investigações corporativas.

É importante ter em mente sempre as características específicas dos fatos objeto da investigação corporativa para que se possa pensar maneiras adequadas de demonstrar as circunstâncias que indicam a ocorrência de corrupção. Outrossim, deve-se ter como parâmetro os *standards* probatórios que são validados em investigações e processos realizados por órgãos oficiais e que, assim sendo, poderão dar credibilidade ao resultado da investigação corporativa.

6. CONSEQUÊNCIAS LEGAIS DECORRENTES DA INVESTIGAÇÃO E DE SEU RESULTADO

Embora não exista previsão legal para o exercício da atividade de investigação privada, os tribunais superiores brasileiros consideram este meio de obtenção de provas legítimo e reconhecem a validade do Provimento . 188/2018, do Conselho Federal da OAB[19]. Este provimento trata do exercício da prerrogativa profissional do advogado de realização de diligências investigatórias para instrução em procedimentos administrativos e judiciais.

Além de estabelecer o conceito de investigação defensiva[20], que engloba a modalidade das investigações

19 Nesse sentido, ver: STF, Rcl 36542, Relator(a): GILMAR MENDES, decisão monocrática proferida em19/08/2021, DJe 31/08/2021; STJ, MS 26.627/DF, Rel. Ministro SÉRGIO KUKINA, PRIMEIRA SEÇÃO, julgado em 09/03/2022, DJe 27/04/2022.

20 "Art. 1º. Compreende-se por investigação defensiva o complexo de atividades de natureza investigatória desenvolvido pelo advogado, com ou sem assistência de consultor técnico ou outros

corporativas, o Provimento 188/2018 traz um rol exemplificativo de situações em que é cabível o emprego desta técnica, mencionando, dentre outras, a finalidade de obtenção de provas para a defesa de direitos e, ainda, para propostas de acordo de leniência e de colaboração premiada[21]. Ademais, o provimento é taxativo ao afirmar que não há "dever de informar à autoridade competente os fatos investigados"[22].

Em caso de divulgação – ou até mesmo realização de colaboração com as autoridades –, há que se considerar, além das garantias constitucionais e legais de preservação da privacidade e intimidade dos envolvidos, os diversos dispositivos legais que, mesmo de forma indireta, reconhecem a validade da realização de investigações corporativas. A depender do atendimento de determinados critérios, a legislação estabelece benefícios para as pessoas físicas e jurídicas envolvidas.

Do ponto de vista da pessoa física, a principal legislação a ser considerada em investigações de corrupção é a Lei das Organizações Criminosas (Lei . 12.850/2013), que traz em seu bojo a regulamentação do instituto da colaboração

profissionais legalmente habilitados, em qualquer fase da persecução penal, procedimento ou grau de jurisdição, visando à obtenção de elementos de prova destinados à constituição de acervo probatório lícito, para a tutela de direitos de seu constituinte".

21 "Art. 3º A investigação defensiva, sem prejuízo de outras finalidades, orienta-se, especialmente, para a produção de prova para emprego em: I - pedido de instauração ou trancamento de inquérito; II - rejeição ou recebimento de denúncia ou queixa; III - resposta a acusação; IV - pedido de medidas cautelares; V - defesa em ação penal pública ou privada; VI - razões de recurso; VII - revisão criminal; VIII - habeas corpus; IX - proposta de acordo de colaboração premiada; X - proposta de acordo de leniência; XI - outras medidas destinadas a assegurar os direitos individuais em procedimentos de natureza criminal. Parágrafo único. A atividade de investigação defensiva do advogado inclui a realização de diligências investigatórias visando à obtenção de elementos destinados à produção de prova para o oferecimento de queixa, principal ou subsidiária".

22 "Art. 6º O advogado e outros profissionais que prestarem assistência na investigação não têm o dever de informar à autoridade competente os fatos investigados. Parágrafo único. Eventual comunicação e publicidade do resultado da investigação exigirão expressa autorização do constituinte".

premiada[23] e que sofreu alterações significativas com o advento do Pacote Anticrime (Lei . 13.694/2019). Atualmente, essa legislação prevê que uma colaboração efetiva e voluntária com a investigação oficial e com o processo criminal[24] poderá trazer os seguintes benefícios para a pessoa física na esfera criminal:

- perdão judicial;
- redução de até 2/3 da pena privativa de liberdade;
- substituição da pena privativa de liberdade por restritiva de direitos; e
- não oferecimento de denúncia[25].

Os benefícios que poderão ser concedidos, por sua vez, dependerão do atingimento, por meio da colaboração, de um ou mais dos seguintes resultados:

- identificação dos demais coautores e partícipes e das infrações penais por eles praticadas;
- a revelação da estrutura hierárquica e da divisão de tarefas da organização criminosa[26];
- a prevenção de infrações penais decorrentes das atividades da organização criminosa[27];

---

23 Apesar de estar prevista na Lei das Organizações Criminosas, a não existência de organização criminosa não impede a fruição deste benefício. A colaboração premiada é aplicável a quaisquer crimes que sejam cometidos em concurso de agentes. Nesse sentido: STJ, HC n. 582.678/RJ, relatora Ministra Laurita Vaz, Sexta Turma, julgado em 14/06/2022, DJe de 21/06/2022.

24 A confissão dos ilícitos praticados e a cessação da conduta delituosa são pressupostos para a validade do acordo de colaboração, da Lei . 12.850/2013: "Art. 3º-C. § 3º No acordo de colaboração premiada, o colaborador deve narrar todos os fatos ilícitos para os quais concorreu e que tenham relação direta com os fatos investigados" e "Art. 4 § 18. O acordo de colaboração premiada pressupõe que o colaborador cesse o envolvimento em conduta ilícita relacionada ao objeto da colaboração, sob pena de rescisão".

25 "§ 4º Nas mesmas hipóteses do caput deste artigo, o Ministério Público poderá deixar de oferecer denúncia se a proposta de acordo de colaboração referir-se a infração de cuja existência não tenha prévio conhecimento e o colaborador: I – não for o líder da organização criminosa; II – for o primeiro a prestar efetiva colaboração nos termos deste artigo. § 4º-A. Considera-se existente o conhecimento prévio da infração quando o Ministério Público ou a autoridade policial competente tenha instaurado inquérito ou procedimento investigatório para apuração dos fatos apresentados pelo colaborador".

26 Aplicável somente aos casos em que há envolvimento de organização criminosa.

27 Idem.

- a recuperação total ou parcial do produto ou do proveito das infrações penais praticadas; e
- a localização de eventual vítima com a sua integridade física preservada[28].

Por fim, é importante pontuar que, após a alteração da lei pelo Pacote Anticrime, passou a ser expressamente exigida, de maneira formal[29], a indicação de provas e elementos de corroboração na proposta de colaboração premiada.

No que diz respeito à pessoa jurídica envolvida em atos de corrupção, a principal legislação a ser considerada é a Lei Anticorrupção (LAC)[30], que foi regulamentada pelo Decreto . 11.129/2022. A LAC pode acarretar consequências para a pessoa jurídica que realizar investigação corporativa seja para fins de aplicação de sanção, seja para fins de cooperação e celebração de acordo de leniência.

Em seu art. 7º[31], a LAC prevê, expressamente, que a aplicação de sanções às pessoas jurídicas consideradas responsáveis por atos lesivos à Administração Pública avaliará, entre outros fatores, "a cooperação da pessoa jurídica para a apuração das infrações" e "a existência de mecanismos e procedimentos internos de integridade,

---

28 Aplicável para casos em que forem praticados crimes contra a integridade física da pessoa.

29 A apresentação de provas e elementos de corroboração para celebração de acordo de colaboração premiada já era uma exigência, ainda que não expressa em lei, mesmo antes da edição do chamado Pacote Anticrime.

30 Lei . 12.846/2013.

31 "Art. 7º Serão levados em consideração na aplicação das sanções: I - a gravidade da infração; II - a vantagem auferida ou pretendida pelo infrator; III - a consumação ou não da infração; IV - o grau de lesão ou perigo de lesão; V - o efeito negativo produzido pela infração; VI - a situação econômica do infrator; VII - a cooperação da pessoa jurídica para a apuração das infrações; VIII - a existência de mecanismos e procedimentos internos de integridade, auditoria e incentivo à denúncia de irregularidades e a aplicação efetiva de códigos de ética e de conduta no âmbito da pessoa jurídica; IX - o valor dos contratos mantidos pela pessoa jurídica com o órgão ou entidade pública lesados; e X - (VETADO). Parágrafo único. Os parâmetros de avaliação de mecanismos e procedimentos previstos no inc. VIII do caput serão estabelecidos em regulamento do Poder Executivo federal".

auditoria e incentivo à denúncia de irregularidades e a aplicação efetiva de códigos de ética e de conduta no âmbito da pessoa jurídica"[32].

O art. 16, por sua vez, traz a possibilidade de celebração de acordo de leniência com a pessoa jurídica responsável pela prática do ilícito que colaborar efetivamente com as investigações e com o processo administrativo[33] [34]. Os benefícios que poderão ser concedidos em decorrência do acordo dependerão da identificação dos demais envolvidos na infração (quando couber) e da obtenção célere de informações e documentos que comprovem o ilícito sob apuração.

---

32 Decreto . 11.129/2022: "Art. 23. Do resultado da soma dos fatores previstos no art. 22 serão subtraídos os valores correspondentes aos seguintes percentuais da base de cálculo: I - até meio por cento no caso de não consumação da infração; II - até um por cento no caso de: a) comprovação da devolução espontânea pela pessoa jurídica da vantagem auferida e do ressarcimento dos danos resultantes do ato lesivo; ou b) inexistência ou falta de comprovação de vantagem auferida e de danos resultantes do ato lesivo; III - até um e meio por cento para o grau de colaboração da pessoa jurídica com a investigação ou a apuração do ato lesivo, independentemente do acordo de leniência; IV - até dois por cento no caso de admissão voluntária pela pessoa jurídica da responsabilidade objetiva pelo ato lesivo; e V - até cinco por cento no caso de comprovação de a pessoa jurídica possuir e aplicar um programa de integridade, conforme os parâmetros estabelecidos no Capítulo V. Parágrafo único. Somente poderão ser atribuídos os percentuais máximos, quando observadas as seguintes condições: I - na hipótese prevista na alínea "a" do inc. II do caput, quando ocorrer a devolução integral dos valores ali referidos; II - na hipótese prevista no inc. IV do caput, quando a admissão ocorrer antes da instauração do PAR; e III - na hipótese prevista no inc. V do caput, quando o plano de integridade for anterior à prática do ato lesivo" e "Art. 57. Para fins do disposto no inc. VIII do caput do art. 7° da Lei 12.846, de 2013, o programa de integridade será avaliado, quanto a sua existência e aplicação, de acordo com os seguintes parâmetros: (...) X - canais de denúncia de irregularidades, abertos e amplamente divulgados a funcionários e terceiros, e mecanismos destinados ao tratamento das denúncias e à proteção de denunciantes de boa-fé".

33 Art. 16, § 1: "§ 1° O acordo de que trata o caput somente poderá ser celebrado se preenchidos, cumulativamente, os seguintes requisitos: I - a pessoa jurídica seja a primeira a se manifestar sobre seu interesse em cooperar para a apuração do ato ilícito; II - a pessoa jurídica cesse completamente seu envolvimento na infração investigada a partir da data de propositura do acordo; III - a pessoa jurídica admita sua participação no ilícito e coopere plena e permanentemente com as investigações e o processo administrativo, comparecendo, sob suas expensas, sempre que solicitada, a todos os atos processuais, até seu encerramento".

34 Decreto . 11.129/2022: "Art. 37. A pessoa jurídica que pretenda celebrar acordo de leniência deverá: I - ser a primeira a manifestar interesse em cooperar para a apuração de ato lesivo específico, quando tal circunstância for relevante; II - ter cessado completamente seu envolvimento no ato lesivo a partir da data da propositura do acordo; III - admitir sua responsabilidade objetiva quanto aos atos lesivos; IV - cooperar plena e permanentemente com as investigações e o processo administrativo e comparecer, sob suas expensas e sempre que solicitada, aos atos processuais, até o seu encerramento; V - fornecer informações, documentos e elementos que comprovem o ato ilícito; VI - reparar integralmente a parcela incontroversa do dano causado; e VII - perder, em favor do ente lesado ou da União, conforme o caso, os valores correspondentes ao acréscimo patrimonial indevido ou ao enriquecimento ilícito direta ou indiretamente obtido da infração, nos termos e nos montantes definidos na negociação".

Nos termos do art. 16, § 2º, da LAC, a pessoa jurídica que celebrar acordo de leniência terá redução de até 2/3 do valor da multa aplicável e estará isenta das seguintes sanções:

- publicação extraordinária da decisão condenatória (art. 6º, II); e
- proibição de receber incentivos, subsídios, subvenções, doações ou empréstimos de órgãos ou entidades públicas e de instituições financeiras públicas ou controladas pelo poder público, pelo prazo mínimo de 1 (um) e máximo de 5 (cinco) anos (art. 19, IV).

Por fim, o Decreto 11.129/2022 prevê, no § 1º do art. 50, que também poderá ser pactuada, no acordo de leniência, "a resolução de ações judiciais que tenham por objeto os fatos que componham o escopo do acordo".

7. QUANTIFICAÇÃO DO DANO: DIFICULDADES PRÁTICAS E CRITÉRIOS UTILIZADOS POR ÓRGÃOS OFICIAIS

Um dos grandes desafios das investigações de corrupção é quantificar o valor do dano. Muitas vezes, mesmo com todo o esforço investigativo não é possível se identificar um montante exato, em especial quando as condutas lesivas são contínuas e envolvem diversas autoridades, ou quando o prejuízo é indireto.

Existem situações em que a quantificação é menos complicada. Veja-se, por exemplo, a licitação de uma obra pública em que os concorrentes combinam o preço com a anuência do agente público. Se o valor esperado a ser dispendido pela Administração era, digamos, de R$ 100 milhões, mas a proposta com menor preço foi de R$ 120 milhões, o dano é verificável de plano.

Em outros casos, porém, a quantificação exige um maior esforço, como nas situações de obtenção de licenças ou para "manutenção de um bom relacionamento" com o agente público.

O objetivo da investigação corporativa, assim, deve ser chegar ao menos em um valor aproximado de dano, e, para isso, algumas etapas devem ser seguidas.

Inicialmente, é preciso identificar o maior número de elementos possíveis que indiquem a extensão dos atos ilícitos, seu escopo temporal, e os envolvidos, tanto integrantes da própria companhia, quanto terceiros contratados e agentes públicos.

Além disso, é necessária a realização de uma auditoria financeira e contábil, feita por empresa especializada, visando detectar incongruências e irregularidades em contratos, pagamentos, fornecimento de brindes e hospitalidades, e outras formas de simulação nos registros da companhia.

A investigação corporativa, em posse de tais informações, deve tentar compatibilizar cada pagamento indevido realizado com a contraparte obtida pela companhia, de forma a caracterizar, ainda que em tese, a corrupção.

O que não se deve fazer para se chegar ao montante é considerar todos os pagamentos indevidos e contrapartes recebidas como um dano. No caso de licenças obtidas, por exemplo, é necessário verificar se a empresa faria jus a ela, hipótese em que, apesar de se configurar o delito, não há prejuízo à Administração Pública. Igualmente, na situação de sobrepreço durante a execução de contratos, o dano corresponde apenas ao valor que excede o montante efetivamente devido em razão de eventual reequilíbrio contratual lícito e necessário.

A Administração Pública, por sua vez, conta com procedimentos específicos voltados à quantificação do dano. Há, por exemplo, as Auditorias ou Processos de Tomada de Contas Especial dos Tribunais de Contas.

O Tribunal de Contas da União dispõe, para isso, de um Roteiro de Auditoria de Obras Públicas, tratando da metodologia adotada para calcular superfaturamento (seja por quantidade, por execução de serviços com menor qualidade, ou por distorção do cronograma físico-financeiro, dentre outros), incluindo equações matemáticas e instruções detalhadas[35].

Já a chamada Tomada de Contas Especial "é um processo administrativo devidamente formalizado, com rito próprio, para apurar responsabilidade por ocorrência de dano à administração pública federal, com apuração de fatos, quantificação do dano, identificação dos responsáveis e obter o respectivo ressarcimento"[36].

A investigação corporativa precisa levar em consideração que os PARs e outros procedimentos administrativos não se prestam à definição do valor do dano, de modo que, ao procurar as autoridades para negociação de eventual acordo de leniência, é necessário que a empresa já tenha ao menos uma estimativa do montante a ser reparado.

35 BRASIL. Tribunal de Contas da União. Secretaria-Geral de Controle Externo. Roteiro de Auditoria de Obras Públicas. Brasília, 2012. Disponível em file:///C:/Users/VictorFerreiraArichi/Downloads/Roteiro%20de%20Auditoria%20de%20Obras%20P_blicas%20_%20vers_o%20p_bli%20_4_.pdf. Acesso em 25 de julho de 2023.

36 TRIBUNAL DE CONTAS DA UNIÃO. Tomada de Contas Especial. Tribunal de Contas da União. Disponível em https://portal.tcu.gov.br/contas-e-fiscalizacao/controle-e-fiscalizacao/tomada-de-contas-especial/. Acesso em 25 de julho de 2023.

Nesse sentido, o próprio Manual de Responsabilização de Entes Privados da Controladoria-Geral da União (CGU) afirma que

> "o PAR não se destina à quantificação de dano, mas sim de determinar a responsabilidade ou não da pessoa jurídica pela prática de ato lesivo. Em diversos casos, apesar de ser verossímil que a prática do ato lesivo tenha gerado um dano efetivo à Administração, sua apuração dependerá de procedimento específico. Tal apuração poderá decorrer, por exemplo, de uma auditoria ou mesmo um processo de tomada de contas especial"[37].

Outro ponto que merece destaque é que, ainda que existam metodologias para apuração dos danos pela Administração Pública, algumas vezes o órgão diretamente lesado (digamos, por exemplo, a Caixa Econômica Federal) discorda dos cálculos apresentados pelos Tribunais de Contas, o que demonstra que o montante quantificado não é sempre exato.

Assim, o papel das investigações corporativas de corrupção, diante das dificuldades de se chegar em um número exato, e na medida de sua capacidade, *know-how*, e recursos disponíveis, deve ser encontrar um valor aproximado, com as etapas e a metodologia devidamente identificadas e registradas, permitindo que a companhia possa, se assim desejar, firmar acordo de leniência ou obter uma redução da multa em Processo Administrativo de Responsabilização (PAR). Desta forma, é possível à companhia discutir, se e quando necessário, em igualdade com os órgãos que apuraram o montante.

---

37 BRASIL. Controladoria-Geral da União. Diretoria de Responsabilização de Entes Privados e Diretoria de Acordos de Leniência. Manual de Responsabilização de Entes Privados. Brasília, 2022, p. 147. Disponível em https://www.gov.br/corregedorias/pt-br/assuntos/painel-de-responsabilizacao/responsabilizacao-entes-privados/manual_de_responsabilizao_de_entes_privados-2022.pdf. Acesso em 25 de julho de 2023.

REFERÊNCIAS

ASSIS MOURA, Maria Thereza Rocha de. A Prova por indícios no Processo Penal. São Paulo: Saraiva, 1994.

ASSOCIATION OF CERTIFIED FRAUD EXAMINERS. Occupational Fraud 2022: A Report to the nations.

BIASON, Rita de Cássia. Os Códigos Penais brasileiros no combate à corrupção. Revista USP, São Paulo, vol. 134, p. 163-178, jul./set. 2022.

BRASIL. Controladoria-Geral da União. Diretoria de Responsabilização de Entes Privados e Diretoria de Acordos de Leniência. Manual de Responsabilização de Entes Privados. Brasília, 2022.

BRASIL. Decreto 11.129, de 11 de julho de 2022. Regulamenta a Lei 12.846, de 1° de agosto de 2013, que dispõe sobre a responsabilização administrativa e civil de pessoas jurídicas pela prática de atos contra a administração pública, nacional ou estrangeira. Brasília, DF: Diário Oficial da União, 2022.

BRASIL. Decreto-Lei 2.848, de 07 de dezembro de 1940. Código Penal. Rio de Janeiro, RJ: Diário Oficial da União, 1940.

BRASIL. Decreto-Lei 3.689, de 03 de outubro de 1941. Código de Processo Penal. Rio de Janeiro, RJ: Diário Oficial da União, 1941.

BRASIL. Lei 10.467, de 11 de junho de 2002. Acrescenta o Capítulo II-A ao Título XI do Decreto-Lei no 2.848, de 7 de dezembro de 1940 – Código Penal, e dispositivo à Lei no 9.613, de 3 de março de 1998, que "dispõe sobre os crimes de 'lavagem' ou ocultação de bens, direitos e valores; a prevenção da utilização do Sistema Financeiro para os ilícitos previstos nesta Lei, cria o Conselho de Controle de Atividades Financeiras (Coaf), e dá outras providências. Brasília, DF: Diário Oficial da União, 2002.

BRASIL. Lei 10.763, de 12 de novembro de 2003. Acrescenta artigo ao Código Penal e modifica a pena cominada aos crimes de corrupção ativa e passiva. Brasília, DF: Diário Oficial da União, 2003.

BRASIL. Lei 12.846, de 1° de agosto de 2013. Dispõe sobre a responsabilização administrativa e civil de pessoas jurídicas pela prática de atos contra a administração pública, nacional ou estrangeira, e dá outras providências. Brasília, DF: Diário Oficial da União, 2013.

BRASIL. Lei 12.850, de 02 de agosto de 2013. Define organização criminosa e dispõe sobre a investigação criminal, os meios de obtenção da prova, infrações penais correlatas e o procedimento criminal; altera o Decreto-Lei 2.848, de 7 de dezembro de 1940 (Código Penal); revoga a Lei 9.034, de 3 de maio de 1995; e dá outras providências. Brasília, DF: Diário Oficial da União, 2013.

BRASIL. Lei 13.964, de 24 de dezembro de 2019. Aperfeiçoa a legislação penal e processual penal. Brasília, DF: Diário Oficial da União, 2013.

BRASIL. Lei 14.597, de 14 de junho de 2023. Institui a Lei Geral do Esporte. Brasília, DF: Diário Oficial da União, 2023.

BRASIL. Lei 8.429, de 02 de junho de 1992. Dispõe sobre as sanções aplicáveis em virtude da prática de atos de improbidade administrativa, de que trata o § 4º do art. 37 da Constituição Federal; e dá outras providências. Brasília, DF: Diário Oficial da União, 1992.

BRASIL. Lei 9.613, de 03 de março de 1998. Dispõe sobre os crimes de "lavagem" ou ocultação de bens, direitos e valores; a prevenção da utilização do sistema financeiro para os ilícitos previstos nesta Lei; cria o Conselho de Controle de Atividades Financeiras – COAF, e dá outras providências. Brasília, DF: Diário Oficial da União, 1998.

BRASIL. Superior Tribunal de Justiça. Habeas Corpus 582.768. Impetrantes: Rafael Luiz Duque Estrada e outro. Paciente: João Luiz Amorim Franco. Impetrado: Tribunal de Justiça do Estado do Rio de Janeiro. Relatora: Ministra Laurita Vaz. Brasília, 14 de junho de 2022. Brasília, DF: Diário da Justiça Eletrônico, 21 de junho de 2022.

BRASIL. Superior Tribunal de Justiça. Mandado de Segurança 26.627. Impetrante: Luiz Inácio Lula da Silva. Impetrado: Ministro da Justiça e Segurança Pública. Relator: Ministro Sérgio Kukina. Brasília, 09 de março de 2022. Brasília, DF: Diário da Justiça Eletrônico, 27 de abril de 2022.

BRASIL. Supremo Tribunal Federal. Ação Penal 470. Autor: Ministério Público Federal. Réus: José Dirceu de Oliveira e Silva e outros. Relator: Ministro Joaquim Barbosa. Brasília, 17 de dezembro de 2012. Brasília, DF: Diário da Justiça, 22 de abril de 2013.

BRASIL. Supremo Tribunal Federal. Reclamação 36.542. Reclamante: Guido Mantega. Reclamado: Juiz Federal da 13ª Vara Federal de Curitiba. Relator: Ministro Gilmar Mendes. Brasília, 19 de agosto de 2021. Brasília, DF: Diário da Justiça, 31 de agosto de 2021.

BRASIL. Tribunal de Contas da União. Secretaria-Geral de Controle Externo. Roteiro de Auditoria de Obras Públicas. Brasília, 2012.

ORDEM DOS ADVOGADOS DO BRASIL. Provimento 188/2018. Regulamenta o exercício da prerrogativa profissional do advogado de realização de diligências investigatórias para instrução em procedimentos administrativos e judiciais. Brasília, DF: Diário Eletrônico da Ordem dos Advogados do Brasil, 2018.

PIMENTEL E FONTI ADVOGADOS. Pequeno guia do FCPA. São Paulo, 2023. Disponível em https://mcusercontent.com/d8005363add8b5d4bc9cf2c9d/files/aac3b1bf-033d-9d28-e498-49a4dd6189b6/pequeno_guia_do_fcpa.pdf. Acesso em 04 de julho de 2023.

TRIBUNAL DE CONTAS DA UNIÃO. Tomada de Contas Especial. Disponível em https://portal.tcu.gov.br/contas-e-fiscalizacao/controle-e-fiscalizacao/tomada-de-contas-especial/. Acesso em 25 de julho de 2023.

CAPÍTULO 14

Investigações corporativas de assédio moral e sexual

Adriana Dantas

Sócia de Lefosse Advogados, head da prática de *Compliance* e Investigações e Comércio Internacional. Doutora em Direito Internacional Econômico pela Faculdade de Direito da Universidade de São Paulo (USP). Mestre pela Universidade de Londres, King's College

Bruna Passarelli Bento

Advogada da prática de Penal Empresarial de Lefosse Advogados. Especialista em Processo Penal pelo IBCCRIM e Faculdade COIMBRA. Graduação pela Pontifícia Universidade Católica de São Paulo

1. INTRODUÇÃO

O contexto social e econômico brasileiro atual, marcado pelo incremento da pressão por produtividade no trabalho, crise econômica e insegurança configura um ambiente mais propício para comportamentos abusivos e/ou desrespeitosos. Paralelamente, a evolução da nossa sociedade demonstra menor tolerância a essas condutas. A agilidade dos meios de comunicação e a aceitabilidade de provas digitais, como registros de celular, e-mails e redes sociais, têm permitido o questionamento e o combate a essas condutas que são nocivas à saúde física e emocional dos indivíduos.

Tendo em vista que muitas vítimas desenvolvem problemas de saúde mental após sofrerem assédio, tem-se que a prática dessa ação acarreta um ônus à saúde pública, sendo que há um grande volume de situações em que colaboradores não conseguem voltar a trabalhar após serem vítimas da prática, o que é um fator deveras preocupante.

Vale notar que o trabalho representa uma das dimensões definidoras da qualidade de vida e fator importante à inserção social das pessoas. O assédio é, pois, um problema coletivo que impacta a convivência entre colegas de trabalho, viola a dignidade e a integridade das pessoas, bem como a salubridade e a produtividade no ambiente de trabalho. Por isso, devem ser promovidas políticas preventivas, de assistência e acolhimento para vítimas, bem como de responsabilização e reparação. Esse arcabouço normativo e de governança é essencial para preservar a dignidade humana dos colaboradores, assegurar relações profissionais saudáveis e ambientes de trabalho respeitosos e éticos.

Este capítulo discorrerá sobre a configuração de condutas como assédio moral e sexual, apresentará as etapas envolvidas na apuração dessas condutas e algumas especificidades e cuidados necessários no contexto de investigações corporativas envolvendo a apuração de tais condutas. Discorrerá sobre a evolução legislativa e jurisprudencial sobre a matéria e, por fim, demonstrará o papel de um Programa de *Compliance* efetivo para assegurar uma cultura corporativa ética, que a intolerância a essas condutas.

2. ASPECTOS GERAIS E CONFIGURAÇÃO DE CONDUTAS COMO ASSÉDIO MORAL E SEXUAL

O assédio moral e sexual e todas as formas de discriminação constituem violação aos direitos humanos e ameaçam a igualdade de oportunidades de trabalho, em especial para mulheres, pessoas negras, pessoas com deficiência e pessoas LGBTQIAP+.

Em junho de dois mil e dezenove, a Organização Internacional do Trabalho (OIT) já havia editado a Convenção 190[1] e a Recomendação 206[2] para eliminação da violência e do assédio no mundo do trabalho. A Convenção conceitua violência e assédio como:

> "um conjunto de comportamentos e práticas inaceitáveis, ou de ameaças de tais comportamentos e práticas, que se manifestam apenas uma vez ou repetidamente, que objetivam causar, causam ou são suscetíveis de causar danos físicos, psicológicos, sexuais ou econômicos, incluída a violência e o assédio em razão de gênero."

1 Disponível em: https://www.ilo.org/wcmsp5/groups/public/---europe/---ro-geneva/---ilo-lisbon/documents/genericdocument/wcms_729459.pdf. Acesso em: dezenove de julho de dois mil e vinte e três.
2 Disponível em: https://www.ilo.org/dyn/normlex/en/f?p=NORMLEXPUB:12100:0::NO::P12100_ILO_CODE:R206. Acesso em: dezenove de julho de dois mil e vinte e três.

Segundo o Guia para a Integração a Nível Local da Perspectiva de Gênero, editado pela Universidade de Coimbra[3], o assédio pode trazer diversos impactos no ambiente corporativo, inclusive no âmbito das organizações, tendo em vista a possível degradação das relações informais entre os colaboradores, a diminuição da satisfação profissional e a quebra de produtividade.

O passado recente caracteriza-se por um crescimento no volume de denúncias relacionadas às condutas de assédio moral e sexual, cenário acentuado no contexto de isolamento demandado pela pandemia de COVID-19. Dados do Tribunal Superior do Trabalho apontam que, somente em dois mil e vinte e um, foram ajuizados mais de mais de 52 mil casos relacionados a assédio moral e mais de 3 mil relativos a assédio sexual[4]. Em dois mil e vinte e dois, houve aumento de 74% nas denúncias de assédio moral e de 100% de assédio sexual ao Ministério Público do Trabalho no Brasil[5] – a maioria destes últimos com vítimas mulheres. Em São Paulo, o aumento foi de 1.500% dos casos de assédio sexual entre dois mil e dezoito e dois mil e vinte e dois[6].

Vale notar que esses números se referem aos casos que efetivamente chegam às autoridades e enfrentam processos judiciais, ou seja, há, ainda, denúncias administradas

3 Disponível em: https://lge.ces.uc.pt/files/LGE_violencia_trabalho.pdf. Acesso em: treze de julho de dois mil e vinte e três.

4 Disponível em: Em 2021, Justiça do Trabalho registrou mais de 52 mil casos de assédio moral no Brasil – Tribunal Regional do Trabalho 13ª Região - Paraíba (trt13.jus.br). Acesso em: vinte e cinco de julho de dois mil e vinte e três.

5 Disponível em https://g1.globo.com/jornal-nacional/noticia/2023/04/29/denuncias-de-assedio-sexual-feitas-ao-ministerio-publico-do-trabalho-mais-que-dobraram-no-brasil.ghtml. Acesso em 31/07/2023.

6 Disponível em https://www.prt2.mpt.mp.br/1059-denuncias-por-assedio-sexual-ao-mpt-aumentam-1-500-nos-ultimos-4-anos-em-sp. Acesso em 31/07/2023. Acesso em: vinte de agosto de dois mil e vinte e três.

no âmbito interno da organização, cujo volume é, certamente, representativo.

Nessa linha, o Relatório Anual sobre Denúncias Corporativas no Brasil, publicado pela Aliant[7] em dois mil e vinte e dois, apontou que, entre os anos de dois mil e dezessete e dois mil e vinte e um, foram registrados 454.147 relatos de 531 empresas nos canais de denúncias operados pela plataforma, indicando como um dos motivos, a maior exposição na mídia de temas que não eram discutidos abertamente pela sociedade, como o assédio.

Esse aumento quantitativo é, sem dúvida, reflexo da maior conscientização das pessoas acerca da caracterização de assédio, especialmente o de cunho moral. Em relação aos casos de assédio sexual, houve uma mudança em relação ao nível de tolerância, sendo que a publicidade dessas condutas afeta diretamente a reputação de empresas.

Vale notar que assédio não se restringe ao moral e ao sexual, há, inclusive, outras classificações de assédio, como o eleitoral, *"quando empregadores ameaçam ou prometem benefícios para que os funcionários votem ou deixem de votar em determinado candidato"*[8], que, conforme o Ministério Público do Trabalho, aumentaram em mais de 50% entre os pleitos de dois mil e dezoito e dois mil e vinte e dois.

3. ASSÉDIO MORAL

Assédio moral pode ser definido como "toda e qualquer conduta abusiva manifestando-se sobretudo por

---

7 Disponível em: https://infogram.com/evolucao-dos-canais-de-denuncias-no-brasil-2021-aliant-1hzj4o3wlw87o4p?live. Acesso em: cinco de julho de dois mil e vinte e três.

8 Disponível em https://www.bbc.com/portuguese/brasil-63265922. Acesso em 31/07/2023.

comportamentos, palavras, atos, gestos, escritos que possam trazer dano à personalidade, à dignidade ou à integridade física ou psíquica de uma pessoa, pôr em perigo seu trabalho ou degradar o ambiente de trabalho"[9].

Para a jurisprudência brasileira, o assédio moral pode ser caracterizado como um distúrbio da personalidade dissocial, um tipo de violência moral ou psicológica que se perfaz na perseguição sistemática, dirigida a um ou mais trabalhadores, isoladamente ou em grupo, *"a ponto de destruí-los, fragilizá-los ou constrangê-los a ceder a interesses lascivos ou de outra índole qualquer, ou, simplesmente, fazê-los desinteressar-se do emprego, demitir-se ou cometer falta grave que permita a sua dispensa motivada"*[10].

Nesse sentido, para a caracterização do assédio moral, é necessário que exista uma conduta abusiva, que se manifesta apenas uma vez ou repetidamente, originada na relação de trabalho, envolvendo ofensas intencionais de cunho moral e psicológico.

As principais formas de assédio moral percebidas nas corporações envolvem agressões verbais, gestos de desprezo, alterações do tom de voz ou ameaças com outras formas de violência física, controle de idas ao banheiro, piadas ou situações vexatórias direcionadas ao empregado, desqualificação reiterada do empregado, ameaças de dispensa, de prejuízos etc.

---

9 HIRIGOYEN, Marie-France. Assédio moral: a violência perversa no cotidiano. Rio de Janeiro: Bertrand, 2000, p. 20.

10 TRT-1 - RO: 0000861-08.2010.5.01.0058 RJ, Relator: José Geraldo da Fonseca, Data de Julgamento: 07/08/2012, Segunda Turma, Data de Publicação: 2012-08-15. Disponível em https://bibliotecadigital.trt1.jus.br/jspui/handle/1001/421077. Acesso em: dezenove de julho de dois mil e vinte e três.

4. ASSÉDIO SEXUAL

Conforme esclarecido na Cartilha de Assédio Moral e Sexual do Conselho Nacional do Ministério Público[11], o assédio sexual no ambiente de trabalho consiste em constranger colegas por meio de cantadas e insinuações constantes, com o objetivo de obter vantagens ou favorecimento sexual. Um ponto a ser destacado é que o assédio sexual não exige o contato físico para ser caracterizado, podendo ser configurado por meio de atitudes que podem ser claras ou sutis, faladas ou insinuadas, escritas ou explicitadas em gestos, em forma de coação ou de chantagem.

Nesse sentido, segundo a Comissão Europeia[12], o assédio sexual "significa um comportamento indesejado de carácter sexual ou outros comportamentos em razão do sexo que afetem a dignidade da mulher e dos homens no trabalho. Esta definição pode incluir quaisquer outros comportamentos indesejados do tipo físico, verbal ou não verbal". Ainda ressalta que a principal característica do assédio é a de ser indesejado pelo destinatário, "cabendo a cada indivíduo determinar que comportamento entende como aceitável e o que entende como ofensivo".

Além disso, o assédio sexual é definido por lei, no art. 216-A, do Código Penal Brasileiro, como o ato de constranger alguém, com o intuito de obter vantagem ou favorecimento sexual, prevalecendo-se o agente da sua condição de

---

11 Conselho Nacional do Ministério Público Assédio moral e sexual: previna-se / Conselho Nacional do Ministério Público. - Brasília: CNMP, 2016. Disponível em: https://www.cnmp.mp.br/portal/images/Publicacoes/documentos/2016/assedio-moral-e-sexual.pdf. Acesso em: vinte e um de agosto de dois mil e vinte e três.

12 Recomendação da Comissão (92/131/CEE). Disponível em: https://eur-lex.europa.eu/legal-content/PT/TXT/PDF/?uri=CELEX:31992H0131&qid=1689250634373. Acesso em: treze de julho de dois mil e vinte e três.

superior hierárquico ou ascendência inerente ao exercício de emprego, cargo ou função. Como consequência, o assediador pode ser condenado à pena de detenção, de um a dois anos, podendo a pena ser aumentada em até um terço se a vítima for menor de dezoito anos.

Conforme já explicou Andreucci, para a caracterização do crime de assédio sexual, é fundamental:

> "a relação de superioridade hierárquica ou ascendência, entre o agente e a vítima, inerentes ao exercício de emprego (relações privadas), cargo ou função (relações públicas). Portanto, só existe o crime de assédio sexual nas relações laborais, tendo sido vetado o parágrafo único do art. 216-A, que tratava do assédio sexual nas relações familiares, domésticas, proveniente de coabitação, de hospitalidade e com abuso ou violação de dever inerente a ofício ou ministério."[13]

No âmbito cível, uma das consequências consiste na responsabilidade patrimonial para o agressor pelos danos morais e materiais gerados à vítima, notadamente porque a própria Constituição Federal, no art. 5º, inc. X, dispõe que são invioláveis a intimidade, a vida privada, a honra e a imagem das pessoas, assegurado o direito à indenização pelo dano material ou moral decorrente de sua violação.

Nesse sentido, em resumo, o assédio sexual pode envolver (i) pessoas do mesmo nível hierárquico ou de nível hierárquico diferente, (ii) pessoas de níveis hierárquicos diferentes de forma ascendente ou descendente, bem como (iii) pessoas do mesmo gênero ou gênero oposto.

As principais condutas verificadas em casos de assédio sexual consistem em promessas de tratamento diferenciado

13 ANDREUCCI, Ricardo A. *Direito Penal do Trabalho*. São Paulo: Editora Saraiva, 2018.

em troca de favores sexuais, comentários maliciosos sobre a aparência física e as vestimentas e exposição a situações de cunho sexual humilhantes ou embaraçosas.

Além disso, uma das principais causas de assédio sexual decorre de questões culturais da organização, que levam os agressores a acreditarem que possuem poderes sobre as pessoas e, particularmente, suas vítimas.

5. DIFERENCIAÇÃO EM SITUAÇÕES QUE CARACTERIZAM CONDUTAS INADEQUADAS E CONDUTAS ABUSIVAS

Um ponto a ser destacado é a análise dos reportes feitos no canal de denúncia da organização, uma vez que é impreterível diferenciar o assédio moral de meros dissabores e aborrecimentos da rotina de trabalho, ou de uma gestão disciplinada e exigente de resultados, que, de modo geral, não configura o assédio moral sob a ótica da legislação trabalhista.

Isso porque, a cobrança no trabalho, por exemplo, é inerente à função de coordenar e gerenciar pessoas e processos, relativa ao seu poder diretivo e disciplinar. Conforme explica Fiorelli:

> "Outro exemplo é o tratamento tirânico, seja por parte de uma chefia, do cônjuge ou de um professor. Ele constitui um estilo de quem o emite e se este o faz é porque o sistema (uma organização, um grupo familiar) assim o permite. O tratamento tirânico pode levar um cônjuge à separação; um aluno a deixar a escola; um empregado a solicitar demissão, porém, não se trata de assédio moral. O indivíduo inconformado afasta-se, exclui-se voluntariamente do sistema, porque não consegue

conviver com ele; observe-se, porém, que não era intenção do sistema excluí-lo e nem o tratamento tirânico era dirigido especificamente para ele: qualquer pessoa em seu lugar receberia o mesmo tratamento. Muitas vezes, a tirania é compensada por virtudes como a justiça, a honestidade e outras, criando uma espécie de 'cesta de qualidades' (boas e más) com um resultado final equilibrado, quando não favorável à pessoa"[14].

Dessa forma, sempre que for realizada uma análise para entender se uma conduta, de fato, pode ser considerada uma forma de assédio, é necessário a adoção de alguns cuidados na avaliação do contexto da denúncia, para investigação da situação, com total discrição, considerando as partes envolvidas e, a partir disso, decidir se há mérito a ser considerado nas alegações. Depois, as condutas denunciadas serão analisadas sob as regras da legislação trabalhista para saber quais medidas precisam ser tomadas de acordo com o ato cometido, bem como verificar se houve quaisquer descumprimentos do Código de Conduta e/ou de políticas específicas da organização.

6. INVESTIGAÇÕES INTERNAS PARA APURAÇÃO DE ASSÉDIO E SUAS PARTICULARIDADES

Conforme demonstrado pelo estudo ILO-LRF-Gallup, elaborado pela Lloyd's Register Foundation World Risk Poll, a partir de entrevistas conduzidas em dois mil e vinte e um, com aproximadamente 75 mil funcionários, com idade superior a 15 anos, em 121 países, "*em 2021, em todo o mundo, 22,8% ou 743 milhões de pessoas empregadas*

14 FIORELLI, José O.; JR., Marcos Julio Olivé M.; FIORELLI, Maria R. Assédio Moral: Uma Visão Multidisciplinar, 2ª edição. São Paulo: Grupo GEN, 2015. E-book. ISBN 9788522497898. Disponível em: https://integrada.minhabiblioteca.com.br/#/books/9788522497898/. Acesso em: dezenove de julho de dois mil e vinte e três.

sofreram violência e assédio no trabalho – físico, psicológico ou sexual – durante sua vida profissional"[15].

No Brasil, de acordo com uma pesquisa elaborada pela KPMG[16], infelizmente, o local mais comum para ocorrência de assédio é o ambiente de trabalho. Contudo, apenas 1 em cada 5 casos de assédio são reportados, sendo que (i) 27% das pessoas afirmaram não terem denunciado porque não existia um canal específico; (ii) somente 12% relataram o assédio aos responsáveis; (iii) 3% denunciaram à polícia ou em canais de comunicação públicos.

Nesse sentido, é fundamental que o primeiro passo para as organizações seja a implementação de um canal de denúncias que garanta a confidencialidade e o anonimato dos denunciantes. Uma vez denunciada e comprovada a prática de assédio no ambiente corporativo, caberá avaliação da sanção adequada ao caso concreto, conforme o regime de trabalho dos envolvidos. As penalidades previstas na legislação trabalhista são comumente utilizadas e consistem em advertência, suspensão e rescisão contratual, com ou sem justa causa. No caso do assédio sexual, o denunciado pode também ser submetido a uma investigação criminal e, eventualmente, a um processo criminal, quando houver indícios de materialidade e autoria que possam configurar o crime tipificado no Código Penal.

De forma resumida, a pessoa acusada de assédio pode ser responsabilizada: (i) na esfera trabalhista, no limite,

---

15 "In 2021, across the world, 22.8 per cent or 743 million persons in employment had experienced violence and harassment at work – whether physical, psychological or sexual – over their working life". Disponível em: Experiences of violence and harassment at work: A global first survey (ilo.org). Acesso em: vinte e cinco de julho de dois mil e vinte e três.

16 Disponível em: https://assets.kpmg.com/content/dam/kpmg/br/pdf/2023/5/Artigo-Mapa-do-Assedio.pdf. Acesso em: dezenove de julho de dois mil e vinte e três.

com rescisão do seu contrato de trabalho, por infração aos arts. 482 e 483 da Consolidação das Leis do Trabalho (Decreto-Lei 5.452/1943)[17]; (ii) na esfera civil por danos morais e materiais, conforme previsto no art. 5º, X, da Constituição Federal; e (iii) na esfera criminal, os atos poderão caracterizar crime de lesão corporal (art. 129, do Código Penal), crimes contra a honra (arts. 138, 139, 140 do Código Penal) e/ou assédio sexual (art. 216-A do Código Penal), a depender da gravidade do caso.

7. ETAPAS DA INVESTIGAÇÃO

Investigações corporativas envolvendo denúncias de assédio moral ou sexual caracterizam-se por sua sensibilidade e pela difícil comprovação dos elementos da denúncia. Muitas vezes, condutas que configuram assédio são cometidas sem testemunhas, o que pode dificultar a formação de um conjunto probatório robusto.

Como qualquer apuração, a investigação corporativa envolvendo suspeita de assédio pode ter início não só a partir de denúncia ao canal, como também pelo testemunho da situação, por meio de entrevistas de desligamento, por notícias de mídia, entre outras suspeitas. Além disso, estas apurações podem ser instauradas diretamente com a reclamação trabalhista que apura assédio moral ou sexual.

É fundamental que a investigação seja conduzida por equipe sem qualquer envolvimento funcional e/ou pessoal com o caso sob apuração, de preferência por especialistas

17 Disponível em: https://www.planalto.gov.br/ccivil_03/decreto-lei/del5452.htm. Acesso em: dezessete de julho de dois mil e vinte e três.

externos e independentes, principalmente em casos em que exista um possível envolvimento da alta administração.

Caso a investigação seja conduzida internamente, recomenda-se sua condução pela equipe de *Compliance* com estrita confidencialidade para preservar os envolvidos diante da sensibilidade da matéria e da incerteza quanto à veracidade das alegações apresentadas. É de suma importância a imparcialidade do responsável pela investigação, sendo que o apoio da área de recursos humanos pode ser necessário a partir dos elementos em questão.

A credibilidade da investigação corporativa é um ponto a ser assegurado por meio da governança do processo. Mister se faz a condução por uma equipe independente, qualificada e experiente, estruturada de forma a conduzir os trabalhos com discrição, sem interferências ou restrições e com escopo e metodologia adequadamente definidos.

Certamente o desafio mais comum de uma investigação corporativa sobre assédio seja juntar evidências robustas dos atos praticados, uma vez que envolve relacionamentos interpessoais que ocorrem entre assediador e vítima, em boa parte, sem testemunhas.

Considerando a probabilidade do caso, se confirmado, possuir repercussões judiciais (trabalhistas, civis e até criminais), a investigação corporativa servirá como *paper trail* da resposta adequada e fundamentada tomada pela organização, se questionada por autoridades públicas, *stakeholders* (por exemplo, acionistas minoritários), auditores externos, clientes e parceiros comerciais.

Assim, a primeira etapa constitui no entendimento da abrangência da denúncia, colaboradores potencialmente envolvidos e determinação do conjunto de dados disponíveis no ambiente da organização (*e.g.*, documentos físicos e digitais, caixas de e-mail, chats de trabalho e celulares) que serão coletados, processados e analisados.

Importante ressaltar a necessidade de estabelecer a adequação e abrangência do escopo e da metodologia dos trabalhos, considerando que outras questões que não diretamente relacionadas à conduta de assédio podem, eventualmente, surgir.

Nessa primeira etapa, poderão ser conduzidas entrevistas informativas para auxiliar na definição do escopo. Considerando a sensibilidade do tema sob apuração, tais entrevistas devem ser conduzidas com cuidado para evitar a exposição dos envolvidos.

A partir da análise dos dados apurados e de sua confrontação com elementos da denúncia, faz-se necessário a necessidade de avaliar a necessidade de condução de entrevistas adicionais com as partes envolvidas, incluindo a vítima, as testemunhas e o denunciado. O objetivo destas entrevistas é confrontação dos elementos factuais apurados com as informações prestadas individualmente por essas partes. Nesta oportunidade, será possível determinar a credibilidade de testemunhas e demais envolvidos, sobretudo no caso da apresentação de informações conflitantes com os fatos apurados.

Principalmente em investigações de assédio, que encontram dificuldade em coletar evidências documentais, as entrevistas com os custodiantes pode ser o principal meio para obter respostas dos fatos ocorridos. No caso de assédio sexual de vítimas femininas, convém ponderar que a entrevista seja conduzida por uma mulher, com o objetivo de gerar um ambiente confortável e seguro para que a vítima tenha liberdade de trazer o máximo de informações possíveis.

O cuidado com a confidencialidade das informações obtidas em entrevistas e com a garantia da não-retaliação da vítima e das testemunhas são requisitos fundamentais, principalmente quando estiverem diante de um denunciado que faça parte da alta administração da organização.

A fase final contemplará a elaboração de relatório final, sua apresentação e discussão interna para determinação das medidas disciplinares aplicáveis, conforme o caso. Muitas empresas estabeleceram Comitês de Ética ou Integridade que será o órgão responsável por opinar quanto ao cabimento de medidas disciplinares e, em caso positivo, determinar o seu nível.

8. SUTILEZAS E ESPECIFICIDADES NA CONDUÇÃO DE INVESTIGAÇÕES DE ASSÉDIO

Por envolver temas bastante sensíveis, a condução de uma investigação corporativa sobre assédio requer, além do conhecimento jurídico e da ética profissional, sensibilidade, cuidado e discrição por parte dos investigadores.

Isso porque um dos principais desafios das investigações corporativas de assédio é conseguir com que a vítima fale sobre as condutas que sofreu, muitas vezes por temer ou sentir-se constrangida em expor os fatos. É por isso que é tão comum outras pessoas tomarem coragem para denunciar condutas semelhantes após uma vítima tomar coragem de relatar seu caso.

Além do desafio de fazer com que as vítimas exponham o ocorrido, outro ponto de atenção consiste em conseguir testemunhas dos fatos. Assédios costumam ocorrer em ambientes privados e sem a presença de outros colaboradores. Além disso, há testemunhas que temem o risco de exposição e eventual exposição profissional.

Outro cuidado digno de nota diz respeito à proteção do denunciado até que se comprove a materialidade da denúncia. Esta cautela é importante porque há casos de denúncias inverídicas, motivadas por um ímpeto de prejudicar profissionais.

Nesse sentido, é fundamental a garantia da confidencialidade durante todo o processo, do sigilo das pessoas envolvidas e, mais ainda, da não retaliação à vítima e às testemunhas. Tal garantia protege o ambiente de trabalho, com destaque para o denunciado, sobretudo nos casos de denúncias infundadas.

Uma medida a ser avaliada, dependendo da situação, é o afastamento do denunciado de suas funções enquanto a apuração estiver em curso, caso isso favoreça a manifestação das pessoas e a coleta de evidências.

Há casos em que a empresa deverá avaliar a disponibilização de apoio emocional às partes envolvidas, seja por meio do acompanhamento pela área de Recursos Humanos ou mesmo psicólogo ao longo da investigação e após a comprovação dos fatos.

Com efeito, denúncias envolvendo assédio podem expor, devida ou indevidamente, organizações, questionar sua cultura, levar à perda de profissionais e até impactar negativamente sobre seu valor de mercado. Daí por que mister se faz zelar pelo cuidado na apuração e no endereçamento do tema.

Por exemplo, em dois mil e dezessete, foram publicadas notícias narrando a condenação da empresa Walmart no valor de R$ 100 mil reais, em decorrência de assédio moral sofrido por um gerente da empresa, que foi submetido a um tratamento vergonhoso[18]. Outro caso famoso ocorreu em dois mil e dezenove, conforme divulgado pelo New York Times,[19] e refere-se ao ex-CEO do Mc Donald's que foi demitido após quebrar regras de conduta da empresa por meio de relação com sua funcionária. A partir disso, o McDonald's anunciou um novo programa de treinamento para funcionários, focado em assédio sexual no local de trabalho. Em dois mil e vinte e um, foi divulgado pela mídia[20] também que a empresa Havan foi condenada pela 5ª Turma do TST ao pagamento de indenização no valor de R$ 100 mil a um empregado por assédio moral, em decorrência de ofensas baseadas na condição de saúde.

Em dois mil e vinte e três, o Banco do Brasil também foi condenado solidariamente com uma empresa terceirizada a pagar, a título de danos morais, dez vezes o salário, para uma vigilante que foi vítima de assédio moral e sexual. Além disso, foi determinado que as empresas apresentassem o plano de formação e educação contra assédio,

18 Disponível em: https://g1.globo.com/sao-paulo/noticia/justica-condena-walmart-a-pagar-r-100-mil-a-gerente-obrigado-a-rebolar-na-frente-de-clientes-em-sp.ghtml. Acesso em vinte e um de agosto de 2023.

19 Disponível em: https://www.nytimes.com/2019/11/03/business/mcdonalds-ceo-fired-steve-easterbrook.html. Acesso em vinte e um de agosto de 2023.

20 Disponível em: https://www.conjur.com.br/2021-abr-14/havan-condenada-assedio-moral-empregado-deficiencia. Acesso em vinte e um de agosto de 2023.

com participação obrigatória de ocupantes de cargos de chefia. Também recentemente, a mídia[21] divulgou casos de assédio e importunação sexual foram na Petrobrás, envolvendo denúncias no período de dois mil e dezenove até dois mil e vinte e dois, que resultaram em demissões dentro da empresa e suspensões/providências administrativas. Dentre as medidas administrativas tomadas, houve o afastamento do convívio entre os agressores e as vítimas, com a mudança de unidade/setor.

Tem-se, pois, a extensão dos impactos nocivos dessas condutas sobre a reputação da empresa, sua habilidade de reter e atrair talentos, bem como sobre os indivíduos envolvidos. Não devem ser ignoradas ou minimizadas, ao contrário, sua apuração deve ser priorizada, assim como o monitoramento dos impactos interna e externamente. Ações tomadas de forma rápida e eficaz podem minimizar danos reputacionais e evitar perda de clientes e talentos, além de mostrar a intolerância da organização a qualquer forma de assédio, o que pode ser um argumento de defesa futura junto ao Judiciário.

9. INOVAÇÕES NORMATIVAS E JURISPRUDENCIAIS

Com efeito, a sociedade cada vez menos tolera condutas abusivas que afetam a saúde física e emocional das pessoas e sua integridade moral. Nessa esteira, cumpre destacar inovações legislativas e jurisprudenciais relacionadas ao tema.

---

21 Disponível em: https://g1.globo.com/economia/noticia/2023/07/13/petrobras-diz-ter-comprovado-10-casos-de-assedio-e-importunacao-sexual-entre-81-denuncias.ghtml. Acesso em vinte e um de agosto de 2023.

Disposições sobre a Comissão Interna de Prevenção de Acidentes e de Assédio (CIPA) com a Lei 14.457/2022 e Portaria MPT 4219/2022

A Lei 14.457/2022[22] instituiu o Programa Mais Mulheres e introduziu um capítulo dedicado às medidas de prevenção ao assédio sexual e a outras formas de violência no ambiente de trabalho. O objetivo é promover um ambiente de trabalho seguro, que favoreça a inserção e a manutenção de mulheres no mercado de trabalho.

Dentre as medidas que deverão ser adotadas pelas organizações, estão: (i) inclusão de regras de conduta a respeito do assédio sexual e de outras formas de violência nas normas internas da organização, com ampla divulgação do seu conteúdo aos empregados e às empregadas; (ii) fixação de procedimentos para recebimento e acompanhamento de denúncias, para apuração dos fatos e, quando for o caso, para aplicação de sanções administrativas aos responsáveis diretos e indiretos pelos atos de assédio sexual e de violência, garantido o anonimato da pessoa denunciante, sem prejuízo dos procedimentos jurídicos cabíveis; (iii) inclusão de temas referentes à prevenção e ao combate ao assédio sexual e a outras formas de violência nas atividades e nas práticas da CIPA; e (iv) realização, no mínimo a cada doze meses, de ações de capacitação, de orientação e de sensibilização dos empregados e das empregadas de todos os níveis hierárquicos da organização sobre temas relacionados à violência, ao assédio, à igualdade e à diversidade no âmbito do trabalho, em formatos acessíveis.

22 Disponível em: https://www.planalto.gov.br/ccivil_03/_Ato2019-2022/2022/Lei/L14457.htm. Acesso em: cinco de julho de dois mil e vinte e três.

Além disso, a redação destaca que a adoção das medidas preventivas e punitivas indicadas não substitui eventual responsabilização penal do agressor, conforme dispõe o art. 216-A do Código Penal, bem como estabelece o prazo de 180 dias após a entrada em vigor, para o cumprimento dessas regras junto às CIPAs e empresas.

A portaria 4.219/2022[23] também determinou que as organizações obrigadas a constituir CIPA devem adotar as seguintes medidas, com vistas à prevenção e combate ao assédio sexual e outras formas de violência no âmbito do trabalho: (i) inclusão de regras de conduta a respeito do assédio sexual e de outras formas de violência nas normas internas da organização, com ampla divulgação do seu conteúdo aos empregados e às empregadas; (ii) fixação de procedimentos para recebimento e acompanhamento de denúncias, para apuração dos fatos e, quando for o caso, para aplicação de sanções administrativas aos responsáveis diretos e indiretos pelos atos de assédio sexual e de violência, garantido o anonimato da pessoa denunciante, sem prejuízo dos procedimentos jurídicos cabíveis; e (iii) realização, no mínimo a cada 12 meses, de ações de capacitação, de orientação e de sensibilização dos empregados e das empregadas de todos os níveis hierárquicos da organização sobre temas relacionados à violência, ao assédio, à igualdade e à diversidade no âmbito do trabalho, em formatos acessíveis, apropriados e que apresentem máxima efetividade de tais ações.

Outro ponto interessante de ser destacado é o fato de a Lei determinar que os órgãos e entidades deverão manter,

23 Disponível em: https://www.in.gov.br/en/web/dou/-/portaria-mtp-n-4.219-de-20-de-dezembro-de-2022-452780351. Acesso em: cinco de julho de dois mil e vinte e três.

pelo período de cinco anos, os registros de frequência, físicos ou eletrônicos, dos programas de capacitação ministrados.

Lei 14.540/2023, que instituiu o Programa de Prevenção e Enfrentamento ao Assédio Sexual, à Violência Sexual e aos demais Crimes contra a Dignidade Sexual no âmbito da administração pública

A Lei 14.540/2023[24] introduziu o Programa de Prevenção e Enfrentamento ao Assédio Sexual e demais Crimes contra a Dignidade Sexual e à Violência Sexual no âmbito da administração pública, dispondo que o Programa se aplica a todas as instituições privadas em que haja a prestação de serviços públicos por meio de concessão, permissão, autorização ou qualquer outra forma de delegação.

Referida Lei também informou que os objetivos do programa seriam (i) prevenir e enfrentar a prática do assédio sexual e demais crimes contra a dignidade sexual e de todas as formas de violência sexual; (ii) capacitar os agentes públicos para o desenvolvimento e a implementação de ações; e (iii) implementar e disseminar campanhas educativas sobre as condutas e os comportamentos que caracterizam o assédio sexual e demais crimes contra a dignidade sexual e qualquer forma de violência sexual.

Portaria Normativa da CGU 58, de 7 de março de 2023, que aprovou o "Guia Lilás: Orientações para prevenção e tratamento ao assédio moral e sexual e à discriminação no Governo Federal"

Tendo como base a Convenção 190 e as normativas de dois mil e dezessete da OCDE, a CGU publicou, em oito

---

24 Disponível em: https://www.planalto.gov.br/ccivil_03/_Ato2023-2026/2023/Lei/L14540.htm. Acesso em: cinco de julho de dois mil e vinte e três.

de março de dois mil e vinte e três, o Guia Lilás[25] que fornece orientações para prevenção e tratamento ao assédio moral e sexual e à discriminação no Governo Federal.

De acordo com o Guia, o assédio moral consiste na violação da dignidade ou integridade psíquica ou física de outra pessoa por meio de conduta abusiva, em que a pessoa assediada integra, muitas vezes, algum grupo que já sofre discriminação social, tais como mulheres, pessoas com deficiência, pessoas idosas, negras, minorias étnicas, população LGBTQIAP+, dentre outros.

Já em relação ao assédio sexual, dispõe que é um comportamento ou atitude de teor íntimo e sexual, considerado desagradável, ofensivo e impertinente pela vítima, se caracterizando pelo não consentimento da pessoa assediada.

Projeto de Lei 4.742/2001

Está em trâmite perante o Congresso Nacional o Projeto de Lei 4.742/2001, que acrescenta ao Código Penal Brasileiro a tipificação como crime a figura do "assédio moral", que seria procedido apenas mediante representação, com punição que alcança a pena máxima de um ano de detenção e multa.

De acordo com o texto proposto, assédio moral seria "ofender reiteradamente a dignidade de alguém causando-lhe dano ou sofrimento físico ou mental, no exercício de emprego, cargo ou função"[26].

Embora o Projeto de Lei tenha sido apresentado em dois mil e um, ele permanece aguardando a apreciação pelo Senado Federal.

25 Disponível em: https://repositorio.cgu.gov.br/handle/1/73502. Acesso em: cinco de julho de dois mil e vinte e três.

26 Disponível em: https://www.camara.leg.br/proposicoesWeb/prop_mostrarintegra?codteor=1718428&filename=Parecer-CCJC-2019-03-12. Acesso em: dezessete de julho de dois mil e vinte e três.

Lei 14.612/2023 e a suspensão do exercício profissional de advogados que cometem assédio

A Lei 14.612/2023 alterou o Estatuto da Advocacia (Lei 8.906/1994[27]), para incluir o assédio moral, o assédio sexual e a discriminação entre as infrações ético-disciplinares no âmbito da OAB.

A partir dela, a conduta de assédio moral passou a ser definida como conduta praticada no exercício profissional ou em razão dele, por meio da repetição deliberada de gestos, palavras faladas ou escritas ou comportamentos que exponham o estagiário, o advogado ou qualquer outro profissional que esteja prestando seus serviços a situações humilhantes e constrangedoras, capazes de lhes causar ofensa à personalidade, à dignidade e à integridade psíquica ou física, com o objetivo de excluí-los das suas funções ou de desestabilizá-los emocionalmente, deteriorando o ambiente profissional.

Além disso, a definição de assédio sexual ficou como sendo a conduta de conotação sexual praticada no exercício profissional ou em razão dele, manifestada fisicamente ou por palavras, gestos ou outros meios, proposta ou imposta à pessoa contra sua vontade, causando-lhe constrangimento e violando a sua liberdade sexual.

A partir de agora, a prática de assédio moral ou sexual constitui infração disciplinar, sendo aplicável suspensão ao infrator, isto é, a interdição do exercício profissional em todo o território nacional, pelo prazo de 30 dias a 12 meses, conforme dispõe o art. 37, inc. I, do Estatuto da OAB.

---

27 Disponível em: http://www.planalto.gov.br/ccivil_03/LEIS/L8906.htm. Acesso em: cinco de julho de dois mil e vinte e três.

Evolução jurisprudencial da Justiça Trabalhista no Brasil

Observa-se um crescente número de casos apreciados pela Justiça do Trabalho versando sobre condutas de assédio moral e sexual ocorridas no Brasil. Nesse sentido, foram destacados alguns desses julgados para a abordagem de situações e conceitos tratados nas sessões anteriores.

Uma ação trabalhista julgada em 2002, pelo Tribunal Regional Trabalhista ("TRT") da 17ª Região, reconheceu que o assédio moral no trabalho viola a dignidade humana, condenando a empresa à indenização por dano moral. Naquele caso, restou o entendimento de que a tortura psicológica, visando forçar a demissão do empregado ou apressar sua dispensa resulta em assédio moral, cujo efeito é o direito à indenização por dano moral, porque ultrapassa o âmbito profissional, além de afetar a saúde física e mental da vítima[28].

O TRT da 3ª Região define assédio sexual como a conduta indecorosa, inconveniente e persistente sempre com incitação sexual, em que se abrange a possibilidade do assédio sexual vertical ascendente, realizado por inferior hierárquico, bem como do assédio sexual horizontal, praticado por colega de trabalho na mesma posição hierárquica[29]. Em outro julgado, também proferido pelo TRT da 3ª Região, consagrou-se o entendimento de que o assédio sexual por intimidação envolve incitações sexuais inoportunas, por uma solicitação sexual ou por outras

28 RO 1315.2000.00.17.00.1, Ac. 2276/2001, rel. Juíza Sônia das Dores Dionízio, j. 20-8-2002, Revista LTr 66-10/1237.

29 TRT-3 - RO: 00103323320145030032 MG 0010332-33.2014.5.03.0032, Relator: Paulo Mauricio R. Pires, Data de Julgamento: 15-6-2016, Décima Turma, Data de Publicação: 16-6-2016. DEJT/TRT3/Cad.Jud. Página 456. Boletim: Sim.

manifestações da mesma índole, verbais ou físicas, com o efeito de prejudicar a atuação laboral de uma pessoa ou criar uma situação ofensiva, hostil, de intimidação ou abuso no trabalho, configura dano moral[30].

Com efeito, tem-se que jurisprudência predominante é no sentido de que basta a conduta constrangedora do assediador com o intuito de obter vantagem ou favorecimento sexual da vítima, que cause algum temor a esta, independente daquele se encontrar em posição hierárquica superior, para caracterização do assédio sexual e deferimento de indenização por danos morais. Isso porque se busca proteger não apenas a liberdade sexual da vítima, como também a segurança e a harmonia do ambiente laboral, além do dever de proteção do empregador em relação a seus empregados[31].

Reconhece-se, nesse sentido, que o assédio sexual configura uma conduta de difícil comprovação, razão pela qual a jurisprudência admite sua caracterização a partir de indícios, a depender da gravidade da conduta[32]. **Há, por exemplo, precedentes de indenizações garantidas à antiga funcionária que foi dispensada em menos de** um mês após a comunicação de assédio sexual sofrido, por caracterizar retaliação do empregador em face da denúncia e configura hipótese de dano moral a ser indenizado[33].

---

30 TRT-3 - RO: 1603509 00115-2009-054-03-00-6, Relator: Alice Monteiro de Barros, Sétima Turma, Data de Publicação: 4-8-2019, 3-8-2019. DEJT. Página 104. Boletim: Sim.

31 TRT-9 3293420079903 PR 32934-2007-9-9-0-3, Relator: ROSALIE MICHAELE BACILA BATISTA, 2ª TURMA, Data de Publicação: 23-7-2019.

32 TRT-10 00009660320125100013 DF, Data de Julgamento: 22-5-2013, Data de Publicação: 31-5-2013.

33 TRT-1 - RO: 01003800220175010028 RJ, Relator: FLAVIO ERNESTO RODRIGUES SILVA, Data de Julgamento: 3-2-2021, Décima Turma, Data de Publicação: 24-2-2021.

10. *COMPLIANCE* COMO INSTRUMENTO PARA ASSEGURAR UMA CULTURA ÉTICA NA ORGANIZAÇÃO

Com seu conceito já incorporado à realidade jurídica brasileira, pode-se dizer que *Compliance* é sinônimo de dever de conformidade com as normas e padrões aplicáveis, inclusive a ética.

A prática é comumente associada à Lei 12.846/13 e à prevenção à corrupção em interações com entidades governamentais, sendo uma ferramenta utilizada para nortear a condução dos negócios de acordo com as melhores práticas e valores da sociedade, que, no final, são capazes de proteger os interesses da organização, assegurar a continuidade dos negócios e salvaguardar a sua reputação.

No entanto, conformidade deve ser compreendida de forma ampla, com vistas a abarcar todas as leis, processos e políticas que se aplicam à determinada atividade econômica e/ou organização. Daí por que o conceito de ato lesivo se estende a violações diversas, não estando restrito, de forma alguma, à corrupção e aos demais atos lesivos à administração pública. Este é, inclusive, o posicionamento da CGU, que tem destacado a necessidade de se incluir, dentro da agenda de integridade, questões todos os comportamentos e condutas que comprometem a cultura ética das organizações, tais como violações a direitos humanos, prejuízos ao meio ambiente, violações aos princípios da governança corporativa.

Em se tratando de assédio – qualquer que seja a sua natureza, a existência de um programa de *Compliance* eficiente, com políticas que reflitam a conduta esperada e a deixem claro que não haverá tolerância a situações de discriminação e assédio, ajudam a detectar e prevenir violações às normas internas e leis que disciplinam determinada atividade econômica.

A formação de uma cultura organizacional que repudia situações abusivas é fundamental à perenidade das organizações. Neste sentido, destaca-se o papel da alta administração que deve assegurar a estrutura necessária para a condução adequada e independente das apurações, bem como a adoção das medidas disciplinares adequadas ao caso concreto, independente do nível hierárquico dos envolvidos. Organizações que endereçam casos de assédio com responsabilidade são valorizadas pelo mercado, desenvolvem e preservam um ambiente saudável de trabalho.

A implementação de medidas preventivas é fundamental para demonstrar o compromisso da organização em criar um ambiente de trabalho seguro. Treinamentos são medidas eficazes nesse sentido. Treinamentos periódicos sobre as políticas de *Compliance* oferecem oportunidades tanto para a capacitação dos colaboradores, incluindo de utilização de canal de denúncia, conscientização acerca das consequências do assédio e da importância de um ambiente de trabalho saudável. Permite, ainda, a identificação, pelo treinador, de situações a serem endereçadas, especialmente quando treinamentos são realizados de forma presencial e há discussão, apresentação de situações e esclarecimento de dúvidas.

No entanto, nada supera o poder do exemplo, sobretudo da alta liderança, o chamado *tone at the top*. É essencial que se promova uma cultura organizacional forte, saudável e ética, principalmente focada no combate a todos os tipos de assédio. Nesse sentido, é interessante a implementação de métricas para detectar potenciais problemas de assédio, como indicadores relacionados ao clima organizacional e à taxa de rotatividade de áreas ou departamentos específicos.

Tem-se, pois, que um Programa de *Compliance* efetivo endereçará o problema do assédio por meio de medidas preventivas, da apuração de denúncias e da aplicação de uma política de consequências. A existência de um ambiente condescendente à prática de qualquer tipo de assédio é, portanto, um indicador da ineficácia desse Programa.

11. CONSIDERAÇÕES FINAIS

A condução de investigações corporativas é uma das formas mais eficientes para identificar e remediar condutas inadequadas, que violem as políticas internas das empresas e a legislação aplicável.

No caso específico de investigação de assédio, é necessário um ambiente em que a vítima se sinta segura para denunciar o abuso sofrido, sendo imprescindível a criação de canal de denúncias que assegure o anonimato. O rigor na apuração da veracidade da denúncia e da extensão de responsabilidade dos envolvidos, bem como o compromisso em endereçar os impactos dessa conduta por meio da responsabilização dos envolvidos é fator determinante do nível de evolução da cultura de integridade corporativa, com efeitos positivos diversos sobre seu ambiente de trabalho, reputação e habilidade de atrair e reter talentos.

A implementação de políticas claras que previnam assédio, o oferecimento de treinamentos periódicos são práticas que contribuem para a formação de um ambiente de trabalho sadio e o cuidado a eventuais vítimas são comportamentos desejados.

Em um contexto no qual assegurar um ambiente diverso, respeitoso e inclusivo é uma exigência social, cada vez menos brincadeiras pejorativas devem ser toleradas. Qualquer organização está sujeita a vigilância social e à exposição midiática e deve ter como regra o endereçamento responsável e efetivo de situações de assédio.

PÓSFÁCIO

Não teria aqui a pretensão de procurar resumir, nem mesmo de reapresentar os artigos que compõem esta obra, até porque essa função foi primorosamente realizada pelo Ministro Vinicius Marques de Carvalho, da Controladoria-Geral da União, no "Prefácio", e pelos coordenadores Daniel Costa Rebello, Rafaela Pozzi de Cálcena e Camila Sobrinho, na "Apresentação dos Coordenadores".

Cabe a mim, como Diretor-Presidente do Instituto Brasileiro de Estudos de Concorrência, Consumo e Comércio Internacional (IBRAC), em primeiro lugar, dar os créditos do trabalho aos mencionados coordenadores, e a todos os autores, por terem se dedicado no preparo dos artigos deste trabalho, de maneira a constituir uma obra sistematicamente pensada e implementada, que cobre virtualmente todos os aspectos mais relevantes atinentes às investigações corporativas. Também nosso reconhecimento à então Diretora de *Compliance*, Dra. Maria Cecília Andrade, pelo pronto apoio ao projeto.

A obra é fruto das reuniões mantidas pelos profissionais que compõem o Comitê de *Compliance* do IBRAC, e que, em dado momento, identificaram a necessidade de criar um manual sistematizado de investigações corporativas, já que nitidamente ausente do mercado editorial jurídico.

Não é de hoje que os advogados brasileiros têm se deparado com demandas relacionadas a investigações corporativas. Vários do que participaram desta obra têm atuado em investigações corporativas nos últimos 20 anos, em múltiplas temáticas, que incluem por óbvio a concorrencial, mas é no campo da anticorrupção que o tema ganhou elevada sofisticação, método e sistemas.

Para o profissional novo ou ingressante nessas áreas, o caminho é mesmo o de se associar a profissionais experientes, para poder obter no trabalho do dia-a-dia (*on-the-job*) o conhecimento necessário à especialização. O método da tentativa e erro – típico das áreas incipientes – não são mais uma técnica de aprendizado possível, dados os riscos e a responsabilidade inerentes à atividade advocatícia nesses temas, por envolverem responsabilidade corporativa, potencial responsabilidade penal, exposição a sanções administrativas, pleitos indenizatórios, entre tantas outras consequências legais e reputacionais.

Nesse sentido, a obra que o leitor acaba de analisar preenche uma lacuna importantíssima, justamente por proporcionar material do mais alto nível a um amplo leque de profissionais: ao entrante; ao que busca aprofundamento ou se reciclar; ao advogado corporativo envolvido em investigações corporativas; e, também, ao profissional experiente que procura o estado-da-arte em matérias de investigações corporativas, que sirva de baliza para sua prática profissional.

Material dessa qualidade somente foi possível por meio de esforço coletivo. E o esforço coletivo atingido por meio do Comitê de *Compliance* do IBRAC é notável, por reunir especialistas e estudiosos do mais alto nível em matéria de investigações corporativas.

Como palavra final, quero estender a todos os leitores e leitoras, o convite para que participem das atividades do IBRAC, notadamente as do Comitê de *Compliance*.

Atualmente, o Comitê de *Compliance* é dirigido pelo Dr. Raphael Soré, e mantém reuniões regulares, conforme programação constante do website do Instituto (www.ibrac.org.br). A participação coletiva de escritórios, empresas de consultoria, empresas de investigação e empresas no Comitê de *Compliance* é o que permitirá manter as discussões sobre *compliance* no mais alto nível, a exemplo do que todos podem testemunhar a partir da obra que têm em mãos.

São Paulo, julho de 2024

Renê Guilherme S. Medrado
DIRETOR-PRESIDENTE DO IBRAC